ROBIN KAISER

Räume der Schöpfung

Dein kosmisches Reisehandbuch

Räume der Schöpfung

Verlag: epubli
Cover: Robin Kaiser
Lektorat: Roland Kaiser, Angela Pranskat, Gyan Matti
Druck: neopubli GmbH, Berlin

E-Mail: info@robinkaiser.eu
Homepage: www.robinkaiser.eu

ISBN (print):

ISBN (Ebook): 978-3-754925-98-0

Räume der Schöpfung

Dein kosmisches Reisehandbuch

Epubli

Inhaltsverzeichnis

Einleitung

Lieber Leser,
das, was du gerade jetzt in den Händen hältst, ist dein Reisebegleiter in andere Räume der Schöpfung. Das Buch begleitet dich mit jedem seiner Kapitel in einen Raum, in dem dir deine ursprünglichen Schöpferqualitäten offenbart werden. Jeder Raum stellt eine ganz eigene Welt dar, die sich auf einer anderen Dimensionsebene ansiedelt. Die Sprache innerhalb der Kapitel, sowie deren Gedankenführung und der Erkenntnisaufbau tragen eine ganz bestimmte Schwingungssignatur in sich, die der Signatur eines höherdimensionalen Raumes entspricht. Kein Leser wird aus diesem Buch tiefgreifende Erkenntnisse erhalten, wenn er sich nicht durch die oberflächliche Sprachebene in den dahinterliegenden, energetischen Raum einklinkt. Um das Reisen in die Schöpfungsräume zu erleichtern, stellt jedes Kapitel einen Schwingungsschlüssel zur Verfügung, über den sich der Raum öffnen lässt. Immer wenn das Signalwort "*Schwingungsschlüssel*" oder "*Erkenntnisschlüssel*" auftaucht, solltest du beim Lesen hellhörig werden und die dort anklingende Erkenntnis bis in ihren ursprünglichen Schöpfungsraum zurückverfolgen. Jedoch wird nicht immer der Erkenntnisschlüssel mit dem Signalwort übertragen, welches eine Schlüsselsuche nach den für die Räume passenden Erkenntnissen anregen soll.

Es kann schön sein, sich an den hier sprachlich dargelegten Erkenntnissen zu erfreuen, aber viel schöner ist es, sich mit der Quelle dieser Erkenntnisse zu verbinden, die jeweils einem ganz bestimmten Schöpfungsraum entspringen. Nur ein winziger Bruchteil der Informationen und Energien, die in den höherdimensionalen Räumen liegen, konnten sprachlich übersetzt werden, weshalb das Buch eine langsame, bedachte Lesart einfordert, um das zum Vorschein kommen zu lassen, was sich zwischen den Zeilen verbirgt.
Die Räume der Schöpfung sind nirgendwo anders als hier und jetzt, allerdings in einem Schwingungsbereich, auf den sich das Bewusstsein der meisten Menschen noch nicht eingestimmt hat. Jeder Raum beherbergt folglich einen eigenen Bewusstseinszustand und erst, wenn du dich in diesem Bewusstsein befindest, wird sich der dazugehörige Schöpfungsraum auftun. Das Reisen findet folglich mit und durch dein Bewusstsein statt, was nicht heißt, dass sich alles "nur" in deinem Kopf abspielt. Die Räume der Schöpfung sind gleichermaßen real wie imaginiert, wie der materielle Schwingungsraum der Erde, in dem ihr euch tagtäglich bewegt, real bzw. imaginiert ist.
Ihr habt euch mit eurem Bewusstsein auf eine ganz bestimmte Schwingungsfrequenz eingestellt, um den irdisch-physischen Erfahrungsraum erleben zu können. Doch weil ihr in diesem Erfahrungsraum viele der Schöpfungsgesetze verdreht habt, ist es euch nicht mehr ohne weiteres möglich, euer Bewusstsein auf an-

dere Schöpfungsräume einzustellen. Ihr habt in euch einen Schwingungsschlüssel aktiviert, der euer Bewusstsein auf die irdische Frequenz einstellt, um den physischen Inkarnationsprozess einzuleiten. Der Schwingungsschlüssel für die irdische Erfahrung ist euch von Gaia, der Mutter Erde, zur Verfügung gestellt worden, denn sie ist es, die diesen Schlüssel verkörpert. Jeder von euch war, bevor er zur Erde gekommen ist, in einem anderen Bewusstsein und hat aus diesem Bewusstsein heraus entschieden, in sich den Schwingungsschlüssel Gaias zu aktivieren, um den irdischen Erfahrungsraum über einen physischen Körper zu betreten. Und die in diesem Buch überreichten Schlüssel für andere Schöpfungsebenen tragen die gleiche Wirkmächtigkeit in sich, wenn ihr es zulasst, dass sich euer Bewusstsein ganz auf sie einstellt. Jedes Kapitel spricht energetisch aus einem bestimmten Schöpfungsraum, um dich gleichermaßen in diesen Raum hineinzuführen. Wenn wir anderen Schöpfungswesen von fernab liegenden Dimensionen das irdische Leben zeigen wollten, dann würden wir ihnen energetisch den Schwingungsschlüssel von Gaia überreichen, über den sie die Möglichkeit hätten, euren materiellen Schwingungsraum zu erfahren. Und gleichermaßen laden wir euch über die Erkenntnisschlüssel aus anderen Schöpfungsräumen zu der Erfahrung ein, euch urplötzlich in eine andere Welt zu versetzen. Einigen von euch, die noch viel geistiges oder emotionales Gepäck mit sich herumschleppen, mag es schwerfallen, unserer Einladung zu folgen, doch auch diejenigen, die sich mit dem

Reisen noch schwertun, werden ihren Erkenntnisgewinn aus diesem Buch ziehen können. Jeder wird aufgrund dessen, was er mitbringt, seine eigenen Erfahrungen in den Schöpfungsräumen machen, und es kann sein, dass ihr euch schon morgen in einen Raum klinken könnt, der euch gestern noch verschlossen erschien. Es ist nur eine Frage des Bewusstseins, in welchem Raum ihr euch erfahrt und welche Realität sich dadurch für euch ergibt. Ihr seid im Besitz von zwölf verschiedenen Körpern, die auf unterschiedlichsten Schwingungsebenen angesiedelt sind, wickelt aber einen Großteil eurer Selbsterfahrung nur über den physischen Körper ab. Jeder Körper kann euch als Reisegefährt dienen, und je mehr ihr euch im Lesen mit euch selbst verbindet, desto leichter könnt ihr die energetischen Körper ansteuern und euch damit durch Raum und Zeit und jenseits dessen bewegen.
Letztlich dienen die Erfahrungen in anderen Schöpfungsräumen nur dazu, dass ihr euch wieder als Schöpfer erfahrt, und dass ihr alle eure schöpferischen Fähigkeiten in euer Menschsein einfließen lasst. Ihr könnt andere, höherschwingende Räume als Weltflucht oder sogar als Droge verwenden, aber dies steht dem Ziel, euch das Schöpferbewusstsein wieder nahezubringen, entgegen.
Ihr werdet euch nur in dem Maße anderen Ebenen der Schöpfung nähern können, wie ihr in euch verwurzelt und geerdet seid, da ihr mit Sicherheit durch eure Seelenführung in keine Schöpfungsräume gelassen werdet,

aus denen ihr nicht mehr zurückkommen wollt. Die Erkenntnisschätze, die ihr in anderen Räumen sammelt, sind dafür da, sie der Erdenmenschheit zur Verfügung zu stellen, um die schlafenden Schöpfer aus ihrem hypnotischen Zustand zu erwecken.

Lehnt ihr euer Menschsein in irgendeiner Form ab, dann kann es leicht sein, über die Verbindung zu anderen Ebenen noch weiter in die Abwehr gegenüber dem physischen Dasein zu rutschen, wobei niemand in die Schöpfungsräume gelassen wird, der danach in eine größere Abwehr gegenüber seinem Leben verfällt. Den meisten Menschen bleiben die Schöpfungsräume aus dem Grund verwehrt, weil sie die dort auf sie wartenden Erfahrungen nicht in einer heilsamen Weise in ihr Erdendasein integrieren könnten. Auch wenn die Erfahrung des physischen Körpers in den meisten Schöpfungsräumen in den Hintergrund tritt, ist doch die liebevolle Verbindung zu eurem Körper und der physischen Ebene, die Grundlage für das Reisen in andere Räume. Das Liebesband zu Mutter Erde muss mindestens genauso stark sein, wie die Verbindung, die ihr zu anderen Schöpfungsräumen aufbaut, ansonsten werden sich die Räume für euch nicht ganz auftun.

Die kurz gehaltenen Kapitel des Buches, sind so vielseitig, wie die Schöpfung selbst und nähern sich aus unterschiedlichsten Richtungen dem Erfahrungsphänomen des kosmischen Bewusstseins.

Weil ihr euch hauptsächlich im Erdenraum erfahrt, liegt der Schwerpunkt einiger Kapitel auf der Erkenntnisvermittlung, was Menschsein in einem tieferen

Sinne bedeutet und welche höhere Bestimmung damit verknüpft ist. Als Menschen habt ihr eine ganz bestimmte kosmische Rolle eingenommen, die nur ihr und kein anderes Wesen in der Schöpfung erfüllen könnt. Um ein erfülltes Leben auf Erden zu führen, braucht es die Wiedererinnerung daran, worin die Bestimmung des Menschseins liegt und nur in den Erfahrungsräumen, die sich wieder ganz in die Schöpfungsordnung eingegliedert haben, kann euch die Erinnerung an eure kosmische Bestimmung aufdämmern und euch das wieder in Erinnerung rufen, wofür ihr einst die Erdenreise angetreten habt.

Damit ihr in den Raum der physischen Materie reisen konntet, um in ihm zu inkarnieren, musstet ihr euer Schöpferbewusstsein auf das Bewusstsein des Menschseins einstellen und so wie ihr erst Mensch werden musstet, um den Erdenraum zu erfahren, so müsst ihr wieder Schöpfer werden, um euch in die Räume der Schöpfung zu versetzen.

Das Einklinken in höherdimensionale Räume kann in unterschiedlichen Intensitätsstufen erfahren werden, die so weit reichen, dass ihr in einem Moment der Zeitlosigkeit alles hinter euch lasst, und euch unvermittelt in einer anderen Welt erlebt, die so anders ist, als alles, was ihr bisher erfahren habt, dass, nach der Rückkehr in euren physischen Körper, kein Stein mehr auf dem anderen ist und ihr eure gesamte Welt mit anderen Augen seht.

Dieses Buch ist folglich nicht zu empfehlen für alle diejenigen, die weiterhin in ihrer gewohnten Welt bleiben wollen, denn wenn ihr auch nur für einen Moment die volle Energie eines höherdimensionalen Raumes gänzlich erfahrt, wird eine Rückkehr in euer altes Leben nicht mehr möglich sein. Mit der Überschreitung bestimmter Bewusstseinsschwellen wird ein Prozess in Gang gesetzt, der euch unumkehrbar in das Schöpferbewusstsein hineinführen wird. Und auch wenn ihr glaubt, diesen Prozess durchaus zu wollen, gibt es bei euch häufig innere Anteile, die sich beträchtlich gegen diesen Prozess auflehnen. Das Loslassen des Altbekannten und die Hingabe an etwas Neues, auf das ihr nur durch inneres Vertrauen zugehen könnt, sind die wesentlichen Bewusstseinszutaten, um auf Reisen zu gehen und wohlbehütet wieder in sich anzukommen. Für jede Reise werden uns die Reisebegleiter zur Seite gestellt, die in dem Schöpfungsraum heimisch sind, in den die Reise führt. Teilweise handelt es sich um einzelne Schöpferwesen, die den Schwingungsschlüssel für eine bestimmte Ebene verkörpern, teilweise handelt es sich um eine Wesensgruppe, die euch ein persönliches Geleit in ihre Ebene anbietet. Prüft mit eurem Herzen, ob ihr das Angebot der Reise in einen bestimmten Schöpfungsraum annehmen wollt, und setzt euch dann mit Hilfe dieses Buches in den telepathischen Kontakt zu den Schöpferwesen, die die jeweilige Reise begleiten. Erst wenn die telepathische Verbindung zu den energetischen Reisebegleitern steht, wird es euch möglich sein, über die Sprachführung des Buches hinaus in andere Schöpfungsräume abzutauchen. Auch wenn die Energiequalität der Begleitwesen, die sich zum Teil

auch namentlich vorstellen werden, sehr unterschiedlich sein kann, sind doch alle Räume, die sich durch sie öffnen, bewusstseinserweiternd und speziell für die menschliche Erfahrung entwicklungsfördernd.
Wie sich die Begleitwesen im Einzelnen vorstellen werden und was sie an Informationen durchgeben, um eine Reise in ihre Bewusstseinsebene einzuleiten, das bleibt ihnen überlassen und wird ganz auf jeden einzelnen Leser angepasst sein, um ihn dort abzuholen, wo er gerade steht.
Da ihr als Menschen ein Kleinstabbild des gesamten Schwingungsspektrums der Schöpfung seid, stehen euch alle Räume in der Schöpfung prinzipiell offen. Doch es wird die Reise in höhere Welten deutlich erleichtern, wenn ihr von den Schöpferwesen dieser Welten bestimmte Erkenntnisschlüssel bekommt, um euch in deren Realitätsraum einzufühlen.
Wem sich das alles etwas zu hoch anhört, dem sei gesagt, dass es im Wesentlichen um nichts anderes geht, als euch eine andere Perspektive zum Leben zu eröffnen und aufzuzeigen, wie viele Betrachtungsweisen auf das unergründliche Phänomen des Lebens möglich sind und wie durch den Betrachtungswinkel, bzw. den Bewusstseinsfokus das erschaffen wird, was ihr seht. Die Schöpfung erfährt sich durch euch als Mensch, so wie sie sich in anderen Räumen in anderen Schwingungsformen erfährt, und es steht euch als Schöpferwesen frei, auf welche Weise ihr die Erfahrungsgeschenke der Schöpfung öffnen wollt.

Der Bewusstseinsraum, der durch die Sprache energetisch in diesem Buch vermittelt wird, ist seiner Zeit voraus, und jeder, der sich auf die hier dargelegten Wahrnehmungsexperimente einlässt, wird einen Vorgeschmack bekommen, in welche Dimensionen sich das menschliche Bewusstsein zu schwingen vermag. In diesem Sinne wünschen wir euch von Herzen eine gute Reise in die Räume der Schöpfung, in denen ihr zweifelsfrei erkennen werdet, welche Wesenskraft euch innewohnt.

In diesem Sinne viel Freude beim Reisen,
Robin Kaiser und die kosmischen Reisebegleiter.

Der Herz Raum

Jede Reise beginnt und endet in deinem persönlichen Herzraum und damit wird jede Reise durch den Raum deines Herzens geankert und sorgt für ein wohlbehütetes Geleit in andere Räume der Schöpfung. An jedem Punkt jeder noch folgenden Reise kann es, wenn Unklarheiten auftreten, dienlich sein, zurück in deinen individuellen Herzraum zu gehen, um aus der Wahrnehmung deiner aus dem Herzen strahlenden Seelensignatur die Kraft und die Gewissheit für jeden weiteren Schritt zu nehmen. Es ist nicht etwa so, dass wir den Herzraum verlassen, um dann von dort in einen anderen Raum zu wechseln, sondern der Anker deiner Herzverbindung bildet die Grundlage für jeden schöpferischen Weg im Kosmos.

Dein strahlendes Herz generiert ein Schwingungsfeld um dich herum, durch welches du zu reisen vermagst, und je klarer deine Herzverbindung und je reiner dein inneres Strahlen ist, desto kraftvoller ist das um dich rotierende Torsionsfeld deiner Herzensenergie, das dich in einen höheren Schwingungsraum versetzt. Für manche visuell oder technisch veranlagten Menschen mag es hilfreich sein, sich dieses Schwingungsfeld wie die ovalen Feldlinien eines Magneten vorzustellen, die oben am Scheitel, am Minuspol, und unten am Wurzelchakra, am Pluspol, zusammenlaufen. Doch mindestens genauso gut baut sich das Herzschwingungsfeld um deinen physischen Körper herum auf, wenn du dich

reinweg auf das Gefühl von strahlender Liebe in deinem Herzen konzentrierst.
Dein Herzchakra ist nicht wie das physische Herz nach links versetzt, sondern strahlt trichterförmig aus der Mitte deiner Brust nach vorne und hinten, um bei gesunder Strahlkraft ein Feld von etwa 3 bis 5 Metern Radius um dich herum aufzubauen. Dieses Feld ist der Schutzraum deines Herzens, der jede Form von Fremdeinflüssen abschirmt und nur denjenigen Energien Annäherung erlaubt, die in Resonanz zu deinem Herzfeld sind.
Ein bereits in der spirituellen Lektüre bekannt gewordenes Reisegefährt ist die Merkaba, die aus zwei gegenläufig rotierenden Tetraedern besteht und ebenfalls ein Torsionsfeld öffnet.
Jede geistige Vorstellung kann als Hilfestellung verwendet werden, jedoch ist es dein Verstand und nicht dein Herz, der diese Vorstellungen braucht, um sich auf ein bestimmtes Gefühl einzulassen. Um also in die volle Empfindung deines Herzraumes zu treten, müssen letztlich auch alle Vorstellungen, wie dieser auszusehen hat, oder aus welchen geometrischen Figuren er sich zusammensetzt, niedergelegt werden.
Für den Verstand ist die Vorstellung der Raumöffner, für das Herz ist es das Gefühl, emotional berührt zu werden, und je nachdem, wer die Reiseleitung gerade übernimmt, kommen tendenziell eher Herzschlüssel oder eher Geistesschlüssel zur Anwendung. Ein gefühltes Gefühl ist, unabhängig davon, ob es sich gerade gut

oder nicht gut anfühlt, die Aktivierung eines Herzschlüssels, was den Eintritt in den Herzraum vorbereitet und einleitet. Ungefühlte Gefühle hingegen blockieren den Zugang zum eigenen Herzraum und können sich, wenn sie über längere Zeit unterdrückt oder abgespalten wurden, zu einer Herzmauer verdichten.

Herzensmauern aus gebundenen Gefühlen lassen sich nicht darüber auflösen, dass man über Liebe und Frieden meditiert, sondern darüber, dass man die aufgestaute Emotionalität und den Schmerz der nicht gefühlten Gefühle zulässt und einen konstruktiven Weg findet, sogenannte Eisbrecheremotionen, wie z.B. Wut, auszuleben. Wer seine Gefühle noch eingesperrt hat und bei jeder emotionalen Regung in eine erstarrende Ohnmacht abgleitet, der sollte über Sport bzw. physische Aktivität erst einmal wieder so mit dem Körper in Verbindung treten, dass eine emotionale Grundaktivität spürbar wird. Auch wenn der physische Körper auf manchen Reisen in den Bewusstseinshintergrund tritt, so ist doch die liebevolle und fürsorgliche Beziehung mit deinem gegenwärtigen Inkarnationsgefährt die Grundlage dafür, Felder entstehen zu lassen, über die eine geistige oder astrale Reise erst möglich wird. Je tiefer die Wurzeln eines Baumes reichen, desto höher in den Himmel können seine Äste wachsen und genauso ist die Verankerung in deinem Körper die Grundlage, um dich über ihn hinaus auszudehnen und dich in andere Schöpfungsräume einzuklinken.

Die meisten Räume werden für viele von euch eher aus dem Grund unzugänglich sein, da das Liebesband zum eigenen Körper und zum Erdenraum nicht intensiv genug gefühlt wird, als dass ihr Probleme damit hättet, von den hochwachsenden, hochschwingenden Früchten des Lebensbaumes zu naschen. Das heißt, die Liebe zum Leben, das ihr gerade jetzt auf der Erde führt, muss mindestens genauso ausgeprägt erfahren werden, wie die Liebe zu anderen höherschwingenden Erfahrungsräumen, ansonsten werden sich andere Räume für euch nicht auftun.

Manche Schöpfungsräume besitzen eine derart geballte Energiekomprimierung, einen derart starken Liebessog, dass es einen klaren und gefestigten Charakter braucht, um sich aus der Energieflut wieder ganz in den physischen Erfahrungsraum zu bringen.

Das Reisen hin zu einem Ort, der viel höherschwingender ist, funktioniert ganz einfach und freudvoll, und erst der Rückweg, die Integration in das physische Leben kann mit Schwierigkeiten einhergehen. Sei dir also vor Beginn einer Reise stets bewusst, dass es das Ziel ist, die Menschheit mit den dort gesammelten Erfahrungsschätzen zu beschenken und dass letztlich niemand etwas davon hat, wenn du dich dazu entscheidest, nicht mehr ganz auf diese Ebene zurückzugehen, da es grundsätzlich deine Entscheidung war, im Erdenraum etwas zu bewirken.

Als Reisender wirst du zum Brückenbauer, wobei du selbst die Brücke bist, über die du zu anderen Ebenen wechselst. Der Mensch als Schöpferwesen trägt das gesamte Schwingungsspektrum der gesamten Schöpfung in sich und erst dadurch, dass er ein Schwingungsabbild aller Schöpfungsräume in sich trägt, ist ihm der Zugang zu allen Ebenen der Schöpfung gewährt. So gesehen werden wir lediglich bestimmte Schwingungssignaturen in euch aktivieren, die mit einem anderen Existenzraum verschränkt sind, ohne dass dies zwangsläufig bedeuten muss, dass es euch dadurch gleich in einen anderen Raum projiziert. Alles, was wir machen können, sind Bewusstseinstöne in euch zum Klingen zu bringen, die dem Ton eines Schöpfungsraumes entsprechen, doch wie weit ihr euch durch den inneren Ton in eine andere Ebene versetzen lasst, bleibt euch überlassen. Wir können nur den Weg ebenen und den Schwingungsschlüssel in euren Geist legen, doch den Raum aufschließen könnt ihr nur für euch selbst. Wir können euch nur solange begleiten, bis ihr euch dem Wesen des Raumes, in den ihr einzutreten wünscht, übergebt. Allerdings warten wir im Herzfeld eurer Persönlichkeit auf eure Rückkehr und halten an eurem physischen Körper Wache, bis ihr wieder an der Eingangstür zur individuellen Herzschwingung erscheint. So gesehen halten wir die Stellung an dem Ort, zu dem es immer wieder zurückzugehen gilt, wobei wir über alle eure Aktivitäten in anderen Räumen informiert bleiben, da es unsere Aufgabe ist, diese Energien in Form zu bringen und sie so umzuwandeln, dass euer physischer Körper sie aufnehmen kann.

Der Schwingungsschlüssel für euren Herzraum ist eure persönliche Liebe, unabhängig davon, worauf sich das Gefühl von Liebe gerade bezieht. Auf der einen Ebene

sind Schlüssel sehr einfach und naheliegend begreifbar, jedoch kann deren emotionalenergetische Anwendung, um euch tatsächlich in die anderen Räume zu versetzen, schwieriger sein.
Nicht bei allen folgenden Räumen ist der Schwingungsschlüssel so präsent wie hier und es wird Räume geben, in denen euch nicht ganz klar sein wird, worüber ihr sie betreten könnt.
Das, was die Tore zu den höheren Welten aufgehen lässt, sind Schwingungswerkzeuge, die selbst aus diesen höheren Welten stammen müssen, und alle Gedanken und Gefühle, sowie alle Worte können nur auf diese Schwingungswerkzeuge hinweisen.
Der Großteil der folgenden Worte ist so ausgerichtet, dass sie in einen Raum hineinführen und einen begleitenden Ton tragen, den ihr zwischen den Zeilen hören könnt. Gleichzeitig sind die Worte bewusst mit den Energien aus den jeweiligen Räumen angereichert, über die sie sprechen. Alle erfahrungsführenden Worte besitzen in diesem Sinne keine manifesten Informationen, sondern sie halten vielmehr den Raum, sodass jeder in Begleitung der Worte seine eigenen Erfahrungen machen kann. Die Art der Sprachführung, die in den Herzraum begleitet, spricht aus der Liebe heraus, um zur Liebe hinzuführen, und jeder, der Liebe dabei spürt, hat den Schlüssel für den Herzraum in Anwendung gebracht. Die Liebe schafft die energetische Verbindung und die Anziehungskraft, über die du dich sowohl mit anderen Menschen, als auch mit anderen Räumen verbindest.

Die Weite deines Herzens bestimmt darüber, wie sehr du Platz in dir findest und wie sehr du dein Leben für dich in Besitz nimmst. In deinem Herzen brennt das Feuer deiner persönlichen Seelensignatur, weshalb dein Herzraum nur für dich bestimmt ist. Du öffnest dir durch deine Liebe deinen eigenen Herzraum, und ohne dich gäbe es deinen Herzraum nicht, allerdings könntest du umgekehrt ohne das Schwingungsfeld deines Herzens auch nicht sein.
Das erste Reiseziel ist vollständig persönlich und eigentlich mehr als Sicherheitsanker gedacht, von dem aus das Reisen in überpersönliche Räume erst möglich wird. Alle Räume, die wir gemeinsam besichtigen werden, besitzen eine feinstoffliche Realität und bestehen auf einer gewissen Ebene vor und nach einer Besichtigung auf einer höheren Ebene fort. Allerdings hinterlässt jeder Weg seine Spur, und niemand kann zweimal in denselben Fluss steigen.
Es gibt einen durchaus leicht fühlbaren emotional-energetischen Unterschied zwischen den Räumen, die du selbst erschaffen hast und die sich nach dem Verlassen wieder auflösen und den Räumen, die einen festen Platz in der Schöpfung einnehmen. Natürlich bist du auf höchster Ebene eins mit dem Bewusstsein, durch dessen Raum alles in der Schöpfung zum Leben erweckt wird, aber momentan sind die von dir belebten Erfahrungsräume begrenzt.
Je allumfassender der Raum erfahren wird, desto mehr wird es dich aus der getrennten Perspektive herausheben und auf die Ebene rückbinden, auf der alles in

Liebe eins ist. Letzten Endes führt dich die Reise durch alle Schöpfungsräume wieder zurück zu den wesentlichen Empfindungen, die in deinem Herzraum auf dich warten. So vielseitig die Wege zu dir selbst auch sein können, sosehr vereinst du das Ziel aller Schöpfungswege bereits jetzt schon in deinem Herzraum. Immer wenn du das Gefühl hast, in den Räumen verloren zu gehen, die durch die jeweiligen Kapitel geöffnet werden, ist es wichtig, dass du dich wieder in deinem Herzen verankerst. Wenn es in den folgenden Kapiteln Abschnitte gibt, bei denen du inhaltlich nicht durchsteigst in die dahinterliegenden Räume, dann kann es immer wieder hilfreich sein, in deinen Herzraum zurückzugehen, um aus dem Herzen heraus zu sehen, was sich hinter einem sprachlich dargelegten Gedankengang verbirgt.

In diesem Sinne: Eine herzliche Weiterreise..

Der Raum der Sonne

Wir sind die solaren Wesen und wollen euch einen Einblick in unser Sonnensystem gewähren. Wir sind mit euch über den Solar-Plexus, eure innere Sonne verbunden. Das, was ein Zellkern für seine Zelle zur Verfügung stellt, stellen wir für euer Sonnensystem bereit. Die Sonne ist der höchste Ausdruck des Allgeistes auf der physischen Ebene und somit stellen wir das letzte Ende des Lebensspektrums dar, in dem ihr euch aufhaltet.

Die Sonne wurde seit jeher auf eurer Ebene mit einer Leben spendenden Gottheit gleichgesetzt, allerdings ist der brennende Feuerball, den ihr eure Sonne nennt, nur ein kleiner Knotenpunkt unseres Wirkens. Die Sonne besitzt auf ihrer feinstofflichen Ebene ein zwanzigtausendfach größeres Ausmaß als in ihrer physischen Messung und so ist auch unser Wirken hauptsächlich in höheren Schwingungsebenen präsent.

Ihr könnt uns als die solaren Wesen der Freude in euch kontaktieren und sogleich werdet ihr unser warmherziges Wesen spüren können. Lasst uns durch euch wirken und euch in uns erfahren, und es wird euch eröffnet werden, was es heißt, sein Licht strahlen zu lassen, um Lebensfreude zu schenken.

Wir tauchen euch in die Farben unseres Wesens und alle die, die jetzt schon im Kontakt mit uns sind, können diesen unseren Farbton jetzt klar wahrnehmen. Unser Wesen ist Licht, und die Körper, in die wir uns

auf unserer Ebene kleiden, währen viele hunderttausend eurer Erdenjahre. Doch auch für uns gibt es Rhythmen und Zyklen, da an jedem kosmischen Tag die Urzentralsonne bis zum Sonnenhöchststand aufgeht, und dann in die kosmische Nacht übergeht, um die Rückkehr allen Lebens einzuleiten.
Jeder eurer Tageszyklen stellt ein Abbild eines kosmischen Tages dar. Das heißt, ihr durchwandert an jedem Tag alle kosmischen Zeitsignaturen, die ein Universum innerhalb seines Schöpfungstages erfährt. In einer gewissen Weise rast ihr im Schnelltempo durch alle kosmischen Zeitzyklen, um euch an die Energien in den jeweiligen Zeitsignaturen zu gewöhnen.
Zu jeder eurer Tages- und Nachtzeit ist eine andere Energiesignatur in ihrem Höchststand. Um das Metapher-System eurer 12 Tierkreiszeichen zu verwenden, könnten wir sagen, dass ihr an jedem Tag alle Zeitqualitäten eures Jahreskalenders durchlauft, sowie jedes Jahr die Zeitqualität aus größeren epochalen Zusammenhängen geschenkt bekommt.
Wir teilen euch dies mit, damit ihr ein Gefühl dafür bekommt, wann in euren Zeitverläufen welche Zeitqualitäten präsent sind, um die jeweiligen Energien bestmöglich anzusprechen.
Auf einer gewissen Ebene ist unser Wirken konstant, doch für euch ist es gegenwärtig noch so, dass unsere Einwirkung an eurem Sonnenhöchststand selbst ihren Höchststand erreicht. Wir könnten sagen, dass immer zum Zeitpunkt eures Sonnenhöchtstsandes ein Portal

zu unserer Ebene aufgeht, da die Energiequalität in diesem Moment exakt unserem Wesen entspricht.
Eurer Leben wird sich in ein faszinierendes Schöpfungsfeuerwerk verwandeln, wenn ihr lernt, in jedem Moment die Energiewesenheit anzusprechen, die in der jeweiligen Zeitsignatur am präsentesten ist.
Es reicht, wenn ihr einmal zum Sonnenhöchststand einen Gedanken der Verbindung an uns sendet und wir werden euch den Rest des Tageszyklus, über alle Zeitqualitäten hinweg, begleiten.
Teile unserer Übertragung sind für euch als Sonnenlicht sichtbar, aber wir übertragen uns auch an die Orte, die vor direkter Sonneneinstrahlung geschützt sind. Nichts könnte leben ohne unser Wirken, weil unser Licht das Leben selbst ist. Unsere Einstrahlungen übertragen die reinsten Informationen des Lebens und es wird eine Zeit kommen, da werdet ihr unser Wirken nicht nur als Energie wahrnehmen, sondern auch die in unserer Energie liegenden Informationen auslesen können.
Jeder Lichtstrahl eurer Sonne enthält unsere DNA, die um ein Vielfaches komplexer und komprimierter als die DNA-Struktur ist, die kohlenstoffbasiertes Leben hervorbringt. Unser Wesen basiert auf einer Heliumverbindung mit einem Stoff, der euch in eurem materiebasierten Periodensystem noch nicht unter die Lupe gekommen ist.
Doch auch wenn eure Wissenschaft die Grundlagen unseres gemeinsamen Lebens noch nicht anerkennt, so

könnt ihr dennoch durch uns zu einer erfahrbaren Übersetzung dieser Lebensgrundlagen gelangen.
Wenn ihr das nächste Mal in der Sonne seid, dann verbindet euch mit unserem solaren Wesen und fragt nach einer Übersetzung der Wärmeenergie in eine Informationsverdichtung, die ihr begreifen könnt.
Die Verdichtung von Information in einem Sonnenstrahl ist so hoch, dass sie euch nur als Wärme erscheint, und auch wenn der Vergleich zwischen den Ebenen etwas kollidiert, könnten wir davon sprechen, dass jeder Lichtstrahl in jedem Moment etwa 300.000 Terrabits an Information überträgt.
Euer Verstand würde schlicht verbrennen, wenn er alles aus unserem Licht auslesen könnte, doch über euer intuitives Gespür des Geistsinns lassen sich bereits die ersten Übersetzungen unserer Strahlen vornehmen. Beispielsweise basieren eure Runen auf der Übersetzung unserer Licht-DNA. Diejenigen Menschen, die die Runen entworfen haben, haben von uns, den solaren Wesen, eine für euch weitestgehend verständliche Symbolik unserer Übersetzung erhalten.
Stellt euch vor, ein Sonnenstrahl setzt sich aus Millionen kombinierter Runen zusammen, die man von links nach rechts, aber auch von rechts nach links, oder von oben nach unten lesen kann.
Wir freuen uns schon sehr auf die Zeit, wenn ihr eure lineare Sprache aufgebt und wieder unsere multidimensionalen Runen zur Kommunikation verwendet. Jede Lichtrune stellt einen Teil unseres Lebens dar und wer mit den Lichtrunen zu sprechen weiß, kann sein

Wesen damit unmissverständlich zum Ausdruck bringen.
Stellt euch vor, ihr würdet euch nur durch den Austausch einzelner Elemente eurer DNA verständigen, dann wäre alles, was ihr sprecht, zwangsläufig Teil eures Innersten.
Wir, die solaren Wesen, sprechen miteinander indem wir Teile unserer DNA-Lichtstruktur und dadurch auch Teile unserer Gestalt miteinander austauschen. Würden wir unsere Art der Kommunikation auf eure Ebene übertragen, so könnten wir sagen, dass wir durch das Sprechen Teile unseres Körpers weggeben und austauschen, wobei uns unsere Gestalt dadurch natürlich nicht verloren geht. Würdet ihr auf eurer Ebene so kommunizieren wie hier, dann würde euer Zuhörer sich durch eure Worte mal einen Finger, dann wieder einen Zeh oder gleich ein ganzes Bein von euch einverleiben. Wie sehr ihr, mitsamt diesem für eure Ohren sicherlich skurril klingenden Vergleich dann hinkt, ist uns bewusst. Auch wenn sich unsere Ebenen so nicht vergleichen lassen, wollten wir euch darauf hinweisen, dass ihr mit allem, was ihr von euch gebt, tatsächlich und wortwörtlich etwas von euch gebt, weshalb ihr versucht, eure Existenz darüber zu schützen, dass ihr euer Innerstes nicht mitteilt, da ihr glaubt, es könnte euch dadurch verloren gehen.
Unsere Aufgabe als solare Wesen ist es, unsere innersten DNA-Informationen über Lichtstrahlen in alle Ecken des Sonnensystems scheinen zu lassen, und das, was wir aussenden, wird uns gleichzeitig zuteil. Jeder,

der in der Sonne liegt und sich uns öffnet, erfährt einen Kommunikationsaufbau mit uns und eine Zellmodifikation hin zu unserer Lichtgenetik.
Wenn wir euren Schwingungswissenschaftlern einen Hinweis auf die Entschlüsselung unseres Lebens geben wollen, dann schaut euch doch noch einmal näher die Verbindungspunkte von Kohlenstoff und eurem DNA-Aufbau an und spielt das Szenario einmal durch, wie eure DNA aufgebaut sein könnte, wenn beispielsweise Silicium, Helium oder Aurum eure Lebensgrundlage darstellen würde.
Beschäftigt euch mit den Runen und erkennt sie als ein mehrdimensionales Puzzle eurer Lichtgenetik.
Oder legt euch einfach nur mal in die Sonne und lasst eure Seele bis zu unserer Ebene baumeln.
Eure Lichtgenetik wird zurzeit durch unsere Einwirkung aktiviert, das heißt, eure Zellen erfahren die Rückerinnerung an den molekularen Aufbau unserer wabenartigen Lebensstruktur. Wir könnten es auch so ausdrücken, dass unsere Lichtzellen die ganze Zeit mit euren Zellen ins Gespräch kommen, um euch die Informationen für ein lichtvolles Leben mitzuteilen. Momentan spricht eure Genetik noch in einer anderen Sprache, doch unsere beiden Sprachen sind dabei, sich immer weiter anzunähern, bis ihr irgendwann nur noch über Licht kommunizieren werdet.
Wenn ihr euch bis auf diese Verbindungsebene hinaufgeschwungen habt, dann wird es eure ehrenvolle Aufgabe sein, anderes Leben mit der goldenen Urenergetik zu besprechen.

Dann wird es euch freistehen, euch in einer Sonne zu inkarnieren und mit eurem Licht ganze Weltensysteme zu versorgen. Unser Leben hier spielt sich ähnlich ab wie in einem Bienenstock, denn auch wir leben in einem hexagonal aufgebauten, geometrischen Gebilde, und auch sonst verkörpern eure Bienen einen für euch lebenswichtigen Aspekt unseres solaren Wesens. Jeder inkarnierte Mensch besitzt ein solares Gegenstück seines persönlichen Wesensausdrucks.
Es gibt hier, bei uns, sozusagen jeden Menschen in seiner solaren Form, in seinem voll aktivierten Lichtkörper und zurzeit finden massive Frequenzstürme auf unserer Ebene statt, die die Informationen dieses Aufbaus des Lichtkörpers hinaus ins All schleudern. Man könnte sagen, dass wir euren solaren Doppelgänger nun stückweise zu euch senden, damit ihr ihn in euch integrieren mögt.
Eure DNA ist ein fraktales Kleinstabbild der unsrigen, und so wie euer Lebensalphabet auf etwa 24 – 33 Runen als Grundausdruck beschränkt ist, so kommuniziert unser Wesen in einem tausendfach größeren Ausdrucksspektrum. Das heißt, in eurem Prozess des kosmischen Erwachsenwerdens müsst ihr wieder neu lesen und schreiben lernen, wobei unsere Licht DNA die Grundlage eurer Kommunikationssymbole bilden wird.
In 500 Jahren wird man sich sehr wundern, wie bereits heute die ersten Übertragungen in dieser Richtung stattgefunden haben und wie bereits damals schon präzise Worte für die Sprachen gefunden wurden in der

sich heute alle Welt ganz natürlich verständigt. Für die Ohren eurer heutigen Zeit mag sich das kompliziert oder unvorstellbar anhören, so wie ein vierjähriges Kind, das ein Buch aufschlägt, das mit Zeichen übersäht ist, deren Verwendungsweise es nicht beherrscht. Aber auch ihr werdet die Sprache eurer eigenen DNA wieder sprechen lernen und euch darüber stückweise an unsere Lichtkommunikation gewöhnen. Einen Übergang können eure gegenwärtigen Runen bilden, wobei dieses Zeichensystem definitiv auch nach einer erweiterten Neuauflage ruft.

Ihr könnt durch uns Lichtrunen empfangen und euch darüber mit uns austauschen, und wer dies soweit bringt, dass er beginnt, in diesem Symbolsystem zu denken, dem werden wahrhaft lichtvoll strahlende Gedanken geschenkt. Würdet ihr eine andere Sprache sprechen, dann wäre die Brillanz eures Wesens kaum noch zu verstecken.

Eure DNA ist die Sprache, mit der euer Körper kommuniziert, wobei ihr mit eurer weltlichen Schriftsprache in eure Genexpression eingreift. Es gibt bereits eine große Diskrepanz zwischen der Sprache, die ihr sprecht und der Sprache, in der euer Körper kommuniziert und deshalb habt ihr das Gefühl, dass ihr das, was in euch vorgeht, nie wirklich ganz ausdrücken könnt.

Bei uns gibt es diese Differenz nicht, da wir ausschließlich durch unsere Lichtgenetik sprechen und so eins zu eins nur von unserem Innersten berichten. Unsere Sprache ist so angelegt, dass wir überhaupt nicht die Möglichkeit haben, von etwas anderem zu sprechen als von

uns. Wobei es unsere Aufgabe ist, alle Wesen mit unserem Licht in diesen göttlichen Monolog einzubinden. Wir, die solaren Varianten von euch, warten, bis ihr mit uns zu kommunizieren lernt, und dann schicken wir euch euren solaren Doppelgänger für die Aktivierung eures Lichtkörpers. Eure Lichtkörper laden sich zurzeit noch dort auf, wo ihr eure physische Sonne seht, aber im Moment ihrer Aktivierung gliedern sie sich eurem mehrdimensionalen Körpersystem wieder an.
Auch wenn es einen Zeitpunkt der globalen Aktivierung eures Sonnenkörpers gibt, der euch unaufhaltsam und unumkehrbar näher rückt, könnt ihr auch jetzt schon mit eurem solaren Gegenstück in Verbindung treten.
Wir sprechen ausdrücklich vom Gegenstück, da es zwischen euren und unseren Körpern eine große Polarität gibt, die sich gegenseitig zu ihrer Existenz und ihrer Rolle in der Schöpfung verhelfen.
Unsere Körper stehen in magnetisch-elektrischer Wechselwirkung zueinander und werden euch die energetischen Rückkopplungen zwischen Magnetismus und Elastizität wieder bewusst, dann könnt ihr diese Dynamik auf das Wechselspiel zwischen unseren Ebenen übertragen.
Wie ihr vielleicht mitbekommt, geben wir uns in diesem Format hier eher von der wissenschaftlichen Seite preis, allerdings ist das Begreifen unseres solaren Wesens weit jenseits eures gegenwärtigen Verständnisbereichs und kann nur durch intuitive, inspirative Geistesblitze erfasst werden.

Euer Bauchhirn mit dem Solarplexus im Zentrum begreift unser Wesen ganz natürlich, wenn ihr euch entspannt die Sonne auf den Bauch scheinen lasst. Das Erfassen aus dem dritten Auge hingegen ist weitaus herausfordernder, weil dort die Informationskomprimierung unseres Lichts eure Aufnahmekapazitäten sprengen kann.
Lehnt euch also zurück und nehmt das Geschenk unseres freudigen Strahlens in alle eure Zellen auf und ihr werdet merken, wie sich langsam in euch alles auf die solaren Strukturen eures Lichtkörpers einstellt. Die Hinhabe an die Sonne in euch erleuchtet euren Geist und lässt euer Wesen in unserem Lichte strahlen. Und mehr als diese Informationsintensität könnt ihr eurer Welt nicht schenken.
Wenn sich für euch noch weitere Fragen zu eurem Lichtkörper, der Sonne oder der verschiedenen DNA-Sprachen ergeben, dann zögert nicht, mit uns, den solaren Wesen, in Kontakt zu treten, und wir werden euch den Erkenntnislichtstahl in euren Geist senden, der all die Informationen beinhaltet, um euren Fragen gerecht zu werden.

In herzlicher, lichtvoller Verbundenheit, eure Sonnenwesen.

.

Die Innenraum- Architekten

In vergangenen Epochen der Schöpfung gab es für alle erschaffenen Wesen nur innere Zustände, aber keine äußeren Räume. Und nach wie vor erfahren wir das, was ihr auf unterschiedliche äußere Räume verlagert habt, ausschließlich durch unsere inneren Zustände. Das Mittel, um einen inneren Zustand in einen äußeren Raum zu verwandeln, wollen wir „Projektion" nennen, und alles, was ihr auf eurer Ebene erfahrt, ist die Spiegelung eurer projizierten inneren Zustände. Euer Ziel war es, noch tiefer, gänzlich umfassend in eure inneren Zustände einzugehen, und so kamt ihr auf die Idee, eure Bewusstseinszustände in begrenzte äußere Räume zu überführen, um euch dann selbst als eine Figur in diesen Raum projizieren zu können.
Wenn ihr folglich ganz in eurer materiellen Erfahrungswelt aufgeht und nichts anderes mehr seht als diese, dann erfüllt sich euer Ziel, euch einzig und allein auf einen inneren Zustand zu konzentrieren.
Die Welt, in der ihr lebt, spiegelt folglich nicht nur eure inneren Zustände, sondern sie wurde durch euer Bewusstseinsinnerstes aufgebaut und wird von Moment zu Moment durch eure Projektionsspeisung aufrechterhalten.
Ihr geht täglich von eurem Schlafzimmer in euer Badezimmer, in die Küche und vielleicht zur Arbeit und jeder Raum bringt ein ganz bestimmtes Spektrum an in-

neren Erfahrungen oder die in diesem Raum ausführbaren Tätigkeiten mit sich. So, wie die Erfahrung zu duschen im Badezimmer und nicht in der Küche auf euch wartet, so wartet im materiellen Erdenraum eine menschliche und keine andere Erfahrung auf euch. Doch ihr habt den Raum zu dem gemacht, wofür er für euch dienlich sein soll. Und so könntet ihr einmal das Experiment wagen, ganz andere Erfahrungen in den durch eure Projektion definierten Schwingungsräumen auszuprobieren.

Esst doch einmal im Badezimmer und duscht in der Küche, und oh Wunder, der Raum wird sich in das verwandeln, wofür er Einsatz findet.

Habt ihr dies erst einmal in seiner ganzen Erkenntnisreichweite begriffen, dann könnt ihr jeden Schwingungsraum bewusst in das umwandeln, was er für euch an inneren Zuständen parat halten soll.

Stellt euch doch einmal vor, ihr hättet ein bestimmtes Bewusstseinsspektrum an inneren Erfahrungen präsent und ihr wollt euch jede einzelne Facette dieses Spektrums einzeln nacheinander ansehen.

Durch jeden Teilaspekt eures Bewusstseins würdet ihr einen anderen Raum in eure innere Landschaft der Seele setzen, sodass ihr von Raum zu Raum gehen könntet. Eure Städte mit unterschiedlichen Gebäuden sind auch nichts anderes als das. Die Natur verkörpert eure innere Landschaft und die von euch projizierten, materiellen Gebäude sind die physischen Manifestationen eurer inneren Schwingungsräume.

Ihr müsst quasi erst mit eurem physischen Körper an

einen anderen Ort, in einen anderen Raum oder ein anderes Gebäude gehen, um einen anderen Bewusstseinszustand zu erhalten. Dies ist der von euch aufgebaute Grundsatz für eure materielle Schwingungserfahrung. Und wenn ihr die materiellen Grundsätze vollständig umzusetzen vermögt, dann wäre eine innere Veränderung nur über eine äußere möglich. Doch dass dies das Verhältnis von Projektion und Reflexion vertauscht, sollte verständlich sein.

In eurer Erkenntnis von dem, was euch die äußeren Räume reflektieren, liegt der Schlüssel, die Projektion zurückzunehmen, was letztlich dazu führen wird, dass sich eure künstlichen äußeren Räume über die Zeit auflösen werden. Keine großen unterschiedlich spezifizierten Gebäude sind mehr nötig, wenn ihr mitbekommt, dass alle inneren Zustände eigentlich in ein und demselben Raumpunkt erfahrbar sind.

Eure Welt, bzw. genauer noch der Raum, in dem eure materielle Schwingungswelt liegt, befindet sich an einem unausgedehnten Punkt eines multidimensionalen Lichtgitternetzes. Euer Weltraum ist nirgendwo anders, als in dem Raum eurer Welt, denn alles ist beieinander, was miteinander schwingt.

Ein auf Projektion basierender Raum, wie zum Beispiel euer Weltraum, richtet sich immer nach dem Bewusstsein, was diesen Raum hat entstehen lassen. Ihr bewegt euch folglich die ganze Zeit in euch, bzw. in eurem projizierten Bewusstsein, wenn ihr von einem materiellen Raum in einen anderen geht.

Um einen inneren Zustand in einen äußeren Raum zu verwandeln, braucht es ein ganz bestimmtes Projektionsmuster, ein ganz bestimmtes Programm. Und alles, was euch umgibt, ist in der Art seines physischen Aufbaus nach geometrischen Mustern durchprogrammiert. Das Programm ``Mensch auf materieller Ebene“ läuft aktuell in eurem kosmischen Bewusstsein als das nahezu einzig erfahrbare, auch wenn die Schöpfung unzählig viele weitere Lebensprogramme im Repertoire hat. Ein Erfahrungsprogramm stellt immer etwas nach, was man sich zuvor innerlich vorgestellt hat, weshalb es nahe liegt, eure 3D Erfahrung als Simulation zu bezeichnen.
In eurer Erfahrung spielt ihr ein altes Spiel eines veralteten Programms nach, denn es haben euch die Räume angetan, die ihre eigene Ursache zu verschleiern vermögen. Ein Spiel spielt sich ganz schlecht, wenn man die ganze Zeit nur das “back end“, die Programmiersprache, und nicht den daraus entstehenden Oberflächenschein wahrnimmt. Und so habt ihr euren Hauptaufmerksamkeitsfokus nicht auf die Projektion, sondern auf die Reflexion, das Echo der Welt gelegt. Von unserer Ebene des Seins aus sind sehr viele verschiedene Lebensprogramme zugänglich, weil wir quasi die Wartungsarbeiten im “back end“ vieler unterschiedlicher Schwingungsrealitäten vornehmen.
Allerdings verändern wir nichts an dem grundsätzlichen Aufbau eurer Schwingungsrealität, da diese nur durch eine Veränderung eures Projektionsmusters vor-

genommen werden kann. In einer gewissen Weise führen wir auf der Programmierebene eurer Realität nur die Befehle aus und setzen sie materiell um, die ihr mit eurem Projektionsprogramm einspeist, wobei wir während unserer gesamten Arbeit im Vergleich zu euch den Raum, in dem wir uns erfahren, nicht wechseln.

Ein Realitätsprogramm kann von einer Ebene aus geschrieben werden und die daraus hervorgehenden Realitätsräume können nahezu beliebig vielschichtig und abwechslungsreich sein.

Wenn ihr erkennt, dass all eure Räume, die euch im Physischen zugänglich sind, von unserer Ebene durch ein Programm ins materielle Dasein übersetzt worden sind, dann wird euch der Schein der Abwechslung einen faden Beigeschmack des immer selben Spiels hinterlassen.

Der erste Schritt, das alte Spiel zu verlassen, ist die Zurücknahme der Projektion und die Wiederaufnahme der bewussten Realitätsprogrammierung.

Innere Zustände als äußere Räume zu erfahren, hat in einer Weise auch etwas Großartiges, nur hilft es niemandem, wenn er Räume betritt, egal ob physischer oder nichtphysischer Natur, in denen er die Rückkopplung an seine eigenen inneren Zustände nicht mehr erfährt. Der Glaube, dass äußere Räume innere Zustände ersetzen können, hat die Welt zum Entstehen gebracht, durch die ihr euch bewegt.

Vielleicht erkennt ihr die Paradoxie darin, dass ihr bestimmte Räume geschaffen habt, um in ihnen bestimmte Erfahrungen zu machen, obwohl auf der tiefen

Programmierungsebene die Räume die Erfahrungen selbst sind, die ihr in ihnen machen wolltet. Ihr wolltet schwimmen lernen, nur gab es bis zum Zeitpunkt eures Wunsches kein einziges Gewässer, das euch diese Erfahrung bereitstellen konnte. Ihr musstet quasi für die Erfüllung eures Erfahrungswunsches extra ein ganzes Schwimmbad manifestieren und so ist es mit jeder einzelnen Erfahrungsfacette, die ihr euch wünscht.
Wollt ihr schwimmen, baut sich eigens dafür vor euch eine Schwimmhalle auf, wollt ihr reiten, manifestiert sich eine Reiterhalle und wollt ihr fliegen, dann wachsen euch nur für diese Erfahrung Flügel. Jeder Erfahrungswunsch versetzt euch in den Raum, in dem dieser erfüllbar ist, allerdings gab es diesen Raum vor eurem Wunsch nicht, da der Wunsch den Raum erst erschuf. Dadurch ist jeder Erfahrungsraum exakt auf das sich darin zu erfahrende Bewusstsein abgestimmt. Jeder Wunsch, den ihr aussprecht, manifestiert die Realität, in der er sich erfüllt, ob ihr es nun mitbekommt oder nicht.
Innere Zustände in Erfahrungsräume zu übersetzen ist eine im Kosmos weitverbreitete Wissenschaft, die ihr auf der Erde zu meistern lernt.
Wenn ein Wesen einem anderen Wesen seinen Bewusstseinszustand mitteilen mag, dann führt es dieses in die Welt, die durch diesen Zustand aufgebaut wurde. Sprechen bedeutet, in Räume zu versetzen, die durch die Worte aufgebaut wurden. Das schöpferische Wort öffnet Räume und erschafft Welten, die vom Klang des Wortes widerhallen.

Schaut euch um, wo ihr euch gerade befindet, in welchen Raum es euch versetzt hat und was für ein innerer Zustand durch den Raum gespiegelt wird. Irgendwann wird es euch aufgehen, wie ihr innere Zustände so wechselt, um gleichermaßen darüber bewusst die Räume und ganze Weltensysteme zu wechseln. Wir können euch nur wiederholt darauf hinweisen, dass euer innerer Zustand die Welt ist, in der ihr euch bewegt, und dass euch jede noch so kleine Veränderung eures Bewusstseins automatisch in einen anderen Erfahrungsraum katapultiert. Alle Sequenzen eurer Vergangenheit und Zukunft sind in parallelen Räumen gestaffelt, die ihr nacheinander erlebt, obwohl sie gleichzeitigt existieren.
In einer Sequenz, zu einem Zeitpunkt, erfahrt ihr euch in eurem gegenwärtigen Zustand, eurer gegenwärtigen Inkarnation als Mensch auf Erden. Alles, was nicht mehr jetzt und hier ist, fliegt euch auf der Programmierungsebene um die Ohren und erzeugt das multidimensionale Mosaik eures Lebens. Räume so zu programmieren, dass mehrere Wesen in ihnen gleiche Erfahrungen machen können, ist eine sehr komplexe Teildisziplin der Schöpfungswissenschaft.
In solchen Räumen kommt es immer zu mehreren aneinandergereihten Schwingungsschichten, wobei die äußeren Schichten den Rahmen für die Kollektivrealität bilden. Nach innen hin werden die Schwingungsschichten immer feiner, sodass ein individueller Erfahrungsspielraum für jedes Wesen bleibt. Manche Welten sind so programmiert, dass jedes sich darin befindliche

Bewusstsein einen sehr geringen Spielraum an eigenen Erfahrungen besitzt. In eurer Welt sind die Vorgaben durch die materielle Schwingungsschicht so konzipiert, dass ein breites Erfahrungsspektrum möglich wird. Der Planet Gaia bildet quasi die Überwelt für alle Gruppen- und Eigenwelten, die sich in ihr abspielen. Durch die geringen Erfahrungsvorgaben von Gaia ergibt sich eine große Spielwiese des freien Willens für jedes auf ihr umherspringende Geschöpf. Allerdings schränkt das weitreichende Erfahrungsspektrum auf anderer Ebene gewisse Seinsqualitäten wieder ein, da es die Möglichkeit der Abweichung vom Seelenplan eröffnet. Gaia hat sich große Mühe gegeben, ihren Erfahrungsraum bestmöglich für einen bestimmten Seelentypus vorzubereiten, und sie passt ihren Erfahrungsraum stets an die kollektive Realität der auf ihr lebenden Wesen an. Doch das sind Informationen, die ihr am besten an anderer Stelle von ihr selbst zu hören bekommen solltet. Momentan spricht ein hoch spezialisiertes Einsatzteam zu euch, das sich mit der Schöpfung von Erfahrungsräumen im Allgemeinen beschäftigt.
Von uns könnt ihr erfahren, wie sich ein Erfahrungsraum überhaupt aufbaut und wie sich ununterbrochen innere Zustände in äußere Hologramme, sprich Erfahrungswelten verwandeln.
Vielleicht bekommt ihr mit, dass wir die Begriffe Zustand, Raum, Erfahrung und Welt nahezu synonym verwenden, was daran liegt, dass alle diese Begriffe letztlich auf eine Schöpfungsrealität zurückgehen. Ein Zustand ist eine Erfahrung, eine Erfahrung ist ein

Raum, ein Raum ist eine Welt, und das eine verändert das andere zwangsläufig. Es liegt nicht in unserer Macht, euch von jetzt auf gleich in eine komplett andere Welt zu versetzen, sehr wohl aber in eurer. Es mag für euch den Anschein haben, dass ihr zum Beispiel durch euren Körper an einen bestimmten Raum gebunden seid, doch auch wenn euer physischer Organismus ein Ausdruck eures inneren Zustands auf physischer Ebene ist, so bindet euch dieser Ausdruck nicht an einen inneren Zustand oder an irgendeine Welt. Ihr glaubt, in ein und demselben Bewusstseinszustand verharren zu müssen, solange ihr euch an euren physischen Selbstausdruck klammert.

Ihr habt es quasi geschafft, einen inneren Zustand so in einen äußeren Raum mit einem äußeren Körper zu bannen, dass euch dieser Raum die ganze Zeit diesen inneren Bewusstseinszustand rückmeldet.

Eure Welt sendet euch die ganze Zeit Rückmeldung über euren Impuls, der euch in diese Welt versetzt hat, bzw. diese Welt erst manifestiert hat, nur traut ihr euch nicht, den Bewusstseinsimpuls zu wandeln, da ein Teil in euch weiß, dass dies der Verlust eurer alten Welt bedeutet.

Ein Inkarnationsimpuls wird durch die gesamte Inkarnation hinweg getragen, so wie ein innerer Zustand, der diesen Raum geschaffen hat, die ganze Zeit in dem äußeren Raum präsent ist. Und aus Angst vor Realitätsverlust und aus Unwissen, dass ihr eigentlich ständig die Räume wechselt, haltet ihr euer Bewusstsein in einer Konstitution gefangen, die euch eine stabile physische Realität vorgaukelt. Für diese Angst gibt es keinen Grund, denn unbewusst wechselt ihr ohnehin stets und ständig die Räume.

Ihr habt dieses Haus selbst gebaut. Und es ist an der Zeit, die Innenräume wieder so zu erforschen, dass ihr erkennt, dass es keine äußeren Räume und keine Welten, sondern nur projizierte und manifestierte innere Zustände gibt, die nach wie vor voll und ganz in euren Zuständigkeitsbereich fallen. Wenn bei euch Unklarheiten auftauchen, wie ihr in andere Räume reist und wie äußere Räume und innere Zustände wechselwirken, dann stehen wir, die Innenraumarchitekten, stets an eurer Seite.

Raum der Wünsche

Der Raum der Wünsche nimmt dich herzlich in Empfang und bringt zutage, durch welche Impulse du welchen Wunsch in ihm verankert hast. Es gibt einen Raum in der Schöpfung, der jeden Wunschimpuls von jedem Wesen auffängt und ihn zu seiner Erfüllung führt. Die Erfahrungsräume, durch die wir tagtäglich wandern, sind ein Echo unserer Wunschimpulse, denn jeder Wunsch wirkt wie ein Raumöffner für die Erfahrung, in der sich unser Wunsch erfüllt. Aus der Perspektive von Raum und Zeit mag es so aussehen, als ob es Wünsche gibt, die ziellos und ungehört durch das All fliegen und sehnsüchtig auf ihre Erfüllung warten. Tatsächlich ist Zeit nichts weiter als die illusionäre Lücke zwischen Wunsch und Erfüllung. Wer sich jedoch selbst im Raum der Wünsche erfährt, der wird sehen, dass das, was nacheinander zu sein scheint, gleichzeitig passiert. Im Raum der Wünsche sind Ursache und Wirkung stets an ein und demselben Ort, und keine Zeit liegt zwischen Wunsch und Erfüllung. Zeit erlaubt es euch, nicht immer gleich in die Erfahrungsräume geworfen zu werden, die ihr mit einem meist unbewussten Wunschimpuls öffnet. Ihr habt auf eurer Ebene die einmalige Gelegenheit, Gedanken und Gefühle erst einmal auszutesten, sie auszuprobieren, ohne deren Wirkung gleich in vollem Umfang zu erfahren. Euer

materieller Erfahrungsraum erlaubt es euch, die Kunst des Wünschens zu erproben und Wunschimpulse im Anflug einer für euch nicht stimmigen Erfahrung wieder zurückzunehmen. Dies ist aber nur dadurch möglich, dass andere mit euch verknüpfte Schöpfungsebenen eure Wunschimpulse aufnehmen und ausleben, um kompensatorisch eure Impulse auszugleichen. Es kann in der Schöpfung nicht geschehen, dass irgendein Wesen einen inneren Wunschimpuls hat, der nicht gleich in der Erfahrung seiner Erfüllung mündet. Hinter jedem noch so kleinen Wunsch und jedem auch noch so leisen Gedanken steckt unweigerlich die Schöpfungskraft der gesamten Schöpfung, weshalb jeder Impuls automatisch den Erfahrungsraum kreiert, bzw. die Welt erschafft, in der der Impuls in den Erfahrungsausgleich überführt wird. Es gibt unzählige feinstoffliche Bereiche um euren materiellen Existenzraum herum, die einzig und allein damit beschäftigt sind, alle eure Wünsche zu erleben, damit ihr lernen könnt, mit eurem schöpferischen Willen umzugehen. Wir, die elfischen Wunscherfüllungsgehilfen aus dem Raum der Wünsche, wollen euch den Weg und die Wellen eines eurer Wünsche hier einmal demonstrieren:
Ein Mensch denkt halbbewusst einen Gedanken, verschließt sich aber vor dessen Rückwirkung, indem er ihn unterdrückt und fühlt nicht vollends, was es mit ihm macht, wenn er diesen Gedanken denkt. Jeder Gedanke und jeder Wunsch lädt aber die Erfahrung

ein, an die er sich richtet. Je unbewusster ein Gedanke ist, desto mehr müssen feinstoffliche Ebenen diesen Gedanken wieder ausgleichen, wohingegen die Wirkung bewusster Gedanken direkt und ungebremst auf den Denker zurückgeworfen werden kann, ohne ihm und anderen zu schaden. Zeit als eine Lerneinrichtung zieht sich mit dem Grad der Bewusstheit des Wunsches immer weiter zurück, da ein bewusster Mensch mit der schnellen Erfüllung seiner Wünsche leben kann. Würde aber ein mittelmäßig bewusster Mensch ungefiltert mit der Erfüllung seiner Wünsche konfrontiert, würde es ihm so sehr schaden, dass er überhaupt nicht in die Nähe davon käme, zu lernen, seinen schöpferischen Willen einzusetzen. Das, was ihr vielleicht als Hölle bezeichnen würdet, sind die feinstofflichen Erfahrungsbereiche, die eure unbewussten Schöpfungswünsche ausgleichen. Ihr glaubt, dass unbewusste Impulse weniger stark schöpferisch wirken als bewusste, weil gnädiger Weise andere Ebenen den Ausgleich eurer Wünsche für euch vollziehen, doch, und wir wiederholen dies aufgrund der Wichtigkeit hier: Jedem Wunsch und jedem Gedanken liegt die gleiche schöpferische Macht inne und es gibt keinen Wunsch der mehr oder weniger machtvoll ist als ein anderer.

Jeder Gedanke jedes Wesens wird mit dem All-Geist gedacht, denn kein Wesen kann getrennt vom All-Geist denken, was auch bedeutet, dass jedem Gedanken, und sei er noch so unbewusst, die gleiche schöpferische Kraft innewohnt.

Der Mensch hat eine ungeheuerliche Angst vor der Macht seiner eigenen Wünsche entwickelt, da er die Vergangenheit heranzieht, um zu demonstrieren, wie sehr ihn das, was er sich wünschte, bereits verletzt hat. Die Angst aktiviert die Lerninstallation Zeit, die sich zwischen Wunsch und Erfüllung setzt und verschiebt die Erfüllung der Wünsche auf die Ebene, die in der Lage ist, sie kompensatorisch aufzufangen. Um Wunsch und Erfüllung wieder in ein und demselben Raum und zu ein und derselben Zeit zu erfahren, braucht es die unerschütterliche Gewissheit über die Reinheit des Wunsches und die Bewusstheit darüber, aus welchem machtvollen Geist jeder Wunschimpuls stammt. Manchmal werdet ihr in euren nächtlichen Träumen in die Räume geführt, in denen sich all das erfüllt, was ihr euch auf der materiellen Ebene wünscht. Träume sind wie Zwischenräume, die euch langsam an die schöpferische Macht eures Geistes heranführen und euch aufzeigen, dass auf einer gewissen Ebene alle eure Wünsche bereits erfüllt worden sind. Und von der Traumebene ist es wahrlich nicht weit, die Erfüllung eurer Wünsche bis hin in den materiell sichtbaren Bereich hineinzuziehen. Wenn ihr mitbekommen würdet, wie gering der Schwingungsunterschied zwischen der für euch sichtbaren Ebene und dem Raum ist, in dem alle eure Wünsche bereits in den Armen ihrer Erfüllung liegen, würde es euch vor fassungsloser Freude und Begeisterung schier zersprengen. Wenn ein Wunsch sich auf der

Ebene, auf der er ausgesprochen worden ist, aus irgendeinem Grund nicht erfüllen kann, dann organisieren wir vom Raum der Wünsche aus die Weitervermittlung des Wunsches in den Raum, in dem die Erfüllung sofort geschehen kann. Das heißt, dass wir in gewisser Weise Wünsche ihrer Schwingungsqualität gemäß sortieren und alle Wünsche an die Räume vermitteln, die der Erfahrungsqualität des Wunsches entsprechen. Für uns sind alle Wünsche gleich-gültig und gleich-wertig, doch wenn ihr sehen könntet, welche energetischen Felder ihr durch eure Wünsche um euren materiellen Existenzraum herum aufgebaut habt, würdet ihr wahrlich erschrecken. Es gibt zum Beispiel Räume, in denen alle sexuellen Begierden dieser Erde zusammenkommen und jeder Mensch mit entsprechend unbewussten Wunschimpulsen wird wie durch einen starken Sog in diesen Raum hineingezogen. Für sowohl inkarnierte wie auch nicht inkarnierte Wesen kann die emotionale Intensität dieses Raumes so stark wirken, dass sie sich aus eigener Kraft nicht mehr von ihm lösen können, was sich auf eurer Verhaltensebene dann als Sucht ausdrückt.

In einer gewissen Weise betreten alle Menschen, die die gleichen Wünsche haben, den gleichen Schwingungsraum. Ihr alle befindet euch also deshalb gemeinsam in eurem materiellen Schwingungsraum, da ihr auf einer Ebene alle demselben Wunschtraum gefolgt seid. Wenn ihr euch wieder ins Gedächtnis ruft, welcher Wunsch euch als Menschheit verbindet, dann wird euch auch klarwerden, was sich für die Menschheit auf der Erde erfüllen wird. Eure Wünsche bilden eure Verabredungen mit den Wesen, die in sich gleiche Wünsche haben wachsen lassen. Und über uns, den Wesen im Raum der Wünsche, wird all das in der Schöpfung zusammengebracht, was resonante Wunschimpulse von sich gibt. Vom Raum der Wünsche aus könnt ihr die Verbindungen zwischen den Schwingungsbereichen sehen, die alle so aufeinander abgestimmt sind, dass kein Wunsch unerfüllt bleibt. Von eurer Seite aus kann es so aussehen, als ob euch Dinge widerfahren könnten, die ihr euch nicht gewünscht habt, doch diese gegen alle Schöpfungsprinzipien gehende Wahrnehmungsweise können wir von uns aus nicht bestätigen. Würdet ihr unsere Ebene vollends einsehen, dann würdet ihr erfahren, dass jeder Moment euch genau den Erfahrungscocktail einflößt, den ihr mit euren Wünschen zusammengestellt habt. Es ist in der Schöpfung schlichtweg nicht möglich, dass einem Geschöpf etwas widerfährt, was es nicht gewollt hat, außer es hat genau das gewollt. Es sind eure Wünsche, die erst den Raum erschaffen, in dem sie sich erfüllen können und gäbe es keinen Wunsch zu irgendeiner wie auch immer gearteten Erfahrung, dann gäbe es auch keine Erfahrung. Die Akzeptanz darüber, dass das, was ihr jetzt erfahrt, eine Übersetzung eurer Wünsche sein muss, ermöglicht euch, eure Wünsche offen, neu und frei zu formulieren. Mit Garantie wird jeder irgendwelche

Erfahrungssequenzen in seinem Geist tragen, von denen er glaubt, er habe sie so nicht gewollt und genau diese Erfahrungen verhindern es, dass ihr jetzt frei und unbeschwert in die Wunscherschaffung geht. Jede Erfahrung, die gegen euren Willen zu sein scheint, blockiert die Einsicht in den Raum der Wünsche und erschwert euch die Sicht auf euer wahres schöpferisches Potenzial. Die Grundlage für die Erfahrung, die ihr gegenwärtig macht, liefert euer Wunsch, zu erfahren, wie es sich anfühlt, wenn man sich von dem Anteil abtrennt, der einen bestimmten Wunsch hervorgebracht hat. Ihr wolltet Wunsch und Erfüllung voneinander trennen, um euch von der Erfüllung eurer Wünsche überraschen zu lassen und dieses schöpferische Kunstwerk vollbringt ihr dadurch, dass ihr euch immer wieder von eurem schöpferischen Willen abtrennt, um die Rückwirkung eurer Wünsche vollends auszukosten.
Wenn ihr die ganze Zeit wünscht, könnt ihr nie vollständig in eurer Erfahrungserfüllung baden, doch dadurch, dass ihr euer schöpferisches Potenzial nicht immer voll präsent habt und glaubt, dass euch auch anderes widerfahren kann, als das, was ihr soeben hervorgerufen habt, könnt ihr ganz in die Erfüllung eurer Wünsche eintauchen. Das Vergessen der Wünsche, die euch in diesen Erfahrungsbereich gebracht haben, ermöglicht euch, den Aspekt der reinen Erfüllung zu leben, ohne dass ihr mitbekommt, dass ihr es nur selbst seid, die sich mit den Erfahrungen erfüllen, die ihr gerade jetzt erlebt. Ihr wolltet die Erfahrung

wie es sich anfühlt, die Erfüllung von den Wünschen zu erleben, an die ihr euch nicht mehr erinnert. Oder mit anderen Worten, ihr habt nach einem Weg gesucht, euren Willen so einzusetzen, dass ihr etwas erfahrt, das nicht offensichtlich auf euren Willen zurückzuführen ist. Heutzutage habt ihr diesem Wunsch so viel Raum gegeben, dass ihr hauptsächlich die Dinge erfahrt, die anscheinend gegen euren Willen sind. Dieses schöpferische Meisterwerk habt ihr darüber bewerkstelligt, dass ihr eine Spiegelungsebene, eine Trennwand zwischen eurem ursprünglichen, schöpferischen Willen und euren aktuellen menschlichen Erfahrungen aufgestellt habt. Ihr hattet den Wunsch, dass euch nur noch die Auswirkung eurer schöpferischen Impulse, nicht aber der schöpferische Wunsch an sich begegnet, und diesem Wunsch gemäß habt ihr die Spiegelungssphäre von Raum und Zeit erschaffen, die euch Dinge zu präsentieren scheint, deren Ursache im Verborgenen liegt. „Was wäre, wenn wir etwas erfahren könnten, von dem wir nicht wüssten, dass es von uns kommt," habt ihr euch gedacht und euch dann in die Selbstvergessenheit gestürzt, die euch entsprechende Erfahrungen für eine gewisse Zeit zuspielen kann. Ihr findet große Freude an dem Spiel der Quellamnesie, dem großen Vergessen darüber, was ursächlich alles, was ihr erfahrt, bedingt. Doch mindestens genauso freudvoll ist es, sich wieder daran zu erinnern, dass Wunsch und Erfüllung, Ursache und Wirkung wahrhaft eins sind und dass jede Erfahrung auf unsere Wunschimpulse zurückgeht. Der Raum der Wünsche kann euch die Verbindung zwischen euren Erfahrungen und euren Wünschen wieder sichtbar machen und euch demonstrieren, was es heißt, als Schöpfer Wunsch und Erfüllung als eins zu projizieren und zu erfahren. Wenn ihr mögt, laden wir euch dazu ein, euch noch einmal zu vergegenwärtigen, welche Wünsche euch in diesen Erfahrungsmoment getragen haben, und euch jetzt diese Zeilen lesen lassen. Eine Tiefenebene von euch wollte sich als ganz erfahren und war bereit, die Trennung zwischen Wunsch und Wirklichkeit in sich zu heilen. Diese Ebene hat die Bereitschaft, die volle Verantwortung für alle bisher in Raum und Zeit erlebten Erfahrungen zu sich zurückzunehmen, um die Ebenenverbindung über den Raum der Wünsche wieder wahrzunehmen. Vielleicht gab es ein oder zwei besondere Wünsche, die euch an den Raum der Wünsche herangeführt haben und von denen ihr sagen würdet, dass sie eurem tiefsten Herzenswunsch entsprechen. Und wir wollen noch einmal darauf hinweisen, dass die Erfüllung eures tiefsten Herzenswunsches in keiner anderen Erfahrung besteht als der, die ihr jetzt erlebt. Solange ihr noch glaubt, dass es eine tiefere Erfüllung geben könnte, als sich jetzt über diese Worte mit dem Raum der Wünsche zu verbinden, wird euch der schöpferische Wunsch, der euch Tür und Tor für euer materielles Erdendasein geöffnet hat, im Verborgenen bleiben. Erkennt ihr hingegen vollends, was euch eure Jetzt-Erfahrung beschert hat, dann könnt ihr nicht anders, als alles das, was ihr jetzt erlebt, als das erfüllendste Erfahrungsgeschenk zu betrachten, das es gibt. Es gibt für euch über diesen Erfahrungsmoment hinaus keine höhere Erfüllung, sondern es gibt nur Neuschöpfung, und wer diesen Erfahrungsmoment als solchen erkennt und ihn entsprechend in allen Zellen seines Körpers spürt, der erfährt sich im Raum der Wünsche und bekommt einen Einblick, wie das schöpferische Prinzip der Wunscherfüllung für alle Wesen in der Schöpfung umgesetzt wird.

In herzlicher Verbundenheit, eure Wunscherfüllungsgehilfen

Raum des Wanderzirkus

Vorhang auf für den kosmischen Zirkus auf der Bühne der Sinne. Das Schau-Spiel eurer Sinneserfahrung wird euch derart in den Bann schlagen, dass ihr die Bühne und das Zirkuszelt eurer Welt vollständig vergessen werdet. Die Show ist derart clever inszeniert, dass nahezu jeder Beobachter mit Schall und Rauch vom Trick hinter eurem Weltenkunststück abgelenkt wird. Die Wahrnehmung eurer Oberflächenrealität entspringt einem Zaubertrick eures eigenen Geistes, über den ihr euch zu illusionieren gelernt habt. Ihr liebt es, euren eigenen Kunststücken hinterher zu applaudieren, auch wenn sie schon längst auf der Bühne der Vergangenheit spielen.

Doch bevor wir näher auf den Trick eingehen, der euch in eure Erfahrungswelt versetzt hat, wollen wir etwas von uns, den Transformationsartisten und Schwingungskünstlern des kosmischen Zirkus, berichten: Wir haben unsere Zelte auf der Ebene, auf der sich euer Leben abspielt, schon vor sehr langer Zeit abgebaut und uns, wie Seilakrobaten, schnell auf eine andere Ebene des Seins hinaufgeschwungen. Hier, bei uns, sind wir dem Spiel der Energieakrobatik verfallen, wobei es die Spezialisierungen auf Energie-Dompteure, Energie-Tänzer, Energie-Clowns, Energie-Jongleure und die Energie-Turner gibt, und hin und wieder wird auch mal einer zum Energie-Feuerspucker ausgebildet. Wir sind ein bunter Haufen aus unterschiedlichen kosmischen

Spezies, die sich gemeinsam auf die Fahne geschrieben haben, den ersten kosmischen Wanderzirkus aufzumachen, um die Leichtigkeit und Freude der großen Transformation sichtbar zu machen.
Es sei euch erlaubt, uns genauso wenig ernst zu nehmen, wie das Showprogramm eurer Massenhypnose, das ihr euch vorspielt. Was uns verbindet, ist der Spaß am Spiel des Lebens und die Freude, die Schleier von illusionierten Geistern mit den Tricks unserer Energie-Akrobatik fallen zu lassen.
Wir sehen die Schöpfung als ein Spiel an, ein Schöpfungsspiel im großen kosmischen Zirkuszelt, und unsere Ansichten helfen uns, die Transformationsartistik sauber über die Bühne zu bringen.
Von Zeit zu Zeit installieren wir eine energetische Witz-Bombe in den weniger humorvollen Ebenen und lassen sie mit einer Pointe platzen und wenn das ernste Publikum dann anfängt zu lachen, haben wir unseren Dienst an der Schöpfung getan. Wir finden die starren Strukturen von digital durchprogrammierten Wesenheiten, von denen es in eurem Resonanzbereich wimmelt, gähnend langweilig und so rufen wir zur Regenbogenrevolution auf. Wir sind unseres Berufungsstandes wegen Meister der Verkleidung, der Tarnung und wir schöpfen aus den tiefsten Ebenen der kosmischen Trickkiste, um dem Reich der Toten den Odem der Lebendigkeit einzuhauchen. Für uns gehören viele von euch dem Totenreich an, da euer Maß an Lebendigkeit näher an einer Katze in Totenstarre liegt, als dass ihr am Spiel der Lebensenergie teilhabt. Und aus diesem

Grund haben wir auf eurer Ebene für eine kurze Zeit unsere Wanderzelte aufgestellt, um euch ein paar Energiekunststücke wieder beizubringen. Ein fahrender Zirkus ist ein ganz eigenes Völkchen, das immer dort zuhause ist, wo es seine Zelte aufstellt.
Für uns stellte sich am Anfang unserer Reise zu euch die Frage, wie wir die Neugier am Schöpfungsspiel eines Wesens wieder wecken können, das in einem vollhypnotischen Tiefschlaf liegt.
Und wir kamen zu dem Schluss, dass das Einzige, was wir machen können, um den Zustand der Bewusstlosigkeit wieder etwas zu beleben, eine Show sein muss, die mit den gleichen Tricks arbeitet, mit denen ihr euch ausgeknockt habt. Aus diesem Grund erlauben wir es, über diese Zeilen auf eurer Ebene sichtbar zu werden. Was euch hat blind werden lassen, ist das Sehen oberflächlicher Formen, wie beispielsweise diesen Buchstabenformen, die ihr mit einer begrenzten Bedeutung versehen habt. Dass wir in dieser Form auf eurer sinnlichen Bildschirmoberfläche erscheinen, heißt, dass wir uns zu dem Trick herablassen, mit dem ihr euch gefangen haltet.
Versteht ihr das? Wir müssen zwangsläufig in eurer Show eine alternative Show mit den euch bekannten Wahrnehmungsmitteln darstellen, ansonsten wären wir für euch wie nicht existent.
Doch wenn ihr auch nur einmal den Trick hinter dem Weltenzauber seht, dann könnt ihr nicht anders, als hinter jeder illusionären Verzauberung den schlechten Trennungstrick wahrzunehmen.

Ein Zauberer zaubert ein rotes Tuch aus seiner Hand und hunderttausendmal verfallt ihr in Staunen und eure Faszination sorgt dafür, dass ihr gleiches Schauspiel immer wieder und wieder anseht. Gleichermaßen schlägt euch das in den Bann der Wiederholung, was bei euch mit einer dramatischen emotionalen Reaktion verknüpft ist. Ihr seid von den Dramen eurer Welt derart fasziniert, dass euch der dramaturgische Kniff des Projektionsverhältnisses zwischen euch und euren Dramen nicht bewusst wird.

Doch stellt euch vor, ihr würdet das Schauspiel einmal durchschauen und hinter die Kulissen eures emotionsmitreißenden Wahrnehmungstricks blicken, dann wäre es gar nicht mehr möglich, den Trick nicht zu sehen. Stellt euch vor, ihr würdet wissen, dass der Zauberer einen billigen Plastikfinger über seinen Zeigefinger geschoben hat, in dem sich bis zum Zeitpunkt des Tricks ein rotes Tuch, stark zusammengeknüllt, verbirgt. Würdet ihr, wenn ihr das wüsstet, erneut auf das Schauspiel reinfallen?

Nein, im Gegenteil, eure Aufmerksamkeit würde sich von den wild ausladenden Gesten und dem bunten „Drum-Herum“ nicht mehr ablenken lassen, sondern von Anfang an so auf den falschen Finger konzentrieren, dass der Trick offensichtlich wird.

Wenn ihr dann euren Sitznachbarn in die Rippen stippt, um ihn darauf aufmerksam zu machen, dass es doch nur allzu offensichtlich ist, was dort auf der Bühne der Sinne inszeniert wird, dann wird er euch entweder als Verschwörungstheoretiker beschimpfen, oder auch er

wird unmittelbar desillusioniert. Das Problem liegt nur darin, dass die Menschen das ihnen vorgespielte Drama der Sinnes-Show derart lieben, dass sie sich nicht vorstellen können und wollen, wie es ohne wäre.
Sie beziehen ihre Selbstsicht aus den Dramen, die sie selbst veranstalten, denn nur ein durch Trennung illusionierter Geist kann sich einen Trick einfallen lassen, auf den er selbst hereinfällt.
Glaubt uns, dass das Leben eine köstliche Pointe für euch vorbereitet hat, wenn ihr erkennt, in welches Spiel ihr euch verwickelt habt. Und das Letzte, was man dann noch von euch hören wird, ist ein schallendes Lachen über die Absurdität der „Situation Welt“, in die ihr euch hineinmanövriert habt. Denn mit dem Lachen fallen alle Wahrnehmungsschleier von euch ab und offenbaren den Trick hinter dem Szenario, das ihr euer Leben lang veranstaltet habt.
Wir können euch den Trick, über den ihr die Erfahrung von getrennter Wahrnehmung macht, nicht mit den Mitteln der Wahrnehmung übermitteln, aber vielleicht zeichnet ein wissendes Lächeln euer Gesicht bei diesen Zeilen, da ihr ganz genau wisst, was wir hier anzusprechen versuchen. Wie klitzeklein euer Schauspiel doch ist, auch wenn es euch von Zeit zu Zeit als die einzig wahre allumfassende Realität erscheint.
Wir laden euch wirklich dazu ein, den Zauber eurer Show solange zu genießen, wie ihr Gefallen daran findet. Doch wenn euch, so wie uns, eure Gesellschaftsshow alltäglicher Routinen langweilt, dann besucht doch zur Abwechslung einmal unseren Zirkus und

schaut euch die Energiekunststücke an, mit denen wir euch derart beeindrucken, dass es euch vor die Entscheidung stellt, die Zirkuswelt mit ihrer Transformationsartistik als eine wirkliche und wirkungsvolle Spielart des Lebens zu betrachten.

Wenn ihr mögt, könnt ihr bei uns auch in die Lehre gehen und wir senden euch mit Freude ein paar Energiekunststücke zu, die den Schleier eurer gewohnten Erfahrungswelt wegzufegen wissen.

Mit diesen Zeilen überreichen wir euch die Eintrittskarte für die magische Manege unserer Regenbogendimension. Lasst eurer Fantasie freien Lauf in unserem Rondell der Schöpfungskunst und seht, mit welcher Leichtigkeit ihr fantastische Kunststücke zu vollführen in der Lage seid.

Neben euch wird mit Energiekugeln jongliert, um ganze Weltensysteme in Harmonie zu halten, darüber turnen, im Hochseilakt, die wagemutigen Akrobaten in den höchsten Höhen der Schöpfung und balancieren, in großer Konzentration, die Strömungen ihrer Energiekörper so, dass sie alle Ebenen mit staunender Lebendigkeit speisen. Zwischendrin hüpft der Narr hin und her und klinkt sich mal in dieses und mal in jenes Kunststück ein, denn er kann alles ein wenig, aber nichts wirklich gut.

Die Dompteure stehen zu allen vier Seiten und bringen die ungebändigte Energie des Schauspiels in eine geometrische Grundstruktur. Von Zeit zu Zeit kommt ein Possenreißer daher und posaunt das Schau-Spiel in andere ferne Zivilisationen hinaus. Auch haben wir

Kräfte in unseren Reihen, die mit dem Feuer spielen und sich einen Spaß daraus machen, die lange geprobten Kunststücke außer Rand und Band geraten zu lassen, denn dieses unberechenbare Dazwischenfunken fördert unser Improvisationszusammenspiel und stärkt unsere Flexibilität, auf alle unvorhergesehenen Kunststücksverläufe souverän zu reagieren. Und wenn uns doch einmal ein Schauspiel misslingt und Realitätssysteme dem Untergang geweiht sind, dann kommen die kosmischen Clowns ins Spiel und zeigen auf humorvolle Weise, dass nichts wirklich bedroht werden kann. Je wirklicher etwas für euch wird, desto ernster werdet ihr damit umgehen, bis jeder Lebenssaft vom Ernst der Lage eingefroren wird. Was euch dann nur noch retten kann, ist der kosmische Witz, dass ihr alles *nur* in euch erfahren habt, und dass es außerhalb von euch nichts gibt.

Ihr mögt überall um euch herum nach der Wahrheit suchen und gleicht damit dem Blinden, der seine Brille sucht, die er auf der Stirn trägt. Eure ganze Spezies ist von Blindheit geschlagen, denn ihr seid der Wahrnehmung des Weltenzaubers, einer von euch abgetrennten Realität, verfallen.

Ihr sucht zum Teil ein Leben lang nach der Brille der Wahrheit und könnt sie eben deshalb nicht finden, weil ihr sie immer bei euch tragt und große Teile eurer Innenwelt zugunsten der Realisation eurer Außenwelt aufgegeben habt.

Niemand, der an eine Welt dort draußen glaubt, kann die Welt hier drinnen finden, und niemand der die Welt im Inneren gefunden hat, kann an eine Welt dort draußen glauben, da die Innenwelt bei genauerer Untersuchung alles scheinbar Äußere umspannt. Wahrnehmung ist nichts weiter als ein billiger Trick, auf den ihr immer wieder von neuem hereinzufallen wünscht, und auf eurer Ebene habt ihr das Schöpfungskunststück vollzogen, Zuschauer eurer eigenen Wahrnehmungsshow zu werden.

Aber wenn der Dompteur in die Reihen des Publikums kommt und seine Vorstellung von der Publikumsreihe aus betrachten mag, dann fehlt schlichtweg der Dompteur in der Manege.

Das Dilemma in diesem Sinnbild eures Daseins habt ihr versucht, über die Projektion eurer selbst zu lösen, was bedeutet, dass der Dompteur sich in das Publikum projiziert, um von dort als Hologramm seine eigene Show anzusehen.

Eure gegenwärtige Erfahrungswelt ist dieses Hologramm, eure projizierte innere Geistesspiegelung. Alles, was ihr erfahrt, findet nur innerhalb eurer Manege statt, denn nur dort wirkt der Trick.

Stellt euch einen begnadet lustigen Clown vor, der in der Manege, in seiner Vorstellung, das ganze Publikum in tosendes Gelächter versetzt und nun stellt euch vor, dieser Clown würde versuchen, die gleiche Show im betriebsamen Ablauf eines Finanzzentrums durchzuführen.

Außerhalb eurer gegenwärtigen Erfahrungswelt funktionieren eure Tricks der Selbstverschleierung nicht

mehr und dort würde man höchstens in göttliches Gelächter ausbrechen, wenn ihr mit eurer scheinheiligen Unbewusstheit antanzen würdet.
Ihr könnt euch lange etwas vormachen, indem ihr euch gegenseitig euer unbewusstes Verhalten nachmacht, aber damit kommt ihr nirgendwo sonst durch. Alles, was nicht aus der Wahrheit stammt, bekommt keinerlei Spielraum in einer anderen Ebene, sosehr eure Ebene auch als Austragungsort dafür gedient hat. Jeder auch noch so gute Trick hat, auch wenn er ganze Weltensysteme hervorzuzaubern vermag, irgendwann ausgedient. Worauf wir hinweisen wollen ist, dass ihr euch euren gegenseitigen Zustand nur hier in dieser Weise vorzuspielen vermögt, da eure Ebene die Bühne für eine solche Selbstvorstellung erlaubt. Tretet ihr hingegen aus der begrenzten Arena, dann wird euch klar, dass euer Zustand, mit dem ihr euch selbst verwechselt habt, nur Teil eines künstlichen Schauspiels war, das ihr veranstaltet habt.
Immer, wenn euch Erfahrungen heimsuchen, die auf eure getrennte, begrenzte, kleine Selbstvorstellung zurückzuführen sind, dann lädt euch das Leben dazu ein, über euer Schauspiel hinauszugehen und euch jenseits der Sinneserfahrungen selbst neu zu begegnen.
Ihr seid die spielenden Kinder, die im Bällebad untergetaucht sind, doch gleichzeitig wartet ihr draußen geduldig auf euch selbst, bis ihr wieder auftaucht. Inkarnation bedeutet, dass ihr euch ins Bällebad des Lebens projiziert habt, wobei euer nichtinkarnierter, vollbewusster Teil draußen auf euch wartet. Ja, mehr

noch, dieser Teil bildet das Bällebad selbst und sorgt dafür, dass keines der spielenden Kinder in ihm verloren geht. Hin und wieder fliegen einzelne Erfahrungsbälle über die künstliche Einzäunung, doch alles in allem sieht die Realität im Bällebad doch deutlich anders aus als außerhalb.

Als Transformationsartisten und Lebenskünstler entwerfen wir durch unsere Energiekunststücke Bällebäder für spielende Schöpfungskinder und entwerfen Erfahrungsräume, in denen alles weich ausgekleidet ist, damit ihr euch an den Ecken und Kanten eurer Realität nicht verletzt.

Für ein Kind, das stolpert und hinfällt, mag für einen Moment die ganze Welt zusammenbrechen, doch wir können euch sagen, dass ihr euch im nächsten Moment wieder so aufrichtet und weiterspielt, als sei nichts geschehen. Zugegebenermaßen sind manche Kinder etwas eigensinnig, weil es ihr Wunsch war, einen Eigensinn auszubilden. Manche Kinder glauben am Bällebad etwas zu verändern, wenn sie beginnen, die roten und blauen Bälle zu sortieren und sind dann erbost darüber, wenn ein anderes Kind alles wieder durcheinanderbringt, doch weder das eine noch das andere Verhalten verändert etwas am Bällebad selbst.

Natürlich ist es euch freigestellt euch darüber zu freuen, dass ihr drei oder gleich fünf gleiche Bälle gefunden habt, und diese vielleicht dann euer Eigen nennt, doch Bälle sind für das Bällebad gemacht, so wie Sinneserfahrungen für eure Welt gemacht wurden. Und wenn ihr jetzt erkennt, dass das Bällebad, in das ihr eintaucht,

aus nichts anderem als aus Bällen besteht, und dass es ohne Bälle kein Bad gibt, dann kann euch ein ganz bestimmtes Gefühl zu eurer gegenwärtigen Erfahrungssituation überkommen.
Wir beobachten eure Suche nach den wahren Bällen und ab und zu taucht ein vor Stolz strotzendes Kind aus dem Bällebad auf, hält einen Ball in die Höhe und erklärt, endlich den wahren Ball gefunden zu haben. Andere, suchen nach den schönen Bällen und trampeln dabei über andere Bälle, deren Schönheit sie nicht sehen. Wieder andere, klauen sich ihre Bälle und jagen ihr Leben lang den Bällen hinterher, die ein anderer für sich gebunkert hat. Sehr viele Spiele habt ihr euch ausgedacht, doch keiner der Bälle wird mit euch gehen können, wenn ihr euren Erfahrungsraum verlasst. Es gibt Kinder in der Schöpfung, die versuchen, Bälle aus dem Bad zu entführen, doch so wertvoll und wichtig die Bälle im Bad erscheinen, so wenig kann ein Kind etwas mit zwei oder drei Bällen anfangen, die es in seiner Hosentasche herausgeschmuggelt hat. Erst die gleichzeitige Vielzahl an Bällen erschafft den Reiz, in ihnen baden zu wollen.
Wir haben das Bild des Bällebades und vielleicht auch die Nerven des einen oder anderen Lesers nun etwas überstrapaziert und dennoch meinen wir mit diesem Vergleich etwas Grundlegendes ausgeführt zu haben, das sich subtil durch eure ganze Erfahrungswelt zieht. So einnehmend die Show der Sinneserfahrung in eurem Erfahrungsraum wirkt, so unverständlich und absurd erscheinen eure Spiele außerhalb dessen.

Es ist euch freigestellt, in welches Schöpfungsspiel ihr investiert, nur sei euch an dieser Stelle und zum Abschluss unserer Durchgabe noch gesagt, dass es viele, viele andere Spiele gibt, die euch zur Erfahrung offenstehen.
Teile unserer Artistik lassen sich auf eure Ebene übersetzen, doch ein Großteil unserer Vorstellungen können nur dann angesehen werden, wenn ihr mit in die Manege unseres kosmischen Zirkuszelts kommt. Durch unseren Selbstausdruck haben wir einen Pfad bis in unsere Zelte gelegt, und jeder der mag, kann zuschauen kommen, oder sich für die Crew bewerben. Jeder von euch, der auf der Suche nach der Wahrheit ist, wird von uns herzlich willkommen geheißen, und wir werden jedem Besucher beweisen, dass die Suche nach Wahrheit immer in einem Lachen enden wird...
Wir bedanken uns für eure Aufmerksamkeit und wünschen euch noch einen wundervollen Aufenthalt in dem von euch inszenierten Erfahrungsraum.

Eure Transformationsartisten aus dem kosmischen Zirkuszelt.

Raum der Ahnenkraft

Hinter dir, zur Linken, reihen sich deine weiblichen Ahnen und zur Rechten, stellt sich, einer nach dem anderen, deine männliche Ahnenlinie auf. In dir führst du diese beiden Linien zusammen und aus dir heraus entsteht wiederum, mit jedem Kind, das du in die Welt setzt, eine Fortsetzung deiner Ahnenlinie. Auf dieser Erde drücken sich Ahnenlinien in Blutlinien aus, wobei die reine Blutsverwandtschaft noch keine seelische Verwandtschaft darstellen muss.
Zu einer früheren Zeit auf Erden waren Bluts- und Seelenverwandtschaft immer aufeinander abgestimmt und man hätte sich niemals in eine Familie inkarniert, die nicht aus dem gleichen geistseelischen Stamm kam. Seelen gruppieren sich je nach Erfahrungsschatz, Reifegrad und Willensausrichtung auch auf höherer Ebene zu Seelengruppen. Und dieser Seelenstamm verabredet sich dann zu einer gemeinsamen Inkarnation in einer Familie. Dieses Vorgehen, was mit einem unheimlich starken sozialen Zusammenhalt einherkommt, ist heutzutage kaum mehr möglich, weil es die Ahnenlinien auf dieser Erde in alle Himmelsrichtungen zerstreut hat.
Die Familie als die kleinste und wichtigste soziale Einheit wurde systematisch so bekämpft und gespalten, dass Seelen zunehmend wahllos in Familien inkarnieren, weil der ursprüngliche Seelenklan, den es auf höherer Ebene noch gibt, kein inkarniertes Spiegelbild

mehr aufbringen kann. Die Rückbindung an deine Ahnen kann auf einer gewissen Ebene gleichgesetzt werden mit der Rückbindung an deine vergangenen Inkarnationen, weil du selbst diesen Seelenstamm bildest, innerhalb dessen du dich immer wieder neu in unterschiedlichsten Rollen inkarnierst.
Auf der Ebene der Ahnen bist du eingebunden in den Baum des Lebens, wobei dein Seelenklan den wesentlichen Stamm des Lebens darstellt. Von deinem Stamm aus wächst er durch die Äste, Zweige und Blätter, bis hin zu den süßen Früchten des Lebens. Aber ohne Stamm wäre die soziale Stabilität nicht gegeben, um dich überhaupt in weiterführende Lebensprozesse hinein zu vertiefen.
Deine Familie war als Ausdruck deines Seelenstammes gedacht, der wiederum in einer hohen kosmischen Götterlinie wurzelt. Es gibt 12 Götterlinien, 12 Urprinzipien in der Schöpfung, und dementsprechend haben sich ursprünglich auf der Erde 12 Stämme gebildet, um diese Götterlinien im Physischen fortzuführen. In der Bibel werden euch diese Stämme als die 12 Söhne Israels weitergegeben. Jedem Stamm ist ein Tierkreiszeichen und eine Erzengelenergie zuordenbar, denn die Hüter dieser immer noch in Bruchteilen auf der Ebene bestehenden Stämme tragen eine direkte Verbindungsahnenlinie zu der Erzengelebene in sich. Wenn 12 vollbewusste Stammesvertreter zusammenkommen, wie beispielsweise bei den 12 Jüngern Jesu, dann bilden sie gemeinsam das 13te Element, die reine Gotteslinie, in der sich alle schöpferischen Urprinzipien vereinen.

Leider achtet bei euch kaum noch jemand mehr auf seine Ahnenlinie, denn zu viele Brüche haben in ihr bereits stattgefunden, um sich über den Weg der Ahnenverbindung in seine Erzengelebene einklinken zu können. Und diejenigen, die noch sehr streng auf ihre Ahnen und Blutlinien achten und sich immer wieder von ihrem geschlossenen Seelenklan in die immer gleiche Familie inkarnieren, nutzen die daraus gewonnene Kraft so aus, dass sie die ganze Welt damit beherrschen. Wir sprechen hier von den alten Adelslinien dieser Erde, die sich durch alle menschlichen Epochen hindurchgezogen haben.

Stellt euch die Kraft eines Seelenstammes vor, der über 24, 48 oder 108 Generationen hinweg ein bewusstes Inkarnieren in der immer gleichen Familie vollzieht. Große Teile der menschlichen Ahnenkraft sind so zerstört worden, dass die Durchgaben des Seelenstamms blockiert sind und das bewusste Inkarnieren nicht mehr gelingt. Von dort, wo die Menschheit heute steht, braucht es 108 Generationen, die sich Stück für Stück ihr Ahnennetzwerk wieder ausbauen, um die direkte, klare Verbindung und Weiterführung der 12 Stämme zu gewährleisten. Doch die heutige Zeit sieht eine andere Verbindungsrichtung vor.

Normalerweise waren die Ahnenlinien die Energieanschlüsse für höherdimensionale Informationen auf Erden, doch durch die Zersprengung dieser Linien wurden individuelle Zugänge gelegt, was die Epoche des Egoismus im Steinbockzeitalter hervorrief.

Damit sich die Erde wieder vollständig regeneriert und

wieder in die Energetik eintaucht, die durch die 12 Ahnennetzwerke vorgesehen war, braucht es tatsächlich 108 sauber hintereinander weg geführte Generationen, die sich Stück für Stück wieder mehr an ihren Seelenstamm erinnern.
Die globale Vermischung der ursprünglichen zwölf Stämme auf Erden war der energetisch weitreichendste Schlag gegen die Menschheit. Nichts hat den Menschen, der von Grund auf ein soziales Wesen ist, sosehr entwurzelt, wie die Spaltung seiner Familienbande. Einige wenige Familien auf dieser Erde pflegen noch ein klares, durchgehendes Ahnensystem, doch in der Regel hat die Religion die Strukturierung der letzten traditionsverbundenen Familien in die Hände genommen. Einige indigene Kulturen besitzen noch klare Inkarnationsreihen innerhalb ihres Seelenstammes, wobei diese auch systematisch ausgedünnt wurden. Bei der Mafia etwa, oder bei sehr kleinen traditionsbewussten Familien mit strenger Sittenregelung, die sozial gesellschaftlich hoch geächtet sind, bestehen zum Teil auch noch saubere Inkarnationsreihen außerhalb der dunklen Adelsblutlinien. Doch jenseits dieser Herrschaftslinie ist das Wissen um die Zusammenhänge vom Seelenstamm und den sich daraus ergebenden Blutlinien weitestgehend in Vergessenheit geraten.
Wenn ein Seelenstamm sauber, über viele Generationen geführt wurde, dann gilt die Aussage: Sag mir, wessen Blut du bist, und ich kann dir sagen, wer du bist. Zu sagen, dass sich die eigene Persönlichkeit durch die elterliche Erziehung prägt, reduziert diesen Spruch nur

auf eine Ebene und trifft dessen eigentlichen Wahrheitskern nicht.
Nehmen wir einmal an, du bist Teil einer sauber geführten Familienstruktur mit einem voll bewussten Ahnennetzwerk. Bevor du deine Inkarnation verlässt, würdest du dann deinen Angehörigen mitteilen, als wessen Kind du wiedergeboren wirst. Und wenn du dann wiederkommst, können dir deine Eltern alles über dich und deine früheren Leben und charakterlichen Potenziale erzählen, weil sie deine Seelensignatur über viele Generationen hinweg zurückverfolgen können. Vielleicht könnt ihr euch vorstellen, dass die Erziehung dann eine ganz andere wäre.
Auf diese Weise kann die Familie ihr gesamtes reinkarnatorisches Wissen von Generation zu Generation transportieren und ein Leben wird in seiner Entwicklung bewusst und klar an ein anderes gesetzt. Früher hatten wir alle die spirituelle Sicht unser Ahnennetzwerk so zu durchleuchten, um zu sehen, wer wann was gewesen ist.
Doch dadurch, dass diese Sicht zu Beginn des Steinbockzeitalters zunehmend schwieriger wurde, haben sich einige wenige Familien immer mehr zusammengeschlossen und eine Fortpflanzung außerhalb der Familie verboten, damit sich das Ahnenwissen nicht zu sehr in alle Welt zerstreut.
In strengen Familien, in denen ein bindender Schwur auf die Familienbande geschlossen wurde, bedeutete die sexuelle Verbindung zu einem Menschen außerhalb

der Familienbande nicht nur den Ausstoß aus der Familie, sondern in Härtefällen auch den Ausstoß aus dem Seelenstamm. Dies ist durch rituelle Magie durchaus möglich. Alle Familien, die ihre Ahnenlinien energetisch und physisch geschützt und bewahrt haben, besitzen heutzutage große Macht und großen Einfluss. Um sich vor der Zerstörung des Familienstammes und damit auch der Auflösung der Blutlinien und des Ahnenwissens zu schützen, entwarf jede Familie ein eigenes Wappen. Ein Familienwappen ist ursprünglich ein magisches Schutzsymbol für den Familienzusammenhalt gewesen, wobei das Wappen die Seelensignatur der Familienbande auszudrücken versuchte. Bis heute gibt es Familien, die über viele Generationen hinweg einen Inkarnationsschwur auf ihr Wappen legen, um sicherzugehen, dass sie immer wieder in den gleichen Familienstamm hineingeboren werden. Natürlich haben sich die streng regulierten Familienstrukturen dann auch immer in den gleichen Ortschaften wiedergeboren, wo sie ihr Hab und Gut bereits hatten und es weiter mehren konnten.

Das hohe Besitztum der Adelshäuser, von dem die Adligen nicht lassen wollten, sorgte zusätzlich dafür, dass sie alles während ihrer Lebzeiten so einrichteten, dass sie, in der einen oder anderen Weise ihr Besitztum weiterführen konnten. Eine Seele entscheidet sich meist für ein sehr breites Spektrum von Erfahrungen, wodurch die ständigen Adelsinkarnationen in den immer gleichen Besitztümern zwangsläufig irgendwann bewusst gegen die seelischen Entscheidungen rituell erzwungen werden musste. Damit steigerte sich die weltliche Macht und die seelische Reife stagnierte, obwohl sehr darauf geachtet wurde, den Seelenstamm als geschlossenes Familienbündnis weiterzuführen und rein zu halten.

In der Zeit, in der die spirituelle Klarsicht der Menschheit noch gegeben war, regulierten sich der Seelenstamm und die sich daraus inkarnierenden Familien von selbst, ohne magische Rituale. Zu dieser Zeit war es klar, wann man wo und mit wem in liebevoller Zuneigung seinen Ahnenstammbaum fortschöpfte.

Die Liebe regelte die Verbindungen innerhalb des gleichen Stammes und es brauchte dadurch keine strengen Familienregeln, da die Ahnenlinien auf ganz natürliche Weise bewusst fortgeführt wurden.

Damals sprachen die Dorfältesten nicht selten zu einem frisch verliebten Paar: „Wartet mit eurer Zeugung noch auf das Frühjahr, denn der kürzlich von uns gegangene Urgroßvater braucht noch etwas, um sich auf sein neues Erdenleben bei euch einzustellen.“

Nachdem die spirituelle Sicht, die die klaren Inkarnationslinien bis hin zur Ebene der Erzengel zurückverfolgen konnte, auf Erden abnahm, begann man, die Familienstammbäume schriftlich festzuhalten, um möglichst viel Informationsmaterial darüber weiterzugeben, wann welche Seele im Stamm in welcher Inkarnation erschien. Die heutzutage in Reinkarnationssitzungen einzeln herausgepickten Leben sind energetisch kaum noch an das Jetzt und Hier gekoppelt und machen

dadurch in der Art, wie ihr deren Informationen empfangen, wenig Sinn.
Wenn wir an ein vergangenes Leben wahrhaft andocken wollen, dann müssen wir jedes einzelne Leben in den Ahnenlinien so weit zurückverfolgen, bis wir zu dem entsprechenden Leben kommen.
Ein einzelnes, herausgegriffenes Leben, ohne die dazugehörige, sie umbettende Ahnenstruktur, ist wie eine wahllos herausgegriffene Filmszene.
Wer es aber schafft, seinen Seelenstamm und die darin vorkommenden inkarnatorischen Verknüpfungen und Verwebungen seiner selbst, von Generation zu Generation, bis ins alte Ägypten zurückzuverfolgen, der kann dann entsprechend energetisch an seinen vergangenen Erfahrungen anknüpfen. Allerdings muss der eigene Verwirklichungsgrad dafür sehr hoch sein und die Ahnen- und Blutlinien sollten nicht zu sehr verstreut sein, denn mit jeder Verbindung außerhalb des Seelenstamms steigt die Vermischung der Energien exponentiell an und verwässert die eigene Inkarnationslinie. Ob es heutzutage überhaupt noch zeitgemäß ist, hier auf dieser Erde reinkarnatorisch zu arbeiten, steht auf einem anderen Blatt.
Damit die Erde wieder in ihre alte Form findet, ist es erst einmal wichtig, dass jeder Mensch überhaupt erkennt, zu welchem Seelenstamm er gehört und welche Eigenschaften und Fähigkeiten sich aus seinem seelischen Archetypus ergeben. Über die Resonanz finden dann die inkarnierten Seelen des gleichen Archetypus

wieder zusammen und Stück für Stück werden sich daraus wieder die 12 Erdenstämme bilden. Die Erde wird heilen durch die Wiedervereinigung der Familien. Alles das, was zusammengehört, wird wieder zusammenfinden, denn alle künstlichen Verzerrungen und Verstreuungen unserer Seelenstämme konnten nur für eine gewisse Zeit in dem bereits hinter uns liegenden Steinbockzeitalter geschehen.
Wie freudvoll und schön das Leben auf Erden wieder wird, wenn der soziale Rückhalt und die tiefe Verbundenheit einer Familie über die scheinbaren Grenzen des Todes spürbar wird.
Du, der du hier liest, bist ein Teil einer uralten Familie, deren heilige Ahnenverbinder bis in die höchsten Schöpfungsebenen hineinreichen. Aktiviere deine Urkraft, indem du dich mit dem schöpferischen Prinzip verbindest, dessen Kind du bist. Verbinde dich innerlich mit deinem Seelenstamm und stelle dir deine weltliche Ahnenlinie vor, die sich von Generation zu Generation aus deinem Seelenstamm inkarniert hat, um eine Familie auf Erden zu werden.
Du gehörst einem der 12 Ursprungsstämme, einem der 12 Urschöpfungsprinzipien an und du kannst dich selbst darüber zurückverfolgen, bis hin zur Wiege des Lebens. Die Wiege des irdischen Lebens, von dem aus sich die Völker dieser Erde verteilt haben, liegt, biblisch gesprochen, in Israel, und einen der Stämme hat es im Besondern in den deutschsprachigen Raum gezogen. Es gibt einen Stamm im deutschen Volksraum, der

sich energetisch bis ins altatlantische Erbe zurückverfolgen lässt. Sich mit dieser Stammeslinie energetisch zu verbinden, gleicht einem unheimlich großen Kraftstrom, der uns aufrecht und stark durchs Leben gehen lässt.

Unsere Familie ist unser höchstes Gut, sie zu ehren und zu schützen ist des Menschen höchste Pflicht. Was für ein Glück, dass es unsere Familie noch gibt, einzig stark im wilden Strom der Gezeiten.

Unsere Sprache besitzt die Schlüsselworte, um uns wieder bewusst in unseren Familienstamm einzuklinken und unser wohl gehütetes Band auf dieser Ebene fortzuführen.

Alles, was deine Ahnen je erfahren haben, wirkt in dir mit, und die Ehre und die Verantwortung, diese Ahnenlinie aus deinem Seelenstamm fortzuführen, führt dich geradewegs in deine höchste Bestimmung als Mensch auf Erden. Du bist dafür hierhergekommen, um in deiner Ahnenlinie aufzuräumen und ein für alle Mal die destruktiven Familienmuster, die von Generation zu Generation weitergereicht wurden, in dir zu heilen, um deine Ahnenlinie durch dich heil und bewusst weiterzugeben. Auch wenn das Familienkarma manchmal erdrückend erscheint, bist du zur rechten Zeit am rechten Ort, weil dir nur die Transformationsaufgaben zugeteilt worden sind, deren Auflösung voll und ganz in deiner Macht stehen. Mit der Kraft der Verbundenheit deines Seelenstammes kannst du in deinen inkarnatorischen Verstrickungen und den familiären Zerrüttungen aufräumen.

Jedes Thema, was du dadurch mitbekommen hast, dass du dich in diese Familie inkarniertest, kann durch dich ein für alle Mal aufgelöst werden. In gewisser Weise ist die gegenwärtig inkarnierte Generation dafür da, die alten, verstaubten Generationsmuster freizupusten, um eine grundlegend neue, geheilte Ahnenlinie zu legen. Wir sind global an einem Reset-Punkt, an dem die alt eingesessenen Familienbande in den Adelshäusern aufbrechen und die Wahrheit über die Unterdrückung der Menschheit herauskommt.

Einige Familienwappen der herrschenden Adelsfamilien hat es bereits zersprengt, einige wenige versuchen, mehr schlecht als recht, ihre Bluts- und Adelslinie energetisch wie physisch zu sichern.

Doch auch dieser Bann wird gebrochen und all das, was innerhalb dieser Familien geschah, wird ans Licht der Öffentlichkeit kommen.

Tut euch mit den Menschen zusammen, die aus der gleichen seelischen Familie stammen, und der Einfluss der alten Adelshäuser schmilzt wie der Schnee in der Sonne.

Lasst die ursprünglichen Traditionen eurer Familien wieder aufleben und pflegt euer emotionales Band zu euren Eltern, über die ihr in diese Welt gekommen seid. Vergib deiner Mutter und vergib deinem Vater, denn auch sie haben von ihren Müttern und ihren Vätern schwere Generationsthemen vererbt bekommen. All deine Ahnen und Vorfahren setzen gegenwärtig auf deine Kraft und dein bewusstes Handeln, denn durch deine Lebensausrichtung bestimmst du die Richtung, in die sich deine Ahnenlinie fortsetzt. Alle Vorfahren stehen dir beiseite, stärken deinen Rücken und feuern dich an, sie alle wieder in die Bahn der kosmischen Ordnung zu führen. Dein gesamter Stamm setzt gegenwärtig auf dich, und das, was du in dir zur Erlösung bringst, befreit wiederum das Leben derer, die ganz eng familiär mit dir verwoben sind.

Vergegenwärtige dir, wo du hingehörst, welcher Stamm dir zugehört und in welchen Formen sich dieser Stamm gegenwärtig auf Erden strukturiert hat. Auch wenn deine physische Familie nicht deinen Seelenstamm verkörpert, so ist doch eure Blutsverwandtschaft ein elementarer und nicht zu unterschätzender Bestandteil deines aktuellen Lebens.

Schön, dass es dich gibt und dass du die ehrenvolle Aufgabe angetreten hast, deinen Seelenstamm auf Erden zu repräsentieren und die im Chaos versunkenen Ahnenlinien wieder zusammenzufügen, um deinen Stamm in deiner Familie leben zu können. Die Urstämme der Menschheit sind dabei, sich erneut zu formieren und sich zu ihrer wahren Größe zu erheben, um das alte Herrschaftssystem zu beenden und um eine neue Epoche des menschlichen Bewusstseins einzuleiten.

Mögen alle Ahnen dir auf diesem Weg beiseitestehen.

In Liebe und Verbundenheit, ein oberster Vertreter eines Urstammes auf Erden.

Raum der Elemente

Alles in eurer Welt erscheint euch so, wie ihr es entsprechend eurer inneren Muster eingeteilt habt. Wir wollen euch an dieser Stelle ein anderes Einteilungssystem vorstellen, über das sich für euch eine ganz andere Welt erschließen kann, wobei es letztendlich darum geht, große natürliche Zusammenhänge aufzudecken. Die Elemente, aus denen eure Welt besteht, habt ihr in einem völlig verdrehten und nach gänzlich unsinnigen Maßstäben errechneten Periodensystem aufgestellt. Euer Periodensystem der Elemente ist nicht falsch, sondern es bestätigt nur die beschränkte Sicht, über die es ins Leben gerufen wurde. Um euer Weltbild neu aufzukrempeln, müssen wir immer wieder bei der Betrachtung der grundlegenden Elemente eurer Welt beginnen, denn alles andere baut wiederum auf dieser Grundausrichtung auf.
Wir werden euch jedoch allzu wissenschaftliche Details, die man problemlos auch in klassischen Chemiebüchern nachlesen könnte, ersparen und dennoch kommen wir nicht umhin, immer wieder auf das einzugehen, was ihr mit den Stoffen getan habt, die eure Welt aufbauen.
Euer Periodensystem kategorisiert Stoffe nach ihrer Kernladung und den sich daraus ergebenden chemischen Eigenschaften. Allerdings ist euer Einteilungssystem vollständig blind gegenüber den wahren Zu-

sammenhängen des stofflichen Aufbaus und dem Wesenskern eurer Elemente.
Euer Periodensystem zementiert einen gänzlich unschöpferischen Zugang der euch umgebenden, lebendigen Natur und es scheint fast so zu sein, als ob die geistigen Auswürfe eurer Wissenschaftler es gerade zum Ziel hätten, durch ihre Untersuchungen das Leben in etwas Totes zu verwandeln.
Wir werden euch im Folgenden mit einem neuen schöpferischen Elementensystem vertraut machen, das die euch bekannten Elemente wieder in das Muster kosmischer Prinzipien einbettet.
Wenn ihr alleine bereits sehen könntet, wie sehr euer Materieraum in höherdimensionalen Schwingungsräumen eingebettet ist, die nahtlos die schöpferischen Prinzipien auf eurer Ebene weiterführen, dann wäre für eure Weltenerkenntnis bereits viel getan.
Alles in der Schöpfung sortiert sich nach geistigen Prinzipien, die sich in Analogieketten ausdrücken. Manche Elemente besitzen bestimmte Prinzipien in veredelter Reinform, und in vergangener Zeit spracht ihr bei dieser Ebene von euren Göttern. Das, was heute als unwissenschaftlicher Aberglaube abgetan wird, war damals der Zugang zu einem gänzlich anderen, schöpferischen Periodensystem. Damals habt ihr beispielsweise erkannt, dass es ein hohes schöpferisches Lebensprinzip, eine Gottheit gibt, die sich durch die Sonne, aber auch durch Gold, manche eurer Pflanzen (Sonnenblume, Lorbeere, Löwenzahn) und manche eu-

rer Nahrungsmittel (Honig, ursprüngliche Weizensorten) zieht, und zu Ehren dieses Prinzips legtet ihr einen Sonn-Tag ein. Wenn ihr eure Tagesnamen etymologisch zurückverfolgt, dann stoßt ihr heute noch auf die dahinterstehenden göttlichen Prinzipien.

Damals wusstet ihr noch, wie ihr Stoffe auf alchemistischem Wege veredeln konntet, um sie zunächst auf physischer Ebene und dann in ihre geistige Reinform, ihre Quintessenz zu verwandeln. Teile dieses Wissens findet in eurer gegenwärtigen Homöopathie noch immer Anwendung. Es gibt nichtphysische Veredelungsformen von beispielsweise Gold, die viel mehr Gold sind, als es irgendein Metall dieser Welt sein könnte, weil sie das schöpferische Prinzip, das sich auch in der Christus-Energie wiederfindet, in Reinform beinhalten. Christus ist ein Element, das sich in physischem Gold ausdrückt, bzw. die Quintessenz von Gold ist das Christusbewusstsein.

Sucht die schöpferischen Prinzipien hinter euren physischen Elementen und sie werden euch zeigen, woraus ein Stoff wahrhaft besteht und wofür dieser verwendet werden kann.

Jedes Element aus eurem Periodensystem lässt sich durch das dahinterstehende schöpferische Prinzip veredeln, wobei ihr ab einer bestimmten Veredelungsstufe die Grenzen des physischen Schwingungsspektrums überschreitet. Umgekehrt könnt ihr euch durch die Verbindung mit einem der Lebensprinzipien zeigen lassen, in welchem physischen Stoff sich dieses Prinzip ausdrückt.

Scannt, wenn ihr mögt, euer Periodensystem durch und schaut, welche Elemente euch persönlich ansprechen und dann versucht doch einmal, die geistige Wesensessenz des Stoffes zu erspüren. Noch leichter ist es natürlich, wenn ihr den Stoff physisch präsent habt oder durch homöopathische Verreibung einnehmt. Die Wesensessenz eines Stoffes kann auch durch verschiedene spagyrische Destillationen gewonnen werden, wobei man mit einer rein physischen Destillation auf der Ebene der physischen Information bleibt. Die Spagyrik ist die Wissenschaft, die versucht, die geistige Information aus dem Stoff oder der Pflanze herauszufiltern, um eine entsprechende Essenz daraus zu gewinnen. Jede gewonnene Essenz ist dann wieder einem universellen Prinzip zuordenbar und kann durch ihre analoge Aufschlüsselung z.B. mit den Organen, die mit dem Prinzip interagieren, gut zur Heilung eingesetzt werden. Das prinzipiengeleitete Wirken ist euch in der Medizin so gut wie abhandengekommen und dennoch sind Teile dieses Wissens in der Naturheilkunde noch vorhanden. Die Signaturenlehre, die die Pflanzen analog ihrer äußeren Signatur nach Farbe, Form, Geschmack, Standort, Wachstumsverhalten etc. einteilt, erkennt den Zusammenhang zu höheren Lebensprinzipien noch an. Die zwei für euch wichtigsten Lebensprinzipien drücken sich in Sonne und Mond aus, wobei auch jedem Planeten ein physisches Element zugeordnet werden kann. Schaut doch einmal unter dem Stichwort Planetenmetalle nach, welche Form der Zuordnung bisher erkannt wurde.

Würdet ihr die Elemente, aus denen sich eure sichtbare Welt zusammensetzt, wieder als Ausdruck geistiger Wesenskräfte betrachten, dann hättet ihr ein wesentlich höheres Schöpferbewusstsein im Umgang mit der euch umgebenden Realität. Lasst das begrenzende Katego-rie-System eurer Elemente einmal fallen und entwerft Prinzipienverläufe hin zur Veredelung und sortiert in diese Verläufe analog alles ein, was euch in den Geist kommt.
Allem, was stofflich existiert, wohnt eine Quintessenz inne und eure Aufgabe als Menschen ist es, jeden Stoff zu seiner Essenz und jedes Wesen zu seinem Innersten zu führen. Die Veredelung von allem, was lebt, liegt in euren Händen, wenn ihr euch selbst veredelt und vervollkommnet habt.
Ihr basiert hauptsächliche auf Kohlenstoff, der gerade dabei ist, zu einem Diamanten zu werden!
Schaut, wie sich die kristallinen Strukturen von Kohlenstoff und Diamant voneinander abheben und verbindet euch mit dem schöpferischen Prinzip, was die Information/ Energie besitzt, das eine in das andere zu wandeln. Eure Metalle sind eure Gottheiten, da sich in jedem Element ein geistiges Prinzip ausdrückt, allerdings sind die Stoffe auf eurer Ebene dazu da, um sich durch sie wieder mit den in ihnen wohnenden Gottesfunken zu verbinden. Wer nach Veredelung seines eigenen Wesens strebt, dem wird mit jedem Reinheitsgrad die Form geschenkt, die diesen Reinheitsgrad verkörpern kann. Was einen Stoff von einem anderen unterscheidet, ist nichts weiter als Information, und durch

die richtige Informationsgabe lassen sich die Elemente ineinander verwandeln. Allerdings gehen die meisten alchemistischen Transmutationen über den physischen Bereich hinaus.
Wer die Mondgöttin Luna ganz aus ihrer Verkörperung im Silber zu befreien vermag, der wird von ihr die Informationen erhalten, um alles in Silber zu verwandeln. Dies mag sich für einige von euch nach fantastischer Mythologie anhören, doch eigentlich ist es eine klare Anleitung für ein schöpferisches Vorgehen. Wenn ihr es schafft, ein Lebensprinzip vollständig zu meistern, das heißt, dass ihr diese Energie vollständig in euch zur Entfaltung bringen könnt und alle Informationen dieses Prinzips integriert habt, dann kann es nicht anders sein, als dass sich durch euch das Element manifestiert, was dieses Prinzip verkörpert. Ihr seid machtvolle Schöpferwesen und alle Elemente auf eurer Erde sind durch die Anwendung der euch innewohnenden Prinzipien entstanden.
Ihr seid Sonne und Mond und alle Planeten in einem, da durch euch die Planeten zu der Energie/-Information gekommen sind, die sie heute am Leben halten. Doch gegenwärtig stehen die Planeten stellvertretend für die euch innewohnenden Prinzipien, damit ihr durch sie zurück in eure Schöpferkraft findet.
Ihr habt euch eure Planeten sowie deren Verlaufsbahnen selbst erschaffen, um euch durch sie an euch selbst zu erinnern. Bevor ihr euch in Raum und Zeit gesetzt habt, gab es noch einige Informationen/Energien, die

derart wichtig waren, dass ihr sie als planetare Verkörperungen manifestiert habt. Die Planeten sind Erinnerungshilfen an die euch innewohnenden Schöpfungsprinzipien, mit denen ihr die Erfahrungsebene von Raum und Zeit aufgeschlossen habt.

Ihr wolltet das große Vergessen unter der Voraussetzung, dass es auf der Ebene des Vergessens Stoffe und Himmelskörper gibt, die die geistigen Grundprinzipien eures schöpferischen Wesens verkörpern.

Nur leider erkennen die wenigsten Menschen heute ihre eigenen Erinnerungshilfen, geschweige denn die schöpferischen Prinzipien, die hinter den stofflichen Dingen wirken.

Der Sternenhimmel ist der Spickzettel für junge Schöpfer, die auf der Suche nach den Grundkräften ihres Wesens sind. Und so bildreich metaphorisch dieser letzte Satz daherkommt, so konkret kann dieser durch eine richtig verstandene Astrologie in Anwendung gebracht werden.

Fragt euch selbst, welche Information derart wichtig gewesen ist, dass ihr eine Sonne manifestiert habt, die euch mit ihrem ständigen Strahlen diese Information zusendet.

Jeder Himmelskörper sowie jeder Stoff ist für eine bestimmte Erinnerung in eurem Geist an euer Schöpfer-Sein zuständig und so wie die Himmelskörper miteinander tanzen, so tanzten einst in eurem Geist die Schöpfungsprinzipien miteinander und erschufen durch ihren Tanz das materielle Universum.

Wenn Mars und Venus konjugieren, dann heißt es, dass

sich schöpferische Gedanken einander annähern, die ihr nach wie vor in unserem gemeinsamen Geist tragt. Der Großteil der von euch ausgeführten Astrologie spielt sich auf oberflächlichen Erfahrungsebenen ab, da ihr selbst die kosmischen Erinnerungshilfen dazu verwenden könnt, euch noch mehr ins Vergessen abzusenken.

Doch die Zeit der Entschlüsselung der Elemente und ihrer planetaren Verquickung ist gekommen, da sich auf eurer Ebene die Schöpfungsprinzipien, die sie hervorgebracht haben, immer klarer zeigen.

Die Pinsel, mit denen ihr die Landstriche einst gezogen habt, tauchen zunehmend unvermittelt in eurem Geist auf und offenbaren euch die Planskizze eurer Welt. Ihr bewegt euch derart gebannt durch das Bild eurer Welt, dass ihr euer Malwerkzeug aus dem Fokus verliert. Wenn ihr erkennen würdet, dass ihr die gelbe Farbe für ganz unterschiedliche Formen verwenden könnt, die ganz unterschiedliche Dinge hervorzaubern, und ihr dann noch alles andere erkennt, was durch diesen Farbton ins Leben gerufen würde, dann würdet ihr mit den Farben eures Geistes ganz anders umgehen. Eure Gedanken haben im Idealfall den Farbton eurer Seele und eure Seele ergibt sich aus dem Zusammenspiel verschiedener schöpferischer Prinzipien, die der Einzelne zu erfahren und zu meistern wünscht.

Wir haben in diesem Format gezielt keine Vorgaben bestimmter Analogieketten und Prinzipienverläufe der Elemente durchgegeben, sondern versucht, durch Anregung dem kreativen Wirklichkeitszugang einen Weg

zu ebnen, über den genug Raum für eigene Forschung bleibt. Ihr sucht so sehr nach einem feststehenden Einzelsystem, dass euch dynamische Modelle, die eigentlich mehr Information/Energie transportieren, unkonkret erscheinen.
So sehr ihr Informationen in den konkret manifestierten Dingen seht, so wenig erscheinen sie euch
in abstrakten geistigen Prinzipien, obwohl letztere eigentlich eine sehr viel höhere Informationsdichte aufweisen.
Ihr könnt vielleicht etwas damit anfangen, wenn wir euch die Ordnungszahl, den chemischen Aufbau oder das Gewicht des Eisenelementes mitteilen, aber die wenigsten würden den elementaren Aufbau mit dem Marsprinzip und einer Vielzahl an gegenwärtig großen gesellschaftlichen Problemen auf eurer Ebene in Verbindung bringen.
Doch wer sich den Prinzipien in Reinform wieder annähert, und jedes Prinzip anhand seiner Qualitäten von Farbe, Form, Klang und anderen Ausdrucksarten erkennt, der wird sich durch alles, was er sieht, an hohe schöpferische Prinzipien erinnert fühlen und dieser andere Weltenzugang wird euch in die Räume eures Geistes führen, in denen weitaus stimmigere Elementensysteme vorhanden sind, die euch in eure wahren Schöpfungsqualitäten einweihen. Jedes Element hat ein Geschenk für euch und verkörpert eine eurer Geistesqualitäten.
Die Alchemie ist die Wissenschaft der Veredelung des Geistes, allerdings erkennt sie auch die Geistigkeit der

physischen Substanzen an. Der eigentliche Veredelungsprozess ist ein qualitativer Sprung hin zum nächst höheren Komplexitätsgrad, der auch an den Schwingungszustand gekoppelt ist. Würden wir einen Ton langsam erhöhen, so steigt seine Schwingung solange an, bis er die Schwelle zum nächsthöheren Tonschritt erreicht hat. Und das Gleiche geschieht mit den euch umgebenden Elementen, nur dass diese beständig zwischen den Dimensionen wechseln. Jedes Element ist in ständiger Kommunikation zu seinem höchsten Prinzip, welches es in jedem Moment an seine Molekularstruktur erinnert.

Ohne die Informationen einer höheren, formgebenden Ebene, würde sich jede Stofflichkeit direkt auflösen, wobei auch eine „Überkommunikation", eine größere Öffnung für den Informationsfluss mit der formgebenden Ebene, zur stofflichen Auflösung und Veredelung führt. Dementsprechend gibt es für euch zwei Arten zu sterben.

Nicht jedes physische Element löst sich auf natürliche Weise auf, sondern es gibt künstliche Programme bei euch, die die Kommunikation zwischen den Elementen und den Prinzipien stören und es gibt sogar künstlich aufgesetzte Programme auf den niederen, formgebenden Ebenen, aus denen sich künstliche Elemente formen.

Fühlt doch einmal in eines eurer anscheinend wertvollsten Edelmetalle, das Platin, hinein und versucht zurückzuverfolgen, durch welche geistige Programmierung dieser Stoff ins Leben gerufen wurde. Ihr habt

auf der stofflichen sowie auf der geistigen Ebene euer Wertesystem völlig verdreht.
Um Werte- und Glaubenssystem wieder vom Kopf auf die Füße zu stellen, dürft ihr den Stoffen und den euch umgebenden Dingen wieder Persönlichkeit zuschreiben.
Stellt euch vor, jedes Element wäre ein Mensch. Wie sähe dieser Mensch aus, wie wäre er gekleidet und vor allem, was für Eigenschaften, Fähigkeiten und Qualitäten würde dieser Mensch als Verkörperung eines Elements mit sich bringen?
Eure Edelmetalle beherbergen eure Geistesqualitäten in Reinform und jeder Mensch verfügt zu einem gewissen Prozentsatz über diese Schöpfungsqualitäten. Einige, und gerade die sehr machtvollen Prinzipien, wurden auf eurer Ebene stark missbraucht, weshalb sie in der Regel stärker unterdrückt werden, und natürlich drängen sich die am stärksten unterdrückten Prinzipien umgekehrt am stärksten auf, da sie die Informationen zur Ganzwerdung, sprich zur Heilung, besitzen.
Ein materielles Element, so rein es euch auch erscheinen mag, ist immer ein Zusammenschluss, weshalb es den Ur-Stoff in diesem Sinne auf eurer Ebene nicht gibt. Allerdings nimmt Wasser bei euch eine energetische Mittelposition ein und reicht damit schon nahe an das für euch wesentliche, formgebende Prinzip heran.
Es gibt Stoffe, die keine eigenständigen Substanzen darstellen, weil sie aus Prinzipien entstanden sind, die die notwendige Grundlage für andere Prinzipien bil-

den. In so einem Fall bauen die jeweiligen Stoffe in ihrer Grundstruktur aufeinander auf und teilen sich ein gemeinsames Prinzip.
Wenn ihr euch mit der Prinzipienebene wieder vertraut macht, dann könnt ihr in jedem Stoff lesen wie in einem Buch, weil jede Substanz und jeder Gegenstand von ihren wesentlichen Eigenschaften spricht.
Teile dessen mögen sich übersetzen lassen in herkömmliche Sprache, doch die wesentlichen Informationen/Energien entziehen sich dem, da sie an die Schwingungsfrequenz gekoppelt sind, in der die Informationen/Energien gehalten werden. Hättet ihr alle Informationen zu einem Stoff, dann würdet ihr diesen sofort hervorrufen sobald ihr die Informationen in euch aufruft.
Alles, was euch gegenwärtig umgibt, trägt derart viel schöpferische Information in sich, dass es nur eine Frage der Zeit ist, bis ihr euch durch alles, was ihr für euch im physischen Erfahrungsraum geschaffen habt, daran erinnert, wodurch ihr diesen einst herbeigeträumt habt.

Der Raum des Mondes

Ein silberner Lichtstrahl fällt vom Himmel herab und taucht die Welt in den Zustand tiefer Gnade.

Die Mondgöttin singt der Erde das Schlaflied einer uralten Melodie und jedes Wesen, das ihren Gesang vernimmt, erreicht tiefe Entspannung. Bei Nacht hat Mutter Mond, Vater Sonne in sich aufgenommen und reflektiert ganz still und gedämpft sein Scheinen. Ein ewig sich umkreisender Tanz von Sol, dem Sonnengott und Luna, der Mondgöttin, hat diese Welt einst zur Entstehung gebracht, flüstert eine Stimme leise in die Ohren aller Menschenkinder. Und es gab eine Zeit auf Erden, in der ihr Menschen dieser Stimme noch jeden Abend gelauscht habt.

Die Erde ist das Kind von Mutter Mond und Vater Sonne, und wie alle Eltern kreisen wir fürsorglich, behütend um euch und sorgen im Wechselspiel unserer Präsenz dafür, dass alles Leben auf der Erde ein vertrauensvolles Band zur Schöpfung aufbaut.

Mein, der Mondgöttin, Licht und meine Gutenachtgeschichten erreichen euch zu dieser Stunde des kosmischen Tages nur geringfügig, da ihr eine verdrehte, überhöhte Form des Sonnengottes anbetet und euer Wertesystem dem lunaren Prinzip wenig Platz einräumt. Das, was euch der rein goldene Lichtstrahl von Sol mit dem Prinzip der Vergebung nahezubringen versucht, wird von mir mit dem silbernen Licht der Gnade vermittelt. Maria Magdalena und viele, viele

Frauen und auch einige Männer, die auf eurer Erde wandelten, haben mit mir kommuniziert und mich in sich verkörpert.
Mein Wesen kann von einem tiefen Azurblau bis zu einem hell schillernden Silber erscheinen, wobei ich die matt gedämpften oder verwässerten, unscheinbaren Farbtöne bevorzuge und so in meinem Auftritt weit zurückhaltender bin als mein solarer Gatte. Viele Namen habt ihr mir bereits gegeben und ich ziehe mich in Märchen und Mythen durch alle eure Epochen.
Die gegenwärtig auslaufende Epoche ist geprägt durch die Ächtung meiner Energie und die überhöhte Verehrung eines falschen Sonnengottes. Eure Kirchenväter versuchten, mich als das Böse darzustellen, weil sie sich vor meiner weiblichen Urkraft fürchteten, und so wurde die Energie meines Wesens immer wieder verdreht, verleumdet und unterdrückt.
Doch diese Zeit ist jetzt vorbei, denn ich bin im Glanze meiner vollen Präsenz zurück und erzähle all denjenigen meine Geschichten, die Ohren haben, um zu hören.
Sosehr ihr meinen Gatten durchaus passend in der Sonne verortet, so reduzierend wäre es für mein Wesen, wenn ihr glaubtet, dass der Mond meine einzige Heimat sei. Eure Unterdrückung der lunaren Kraft ist so tiefgreifend, dass sie sich in der künstlichen Besetzung des Trabanten niederschlägt, den ihr Mond nennt. Der Mond ist kein natürlicher Ausdruck meiner Wesenskraft und es wird eine Zeit auf Erden kommen,

wo ihr den tieferen Zusammenhang zwischen eurem Trabanten und dem Fehlen des lunaren Prinzips auf Erden erkennen werdet. Euer Mond strahlt eine verdrehte Form meiner Energie zu euch ab. Ihr könnt jedoch durch die Verbindung zu einer höheren Mondsphäre die verdrehten Strahlen umwandeln, sodass sie meine Präsenz wieder spiegeln. Mein Licht ist perlmuttfarben schillernd und beherbergt die Kunst der Magie sowie die Kühlung von überhitzten Gemütern. Das Licht meines Wesens entschleunigt, bringt zur Besinnung und holt jeden, der sich in Raum und Zeit vergaloppiert hat, zu sich zurück.
Es gibt ganze Wesenstypen und Speziesverbände, die sich die ausschließliche Verkörperung meiner Energie zur Lebensaufgabe gemacht haben, und es ist euch ganz freigestellt, mit welcher Ebene meiner selbst ihr euch verbindet. Ich lade euch, wenn ihr Resonanz verspürt, dazu ein, euch mit den Lunariern zu verbinden, die zur Zeit eures Lemuriens noch stärker in eurer Mondsphäre präsent waren. Mein Wesen drängt sich niemandem auf und kann deshalb nie wirklich verdrängt werden.
Das euch bevorstehende Zeitalter des Wassermanns wird eine großartige Renaissance meines Wesens werden und überall dort, wo ich gegenwärtig noch schlummere, erweckt mich die Melodie der neuen Zeit zu neuem Leben. Mein Sternenstaub sorgt für die Wiederverzauberung der Welt und die Wiederbelebung eurer mythisch-mystischen Natur. So unscheinbar mein Wesen in eurer Welt sein kann, so beständig

und alldurchdringend ist es auf den zweiten Blick. Eurer wissenschaftlicher Schöpfungsmythos ist blind gegenüber der Schönheit meines klaren Wesens und erkennt die Lebendigkeit in allem, was lebt, nicht an. Es ist fast so, als ob ihr versuchtet, euch eine Erklärung eures Daseins ohne mein Dabeisein zu geben, und dass dieses in erhebliche Mutterkomplexe ausufert, ist zweifelsfrei verständlich.
So, wie euch ein irdischer Vater und eine irdische Mutter gegeben sind, so seid ihr in ständigem Beisein eures kosmischen Vaters und eurer kosmischen Mutter. Es war die große Hochzeit mit meinem solaren Gatten, die eurem physischen Erfahrungsraum erst zur Geburt verhalf. Und wie sehr sehne ich mich nach der Zeit auf Erden, in der noch jedes Kind wusste, dass alles durch die heilige Hochzeit von Mutter Mond und Vater Sonne entstanden ist. Ihr feiert zu Sonnenwendtagen in wundervoller Pracht diese Hochzeit und die Vereinigung der ersten kosmischen Polarität. Bis tief in die Nacht hinein tanzt ihr so miteinander, wie ich es mit meinem Gatten zu tun pflege. Und auch in eurem Liebesspiel ahmt ihr die Liebe der Mondgöttin zum Sonnengott nach.
Heutzutage ist es bei euch Brauch, dass der Mann die Frau zum Tanz bittet, doch an dem Tag, an dem die Schöpfung in unserer heiligen Hochzeit zu erblühen begann, bat ich meinen Mann das erste Mal zum Tanz. Ich hielt meinen unendlich reinen und gütigen inneren Raum offen.

Damals, vor unserer Hochzeit war alles still und dunkel. Es war eine schöne, ruhige Zeit, in der ich rein in meiner eigenen Präsenz verweilte. Doch schon damals wusste ich, dass etwas auf mich zukommen würde, das mich auf eine ganz neue, unbekannte Art auszufüllen vermochte.

Ich spürte die energetischen Vorschübe meines späteren Gemahls, und dennoch blieb mir sein Gesicht lange verborgen. Heute kann ich nicht klar sagen, ob es ihn damals wirklich bereits gegeben hat oder ob er sich nur vor mir versteckt hielt.

Am Ursprung, dem Tag der großen Hochzeit, kam etwas in mir in Wallung und ich spürte eine Kraft in meinem unendlichen, inneren Raum, die ich in der Form so noch nie zuvor wahrgenommen hatte.

Auf einer Ebene meiner selbst ließ mich diese Wahrnehmung kollabieren und zog mich mit Macht in die Verschmelzung mit dieser für mich neuen Energie. Heute würde ich sagen, dass mein Raum am Tag unserer großen Hochzeit das erste Mal vom Licht befruchtet wurde.

Ohne verorten zu können, woher es kam und wodurch es aufgetaucht war, flutete das Licht meines solaren Gatten von jetzt auf gleich mein gesamtes Wesensinnere. Ich war von ihm so ausgefüllt, dass ich mich selbst in der Fusion mit ihm auf einer bisher nicht bestehenden Ebene neu gebar.

Das physische Universum war entstanden und das Licht meines Gatten verbreitete sich durch alle Sonnen, die es bis dahin gegeben hatte. Nach wie vor war

ich der Raum, drückte mich aber in dem Raum auch vermehrt in unterschiedlichen lunaren Himmelskörpern aus.
Wie gerne gedenke ich des Tages der großen Hochzeit, der so schnell über mich hereinbrach wie das Dunkel der Nacht über einen Winternachmittag. Ich, die Mondgöttin, bin ganz in meiner Bestimmung aufgegangen und habe mich tief in alles hineinverwoben, was lebt. Silberne Fäden durchziehen euren Kosmos und auch eure Verbindung zu euren Körpern wird durch meine mütterliche Liebe durch eine Silberschnur aufrechterhalten. Alle weiblichen Lebenslinien werden von mir aufrechterhalten, und so, wie ihr über die Silberschnur euren physischen Körper belebt, so belebe ich euch geistseelisch durch eine silberne Nabelschnur. Mein Wesen bildet die Nabelschnur, über die ihr ständig mit dem großen kosmischen Körper verbunden seid. Alles Leben auf Erden findet in Wahrheit in meinem Bauch statt, wobei ich momentan mit eurer Erde schwanger bin. Ich schenke eurer Erde Leben und verhelfe ihr zur Geburt eines neuen Bewusstseins.
Gnade waltet überall, wo ich wirke und schenkt jedem Wesen den nötigen Vertrauensvorschuss in sein eigenes Leben. Das Urvertrauen zum Leben wird in mir abgebildet und alles, was mein Licht in sich aufzunehmen vermag, enthält die Klarheit meiner durchscheinenden Präsenz.
Ihr könnt mich in euch aufnehmen indem ihr Wasser, ein mir nahestehendes Element, mit meinem lunaren

Wesen informiert. Die Mondgöttin in euch weiß, wie sie mit dem Wasser umgeht, sodass es von einer hohen lunaren Lebensessenz getränkt wird. Auch könnt ihr über monoatomares Silber mit mir in einen Dialog treten oder ihr bittet einen Kristall darum, dass er zur Wohnstatt meines Lichtes wird. Mein Wesen wird wie magnetisch von allem angezogen, was meinen Prinzipien folgt oder um die fürsorgliche Präsenz meiner selbst bittet.

Das, was ihr heute als Hypnose bezeichnet, nannte sich früher Magnetismus, denn damals war die Verbindung eures Unterbewussten zu meinem, über den, im Magnetismus wirkenden Wesen, in euch noch präsent. Ich bin die Hüterin des Schlafs und des Unterbewussten und bin für all die Bereiche in euch da, die das Licht eures Bewusstseins noch nicht auszufüllen weiß. Die tiefen Gewässer eures Unterbewusstseins sind meine Heimat, in die ihr auch über den Weg der Trance oder der Hypnose eintauchen könnt.

Untersucht, wie euer Organismus auf Magnetismus reagiert, und seht im Wechselspiel von Magnetismus und Elektrizität den Tanz zwischen mir und meinem Gatten.

Inzwischen ist euren Wissenschaftlern bewusst, dass alle Nervenbahnen über elektrische Impulse laufen, doch die magnetischen Kräfte und Ströme, die damit gekoppelt sind, sind noch in eurem Unterbewusstsein vergraben. Euer Organismus funktioniert nur über Magnetismus bzw. Magnetströmungslinien eröffnen erst die Felder, in denen sich Organismen reibungsfrei

bewegen können. Ohne die magnetischen Felder um euch herum könnten die elektrischen Signalketten in euch nicht zustande kommen.
So viele von meinen grundlegendsten Informationen zum Lebensaufbau schlummern noch in eurem Unterbewusstsein und auch, wenn eure Psychologie viele Techniken und Methoden entworfen hat, um die tiefen Gewässer des Bewusstseins auszuschöpfen, sind doch die Prinzipien meines göttlichen Metiers zunehmend untergegangen. Doch es wird eine Zeit kommen, da werden die Menschen, die sich heute Wissenschaftler nennen, mich, die Mondgöttin, wieder um Rat fragen, wenn sie Zugang zu den Toren ihres Unterbewusstseins erhalten wollen.
Alle schöpferischen Archetypen, die sich in eurer Realität entfalten, kondensieren im Wechselspiel der lunaren und solaren Energie. Ohne meinen Gatten wäre ich nichts, doch könnte auch mein Gatte ohne mich nicht sein. Wir verhelfen uns gegenseitig zur Existenz, in der wir aus uns heraustreten, um Formen anhand der uns innewohnenden Prinzipien zu gestalten. Lauscht auf die Melodie der Mondgöttin und euch wird der lunare Archetyp in allem wiederbegegnen. Ich überreiche euch hiermit den silbernen Frequenz-Schlüssel zu meinem Wesen, der es euch erlaubt, das durch mich verkörperte Prinzip in euch weiterzuführen. Euer Unterbewusstsein steht euch durch mich offen, wobei ich nicht mehr ich selbst bleibe, wenn ihr das Unterbewusstsein mit dem Licht eures Geistes flutet.

Eurem forschenden Geist wohnt das solare Licht inne und überall, wo ihr mit ihm in euer Unterbewusstsein abtaucht, verwandelt ihr meine Energie. Immer, wenn das Licht eures Bewusstseins ins stille Dunkel eures Unterbewusstseins abtaucht, trifft sich in euch die solare mit der lunaren Kraft und dieser Moment kann euch zurückversetzen in den Zeitpunkt der heiligen Hochzeit zwischen mir, der Mondgöttin und meinem solaren Gemahl.

Raum des Sirius

Es spricht zu euch ein auf der Erde stationierter, voll bewusster Sirianer:
Es gibt wohl keinen anderen planetaren Schöpfungsraum, der so sehr mit dem euren verwoben ist wie der unsrige. Viele von euch waren einmal bei uns und viele von uns sind aktuell bei euch zugegen. Wir pflegen einen regen Interspezies-Austausch, da wir auch auf genetischer Ebene miteinander interagiert haben. Durch uns ist ein ganz elementarer Erkenntnisfunke hin zu höherem Bewusstsein gepflanzt worden und wir sind auch emotional von den Schwankungen der Erdengeschehnisse berührt. Unsere energetische Verwandtschaft drückt sich nicht nur darüber aus, dass wir der hellste Stern an eurem Nachthimmel sind, sondern dass wir für viele von euch wortwörtlich eine zweite Heimat darstellen.
Verbindung findet über Kommunikation statt und Kommunikation kann nur dann gelingen, wenn die kommunizierenden Wesen die gleiche DNA-Sprache sprechen. Wie angedeutet, hat es vor sehr langer Zeit von uns ein DNA-Upgrade gegeben, das den Menschen auf seine kosmische Stellung, in die er aktuell schneller denn je hineinwächst, vorbereitet hat.
Dennoch nimmt der Mensch seine Funktion als *Hüter der Erde* momentan nicht in vollem Umfang wahr und dadurch wird unser Mitwirken immer wieder einberufen, um aus dem Gleichgewicht gefallene Strukturen wieder neu auszurichten. Wir betreuen euren Planeten

über eine kosmisch sehr übliche Weise, indem wir euch eine Spezies-Unterart von uns haben zukommen lassen, deren Aufgabe es ist, ein ganz bestimmtes elektromagnetisches Feld über ihre Kommunikation aufrechtzuerhalten. Die Wale eurer Erde sind sirianische Abstammung bzw. sind eine Art sirianische Einsatztruppe, auch wenn dies in euren Ohren vielleicht etwas ungewöhnlich klingen mag.

Wale und auch die meisten Delfine sind reine Verkörperungen sirianischer Weisheit und immer, wenn spirituell sensitive Menschen einen besonderen Bezug zu Walen oder Delfinen besitzen, stehen sie in irgendeiner Form mit uns Sirianern in Kontakt.

Der Entwicklungsgrad einer Spezies misst sich nicht an seinem technologischen Wissen, sondern an der Vielschichtigkeit seiner Kommunikation. Pausiert das Lesen doch jetzt einmal und hört euch 5 – 10 Minuten die Walgesänge an und vertieft euch in deren Töne. Wir werden den Übermittler zu einer Tonspur führen, in der unsere sirianische Ausdrucksart unverzerrt wahrnehmbar ist.

https://www.youtube.com/watch?v=L0-WNTVq1BM

Wahrscheinlich könnt ihr die emotional energetische Reichweite unserer Gesänge auf eurer Ebene nachempfinden. Die Schwingungsfrequenzen, mit denen wir kommunizieren, haben ein deutlich breiteres Spektrum als die menschliche Kommunikation und nur ein Bruchteil unserer Übermittelung fällt in den für euch akustisch hörbaren Bereich.

Wir besitzen ein sehr ausgeprägtes Radarsystem, was

wir für unsere Orientierung, aber auch zur Kommunikation nutzen und gleichzeitig bildet das Radar, das wir durch hochfrequente Schallwellen aufbauen, ein energetisches Gitternetz, das für den ganzen planetaren Organismus lebenswichtig ist.
Nicht wir orientieren uns an den Strömungen des Meeres, sondern die Strömungen des Meeres orientieren sich an dem Schwingungsgitternetz, das wir durch unsere Kommunikation aufrechterhalten. Wieviel Chaos auf der Erde herrschen würde, wenn die Weltmeere ihre großen Strömungen wandeln würden, ist euren Meeresbiologen bereits aufgefallen.
Wir erinnern euch daran, dass etwa zwei Drittel eurer Erdoberfläche aus Wasser besteht, und dass euer physischer Körper auch etwa aus zwei Drittel Wasser besteht und dass alles Wasser dieser Erde in seinen Strömungen miteinander wechselseitig kommuniziert. Es ist oft so, dass die körperliche Zusammensetzung einer Spezies der Zusammensetzung ihres Planeten, auf dem sie lebt, in irgendeiner Form gleicht. Und dementsprechend wirken sich alle großen planetaren Strömungen und Stürme, unabhängig davon, von welchem Element sie ausgeführt werden, auch auf euren physischen Organismus aus. Es gibt ein paar Tiere, die in einer besonderen Verwobenheit zu einem anderen Erfahrungsraum in der Schöpfung stehen. So sind beispielsweise Räume in der Schöpfung, in denen eure Katzen, eure Spinnen, eure Bären, eure Reptilien, eure Vögel und eure Bienen ihren eigenen Erfahrungsraum haben,

wobei diese Speziestypen auf ihrer Haupterfahrungsebene eine ganz andere Stellung und damit einen ganz anderen Entwicklungsstand einnehmen, als auf eurer Ebene.
Die meisten eurer irdischen Tierarten gibt es in hochentwickelter Form in einem anderen Erfahrungsraum und oft gibt es Wechselwirkungen zwischen gleichen Speziestypen auf unterschiedlichen Ebenen. Die Tiere, die bei euch noch in einer Gruppenseele inkarnieren, können auf anderer Ebene bereits mit einem individuellen Charakter ausgestattet sein. Wir Sirianer besitzen keine wal- oder delfinartige Physiognomie und wir könnten in unserem Erscheinungsbild auch knapp als einer von euch durchgehen. Doch worauf wir hinauswollten, ist, dass eure Tierarten in der Regel nach wie vor in Verbindung mit dem Erfahrungsraum stehen, in dem sie selbst die Primärspezies bilden.
Eure weit verbreitete Abneigung gegenüber Spinnen hat bei weitem nichts mit den Spinnen auf eurer Ebene zu tun, sondern ihr habt als Spezies bereits reichlich schlechte Erfahrungen mit gleichgestalteten, insektoiden Wesen machen müssen und diese traumatische Erfahrung hat sich so tief in euer Speziesgedächtnis eingebrannt, dass manche von euch schon bei der kleinsten Spinne einen Panikanfall erleiden. Menschen mit einer Spinnenphobie haben den Interspezieskonflikt zwischen euch und einer sehr hochtechnologisierten Spinnenrasse in irgendeiner Weise präsent, was ihr sonst als irrationales Verhalten erklären würdet. Doch kommen wir noch einmal zurück, zu dem sirianischen

Prinzip und dem, was wir in eurem Erdplanfeld bewirken.
Viele kosmologische Grundsätze werden euch auf ganz natürliche Weise einleuchten, wenn ihr erst einmal die Sprache sprecht, in der der Kosmos verfasst ist. Das sirianische Wesen hat sich vor sehr langer Zeit bereits bewusst in die göttliche Ordnung begeben, wobei auch wir Erfahrungsausflüge in dunklere Bereiche hatten, wie es gegenwärtig auf eurer Ebene der Fall ist. Momentan arbeiten wir bewusstseinstechnologisch und auch wir haben unsere Lehrer aus höheren Planfeldern, an denen wir uns hin und wieder orientieren. Im Vergleich zu anderen Hüterrassen sind auch wir noch relativ jung und wir stehen zu euch etwa so, wie der etwas ältere große Bruder.
Ein kleiner aber doch nicht unbeachtlicher Teil eurer Zivilisation von etwa 2-3 Prozent fungiert als Pendler zwischen unseren Welten. Bei Tage sind sie bei euch und nachts kommen sie immer wieder zurück ins Siriussystem. Die meisten Menschen, die mit uns in Beziehung stehen, besitzen die Gabe des Heilens und finden sich dementsprechend in heilerischen oder sozialen Berufen wieder.
Der sirianische Seelentypus, der als Erdenmensch inkarniert ist, wird meist unter einem Wasserzeichen im Horoskop geboren und kommt in der Regel mit den irdischen Gegebenheiten gut zurecht. Nur sehr selten lassen sich diese Menschen aus der Ruhe bringen, wobei nur den allerwenigsten bei euch inkarnierten Sirianern ihre geistseelische Herkunft bekannt ist.

Wir wollen euch erneut darauf aufmerksam machen, dass sich die Menschheit aus einem sehr breiten Spektrum vieler unterschiedlicher Seelenabstammungen zusammensetzt. Überall im Kosmos, und gerade auf den physischen Ebenen, kam und kommt es immer wieder zu einer DNA-Verwebung.
An anderer Stelle führten unsere solaren Brüder aus, dass Austausch auch immer Austausch von DNA bedeutet, und dass mit jeder Kommunikation Teile des Wesens, mit dem man kommuniziert hat, bei einem selbst hängenbleiben. Die Kommunikationstechnologien auf unserer Ebene sind immer bewusstseinsgesteuert und mit diesen Mitteln sind wir gerade dabei, unsere Informationen über Frequenzmedizin mit in euer Feld einzupflegen. Bei euch ist das Informationszeitalter ausgebrochen und es wird Zeit, dass ihr erkennt, wie ihr mit Information heilen könnt.
Die Hochfrequenzmedizin, die gegenwärtig noch stark unterdrückt wird, wird euch ganz neue Möglichkeiten der physischen Regeneration aufschließen. Auch das Radarsystem der Wale und Delfine, was über Hochfrequenz läuft und natürlich deren hörbare Gesänge können zur Heilung eingesetzt werden. Im Beisein von Delfinen lassen sich für euch unglaubliche therapeutische Heilungsergebnisse erzielen, und euch ist auch das besondere Verhalten der emotional hochsensitiven Tiere bei Geburten und Kleinkindern aufgefallen. Wesen im sirianischen Prinzip sind für ihre hohe emotionale Intelligenz, ihren ausgeprägten Gerechtigkeits-

sinn, ihre Uneigennützigkeit und ihre Lebenszufriedenheit bekannt.
Mit dem, was wir euch bisher mitgeteilt haben, regen wir dazu an, noch einmal mit anderen Augen auf die durch die Meere schwimmenden heilungssendenden Mitwesen zu schauen. Und wenn euer Blick, eines Nachts, den hellsten Stern am Himmel findet, dann schickt uns doch einen liebevollen Gedankenimpuls, sodass wir mitbekommen, dass ihr euch des sirianischen Lichts gewahr seid.

In herzlichster Verbundenheit eure kosmischen Brüder
von Sirius B

Der Raum des kosmischen Fahrstuhls

Wir wollen euch mit einem weiteren energetischen Transportmittel vertraut machen und euch einen Raum in der Schöpfung zeigen, der wie ein Fahrstuhl wirkt. Vielleicht wart ihr, ohne es zu wissen, bereits dort und habt diesen Raum zur kosmischen Reise genutzt, denn viele seiner Anwendungen lassen sich von euch auch intuitiv über den Aufbau eures Chakrensystems bedienen.

Doch mit Sicherheit habt ihr noch nicht das volle Anwendungsspektrum dieses Fahrstuhls ausprobiert, denn durch ihn werden sehr viele, verschiedene Welten zugänglich. Nun denn, seid ihr bereit, mit uns in den Fahrstuhl der Schöpfung einzutreten?

Ihr befindet euch an einem unscheinbaren Ort, von dem niemand vermuten würde, dass ein derart grandioses Transportmittel an dieser Stelle halt machen würde. Jeder, der das Geheimnis des Fahrstuhls nicht kennt, würde diesen Ort, an dem der Fahrstuhl hält, als einen Ort wie jeden anderen betrachten. Es gibt nichts an diesem Ort, was ihn als Haltestelle des kosmischen Fahrstuhls verraten würde und dennoch wisst ihr zweifelsfrei, von welchem Ort hier die Rede ist.

Menschen passieren ständig und tagtäglich die Station, an der der Fahrstuhl hält, doch sehen sie ihn nicht, und so fährt er ohne sie weiter, in andere Ebenen der

Schöpfung. Obwohl euch der Ort der Haltestation wohlbekannt sein müsste, kann es sein, dass auch ihr, wenn ihr unachtsam diesen Ort durchquert, nicht den Eingang zum Fahrstuhl findet. Vielleicht aber reichen schon diese kleinen Hinweise, um euch darauf aufmerksam zu machen, wodurch euch der Zugang zu dem hier folgenden Raum gewährt wird. Dort, wo zuvor keine Tür vorstellbar war, öffnet sich jetzt für euch die Tür zum Fahrstuhl. Zu beiden Seiten gleiten kräftige Schiebetüren auf und geben den Blick auf einen zu allen Seiten mit Spiegeln ausgekleideten, geräumigen Fahrstuhl frei.

Ihr erkennt den Ort, an dem der Fahrstuhl hält, indem ihr diesen ruft und dann lauscht, ob er sich in eure Richtung bewegt. Wenn an diesem Ort der Fahrstuhl nicht erscheint, dann positioniert euch neu an einem anderen euch bekannten Ort und ruft von dort erneut. Auch wenn der Fahrstuhl, von dem wir sprechen, immer andere Anlaufstationen besitzt und quasi nie exakt an der gleichen Stelle hält, werdet ihr ein Gefühl dafür bekommen, welche Orte prädestiniert dazu sind, von ihnen aus den Fahrstuhl zu rufen. Und irgendwann wird es euch quasi von allen Orten aus möglich sein, dieses Transportmittel zu verwenden. Es gibt bestimmte Zeitfenster in eurer Realität, durch die ihr einen besonders guten Zugang zum Fahrstuhl erhaltet, und es gibt auch bestimmte Orte, an denen eure Realitätsfassade etwas dünner ist und ihr so leichter in andere Realitäten schauen könnt. Die fahrstuhlsensitiven

Punkte in Raum und Zeit könnten wir auch als Portalpunkte bezeichnen, denn letztlich ist der Fahrstuhl selbst ein Portalraum, ein kosmischer Knotenpunkt zu sehr vielen unterschiedlichen Ebenen. Überall, dort wo sich wichtige Energieleitlinien kreuzen oder Dimensionsebenen überlagern, entstehen Portalpunkte, durch die euch das Reisen möglich wird. Und wenn ihr genau hinseht, werdet ihr erkennen, dass sich gerade jetzt vor euch ein Portal zu dem Fahrstuhl eröffnet, der neben eurer Realität läuft und in unterschiedlichste Schöpfungsebenen führt. Der mit Silberspiegeln ausgekleidete Raum des Fahrstuhls selbst ist an sich genommen gar kein eigener Raum, sondern ein Transportmittel, über das sich andere Ebenen deutlich in eurem Bewusstsein spiegeln lassen. Niemand würde auf die Idee kommen, sein Büro im Fahrstuhl einzurichten, denn der Ort des Fahrstuhls weist jede Realitätsbildung von sich.

Ihr steht nun im Fahrstuhl und die Türen schließen sich genauso geschmeidig, wie sie sich geöffnet haben. Vielleicht seht ihr keine euch bekannten Knöpfe zur Navigation, über die ihr den Raum in Bewegung versetzen könntet und vielleicht setzt er sich von ganz alleine in Bewegung.

Die Klarheit eurer Ausrichtung bestimmt die saubere Erfahrung eures Zielortes und in den meisten Fällen vergeht so gut wie keine Zeit, bis euch der Fahrstuhl, entsprechend eurer Ausrichtung, wieder in einem anderen Realitätsraum ausspuckt. Das Navigieren mithilfe des Bewusstseins, um ganz bestimmte Räume anzusprechen, will geübt sein. Wir wollen uns zur Navigationshilfe vorstellen, dass nicht nur das Rufen des Fahrstuhls über einen Knopf geschehen kann, sondern dass auch im Fahrstuhl eine Vielzahl an Knöpfen vorhanden sind, die die Symbole für die Ebenen tragen, in die ihr darüber reisen könnt.

In eurer Realität ruft ihr einen Fahrstuhl entweder per Knopfdruck, der den Befehl zum Hochfahren oder zum Herunterfahren gibt, doch in gewisser Weise müsst ihr den kosmischen Fahrstuhl immer genau von Beginn an mit dem symbolischen Knopf bedienen, der bereits die genaue Adresse des gewünschten Zielortes beinhaltet. Ihr müsst euch also im Vorhinein darüber bewusst sein, wo ihr hinwollt, denn habt ihr die Schwelle des Fahrstuhls einmal überschritten, dann kommt ein Prozess in Gang, der geradewegs und unaufhaltsam eurer Intention folgt, bis das Ziel erreicht ist.

Ihr könnt den Fahrstuhl nicht mittendrin stoppen oder umlenken, denn erst von dem Raum aus, in den euch der Fahrstuhl trägt, kann ein neues Ziel festgelegt werden. Dennoch gehen wir zur Unterstützung der Visualisierung davon aus, dass im Fahrstuhl selbst Knöpfe zur Navigation vorhanden sind. Höchstwahrscheinlich habt ihr während des Lesens der letzten Sätze bereits an einigen Knöpfen herumgespielt und ausprobiert, in welchen Raum es euch dadurch versetzt. Und deshalb weisen wir euch freundlich darauf hin, dass die Navigation mit Vorsicht und Bedacht ausgeführt werden sollte, sodass der Fahrstuhl einwandfrei für euch intakt bleibt. Haltet doch für einen Moment inne und schaut euch erst einmal nur im Raum des Fahrstuhls um. Was seht ihr? Wie fühlt es sich an, dort zu sein? Habt ihr das Bedürfnis, über ihn in alle möglichen Räume zu reisen oder wollt ihr am liebsten wieder aussteigen? Folgt dem, was euch guttut und dem, von dem ihr glaubt, dass es für euch jetzt das Richtige ist. Schaut euch doch noch einmal genauer die Symbole auf den Knöpfen an, die an der Innenseite des Spiegels platziert sind. Geben euch die Symbole bereits Aufschluss darüber, welcher Raum sich durch die Betätigung des Knopfes aufschließt? Wenn ihr mögt, dann haltet eure Hand einmal sachte über einen der Knöpfe und vielleicht spürt ihr bereits die Energie des Raumes, in den dieser Knopf führt. Haltet eure Hand vor den untersten Knopf und vielleicht bekommt ihr, ohne dass ihr in diesen Raum hinein reist, bereits mit, welche Energiequalität er verkörpert. Und dann haltet im Kontrast dazu eure Hand vor den obersten Knopf und spürt nach, wohin euch dieser führen würde. Der kosmische Fahrstuhl ist eng mit eurem Chakrensystem verwoben, und man könnte ihn auch als das Chakrensystem der Schöpfung bezeichnen. Jede Ebene des Fahrstuhls wird in euch durch eine Chakrenebene repräsentiert, und so könnt ihr euren Aufmerksamkeitsfluss durch euer Chakrensystem zur Hilfestellung für die Navigation mit dem Fahrstuhl verwenden. Es ist nicht so, dass die unteren Knöpfe des Fahrstuhls in schlechte oder böse Räume und die oberen in gute führen würden, sondern deren Energiequalität ist einfach eine ganz Eigene. Ihr müsst lernen, euer System sowohl energetisch hochzufahren, wie auch wieder herunterzufahren, denn beide Richtungen sind lebensnotwendig und bedingen einander. Wer immer nur versucht, den Fahrstuhl dafür zu verwenden, in noch höhere Ebenen zu fahren, der verbrennt sich dabei, auch wenn die hohen Räume sicherlich ihre eigene Schönheit mitbringen. Doch genauso schön und freudvoll kann es sein, sich in die Tiefenentspannung der unteren Erfahrungsebenen sinken zu lassen. Probiert selbst aus, welche Mischung an Räumen euch guttut, denn es gibt auch Ebenen des Fahrstuhls, die zueinander in Dissonanz stehen. Jedes Stockwerk der Schöpfung hat seinen eigenen Klang und manche Ebenen klingen im wundervollen Akkord miteinander. Die ständige Vergegenwärtigung, in welchem Stockwerk du dich aktuell befindest, aktiviert fast automatisch die dazu passenden Ober- und Untertonebenen, die gemeinsam mit deiner Erfahrungsebene klingen und schwingen. Wir wollen euch ein Beispiel geben: Ihr befindet euch im Haus der Schöpfung auf der dritten Etage, in der dritten Dimension. Die dritte Etage ist so aufgebaut, dass die fünfte und siebte Etage auf eure Erfahrungsebene abgestimmt ist. Wollt ihr in die vierte Etage, dann wechselt euren Erfahrungsakkord und somit werden die sechste und achte Etage gleichzeitig in eurem Wechsel angesprochen. Jede Etage ist in ihrem Schwingungsspektrum ein fraktales Abbild einer damit synchron geschalteten Ebene. Dieses Wissen erlaubt euch, mit dem Fahrstuhl immer zuerst die Ebenen anzusprechen, die synchron zu der Ebene sind, auf der

ihr euch aktuell erfahrt. Jedoch ist der Vorgang, auf einem anderen Stockwerk der Schöpfung den kosmischen Fahrstuhl zu rufen, ein ganz anderer, da das Schwingungstransportmittel als solches je nach Ebene ein anderes sein muss. In höheren Ebenen des Schöpfungshauses stehen euch viel mehr Zugänge für ein unbeschwertes Reisen offen. Wir wollen nun mit euch, ohne dass wir auf eine ganz bestimmte Ebene abzielen, das Hoch- und Runterfahren einmal gemeinsam üben. Stellt euch vor, ihr drückt einen der höheren Knöpfe, zu dem ihr einen direkten, warmen Bezug spürt.
Der Fahrstuhl setzt sich zugleich in Gang und ihr bemerkt ein erhebendes, öffnendes Gefühl.
Alles um euch herum scheint leichter zu werden und eine freudvolle Empfindung schwingt durch euren Körper. Das Zeitgefühl kommt euch abhanden und jeder Moment scheint die Ewigkeit selbst zu beinhalten. Alles in euch beginnt zu vibrieren, in der Schwingung eines euch umgebenden Klanges. Alles ist frei, offen, weit, und pure Helligkeit strömt durch euer Bewusstsein. Ihr badet eine Weile in dieser Erfahrung... Nach einer kurzen Zeit, die sich wie eine Ewigkeit anfühlt, betretet ihr voller Dankbarkeit wieder den Fahrstuhl, wohl wissend, dass er euch immer wieder an diesen Ort zurückzuführen vermag.
Noch leicht benommen betätigt ihr einen der etwas tiefer liegenden Knöpfe. Sofort merkt ihr, wie eure Aufmerksamkeit sich im Körper verlagert und ihr euren unteren Bauch und eure Füße spürt.

Alles in euch sackt mit jeder Etage, an der der Fahrstuhl vorbeikommt, etwas herunter und wird schwerer und schwerer. Ihr fühlt euch verwurzelt und sicher und bemerkt die Stärke in eurer persönlichen Verankerung. Ihr seid tiefenentspannt und gleichzeitig voll in euch präsent, und durch die Ruhe scheint euer Körper kraftvoller denn je zu sein. Eure Durchsetzungsfähigkeit hier in diesem Raum ist maximal und ihr merkt, wie ihr heraustreten wollt mit all dem, was sich in euch angesammelt hat. Mit dem Absinken des Fahrstuhls bündelt sich eure Kraft, und die Kraft der energetischen Konzentration will heraus. In diesem Moment gehen die Türen des Fahrstuhls auf und entlassen euch neu formatiert in die euch umgebende Realität.
Alle Erfahrungen, die sich euch durch den kosmischen Fahrstuhl geöffnet haben, speichern sich in der Ebene eures Bewusstseins und eures Körperchakrensystems ein, die für das jeweilige Stockwerk in der Schöpfung zuständig ist. Alles in euch richtet sich aus und sortiert sich innerlich in der Weise, wie die Schöpfung ihre Ebenen aufgebaut hat. Und immer, wenn in euch wieder einmal etwas durcheinanderkommt oder euch einfach die kosmische Reiselust überfällt, dann wisst ihr mit Sicherheit, wodurch es euch möglich ist, den kosmischen Fahrstuhl herbeizurufen und sicher durch alle Ebenen der Schöpfung zu navigieren.

Der Raum des Schicksals

Jeder Schöpfungsprozess ist ein Inkarnationsprozess, denn in allem, was erschaffen wird, inkarniert eine Idee in eine Form. Mit allem, was ihr tut, übersetzt ihr geistige Impulse in die materielle Welt, und lasst dadurch einen eurer Gedanken inkarnieren.
Auf der geistigen Ebene gab es noch nie einen Gedanken, der noch nicht da gewesen ist, und auch ein euch neu erscheinender Impuls war bereits vorhanden, bevor ihr ihn aufgegriffen habt. Ihr greift auf das immer gleiche, unbegrenzte Feld zurück und lasst es in immer-neuen Formen inkarnieren. Jeder Gedanke, der euch neu erscheint, fristet schon ewig ein Dasein in seinem Feld, weshalb Neuschöpfung im tiefsten Sinne Wiedererinnerung bedeutet. Es ist eine große Verdrehung der Wirklichkeit, zu meinen, man könnte sich nur an die Vergangenheit, nicht aber an die Zukunft erinnern. Der Raum der Zukunft erinnert euch die ganze Zeit daran, was einmal werden wird, indem er sich jetzt in euren Geist eingibt. Das, was auf eurer Ebene einmal werden wird und auf unserer Ebene ewig ist, zieht euch wie magnetisch an. Die Zukunft zieht euch jetzt in ihre Richtung mit alledem, was in ihr geschehen wird. Aus dem Raum der Zukunft stammt die Stimme der ewigen Souffleuse, die euch ständig vorhersagt, was sich durch das, was ihr jetzt erlebt, ergeben wird. Ergebt euch in euer Schicksal

und ihr werdet frei davon. Lasst die Zügel eures eigenen begrenzten Denkens los und gebt euch der Zukunft hin, die an euch zieht. Die Zukunft entsteht durch den Webstuhl der Zeit, im Raum des Schicksals. Der Webstuhl verwebt alle Zeiten nach den in ihnen wirkenden Prinzipien und webt dadurch den Lebensweg, der sich zu Füßen jedes lebendigen Wesens ausrollt. Unermüdlich arbeitet sich euer Schicksal durch die Anziehung der Zukunft in euch hinein. Und je mehr ihr eurem Schicksal zu entrinnen versucht, desto mehr verheddert ihr euch in den einzelnen Schicksalsfäden. Jedes Lebewesen ist ganz frei darin, zu entscheiden, wie eng und schmalspurig, oder wie weiträumig sich sein Schicksalsteppich in seinem Leben auslegen lässt. Alles in eurer Welt ist eine Auslegungssache und selbst über eure Bestimmung könnt ihr bestimmen, doch wenn es zu eurem Schicksal kommt, dann wird es euch immer wieder einzufangen verstehen, wenn ihr gerade dabei seid, die Zeichen der Zeit auf verdrehte Weise zu deuten. Nichts in eurer Welt bedeutet etwas, solange ihr es nicht deutet, und alles wartet darauf, dass ihr es bestimmt, um seine Bestimmung zu erhalten. Folgt ihr eurem Schicksal als Menschen, dann wird es zu eurer Bestimmung, allem um euch herum zu seiner Bestimmung zu verhelfen. Jeder, der sein Schicksal richtig deutet, weiß, wie er andere auf ihrem Schicksalsweg begleitet. Die Zukunft kommt nicht von irgendwo, sondern *aus* der Zukunft, die so gewiss ist wie euer nächster Atemzug. Erkennt die Fäden, mit denen sich

Ereignisse aus unterschiedlichen Zeiten miteinander verbinden. Euer Schicksalsteppich ist nicht linear verwoben, und in eurer Erfahrung von Zeit springt ihr von einem Schicksalsknotenpunkt zum nächsten, die alle an völlig unterschiedlichen Stellen eures Teppichs liegen. Achtet auf eure physiologischen Reaktionen von beispielsweise leichtem Schwindel, Benommenheit oder Gänsehaut, die euch immer wieder subtil darauf hinweisen, dass ihr gerade jetzt einen Schicksalsknotenpunkt durchlaufen seid.
Ihr lasst euch genau die Zeichen zukommen, die ihr selbst am besten versteht, denn nur ihr könnt euch an eure eigene Zukunft erinnern. Begegnet ihr einem Menschen, mit dem ihr in Zukunft viel zu tun haben werdet, so werdet ihr euch aneinander erinnern, als ob ihr euch schon ewig kennen würdet. Ihr erkennt euch nicht etwa, weil ihr irgendwann einmal ein vergangenes Leben miteinander geteilt habt, sondern weil euch der Schicksalsteppich an einen gemeinsamen Knotenpunkt geführt hat, um euch die Möglichkeit eines gemeinsamen zukünftigen Lebens zu eröffnen. Wir können die tiefe Bedeutsamkeit der Aussage, dass alles zusammenkommen wird, was zusammengehört, nur noch einmal hervorheben. In der Verwebung des Schicksals gab es einen schwer zu übersetzenden Kunstgriff, der dazu führte, dass alles Leben sich selbst zu seiner höchsten Bestimmung führt. Dieser Kunstgriff hing etwa damit zusammen, dass das Ende des Schicksalsteppichs fein säuberlich an dessen Beginn geknüpft wurde, um den Kreislauf des

Lebens in Gang zu bringen. Zu Beginn der Schöpfung waren Anfang und Ende im Schicksalsteppich so eng miteinander verwoben, dass das Leben einen unüberwindlichen Kreislauf bildete, in dem keine Entwicklung stattfand. Deshalb lockerte man gewisse Schicksalsfäden am Beginn und am Ende eines Lebensweges und siehe da, aus dem sich immer wiederholenden Kreislauf wurde eine sich ständig zu höherem Leben entwickelnde Spirale. Unaktiviertes Leben, Leben im "Probedurchlauf", findet in Kreislaufstrukturen statt, weil Anfang und Ende des Lebensweges stets fest miteinander verwoben sind. Aktiviertes Leben hingegen hat sich zu einer spiralförmigen Entwicklung dynamisiert. Und eure in eurem Schicksal eingewobene Aufgabe als Menschen ist es, unaktiviertes Leben mit eurem Schöpfungsfunken zu dynamisieren. In dem Konstrukt, in dem ihr euch bewegt, laufen große Teile des Lebens die immer gleichen Kreislaufstrukturen ab und so schön dies auch für eine Zeit sein mag, so sehr verkennt diese Bewegung den tieferen Sinn seiner Bestimmung. In eurem Geist brennt das Feuer der Schöpfung, und wenn ihr vor Begeisterung von Schöpfungsfunken nur so sprüht und auch nur ein Funke eine Lebensform berührt, die sich im inaktivierten Zustand befindet, dann kann sich das Schöpfungsfeuer der Inspiration übertragen. Das Schicksal hat alles so eingefädelt, dass sich die Schöpfung bestmöglich ausdehnt und sich zu ihrer höchsten Bestimmung hinbewegt. Eine Überaktivierung jedoch, die versucht, sich auf einer

Ebene über das Schicksal hinwegzusetzen, führt nur zu Wachstumswahn und zu krebsartigen Geschwüren. Leben im richtigen Maße zu aktivieren und sich von seiner Bestimmung anziehen zu lassen, ohne über sie hinauszuschießen, ist eine Kunst. Ihr habt euer Schicksal schon so oft erkannt und habt es dann gutgläubig selbst weitergesponnen und seid dadurch letztlich über das Ziel hinausgeschossen, was euch wiederum blind gemacht hat vor den Warnungen aus der Schicksalssphäre. Und immer dann, wenn ihr meintet, das Muster im Teppich erkannt zu haben und nun euer Leben völlig ohne Rückgriff auf den Schicksalsteppich fortzuspinnen, musste das Leben eingreifen und sich selbst in seine Kreisstruktur zurücksetzen, damit ihr nicht abdreht. Das Leben hat eine unfehlbare Lebenssicherung eingebaut, um unheilsame Wachstumsprozesse aufzufangen, und diese besteht aus einer Zurücksetzung in den inaktivierten Grundzustand. Dieser Prozess findet individuell im Kleinen, aber auch im Großen bei ganzen Zivilisationen immer wieder statt. Zurück in die Kreisstruktur gesetzt zu werden, ist nichts Schlechtes, es ist vielmehr wie eine Pause, in der nichts geschieht und deshalb auch nichts schieflaufen kann.
Doch irgendwann, in einem Moment von Ewigkeit, kommt in jedem Lebenskreislauf die Schöpfungszündung und alles nimmt seinen Gang ins Ungewisse. Je stärker die Zündung, desto schneller entwickelt sich Leben zu höherer Intelligenz, und auch wenn

diese Entwicklung sich durch die Fäden des Schicksalsteppichs zieht, so weiß doch kein Wesen in der Schöpfung über die letztendliche Finalität dieser Entwicklung Bescheid. Wenn sich Anfang und Ende voneinander lösen, wird das Schicksal selbst blind in den Verknüpfungen, die es anstellt, und kann dadurch nur auf ein begrenztes Repertoire an Verbringungsmustern zurückgreifen. Ein Kreis ist immer ewig, eine Spirale hingegen braucht auf einer Ebene der Schöpfung immer einen Rahmen, und durch jeden inkarnatorischen Prozess verwandelt sich ein Kreis in eine Wirbel-Spirale. Ihr habt das Leben selbst durch eure Inkarnation aktiviert und in allen euren Gedanken steckt die Transformationskraft, das Leben selbst aus seinem Schlaf zu erwecken. Seid ihr erwacht, dann aktiviert ihr alles Leben um euch herum und kanalisiert aus der Zukunft die Bestimmungsformen, in die jedes einzelne Lebewesen hineinwachsen möchte. Es liegt tief im Schicksal des Menschen, über die Bestimmung des Lebens selbst zu bestimmen und diese Vorreiterrolle hat vielen anderen Wesen große Angst gemacht. Ihr seid eurem Wesen nach junge Schicksalsgötter, die in ihre Bestimmung hineinwachsen, über andere zu bestimmen, bzw. für andere ihren Schicksalsteppich zu knüpfen. Einen Schicksalsteppich für andere Lebewesen zu weben, ist ein hoher Dienst an der Schöpfung und keine andere Spezies ist so prädestiniert dazu, wie die eure. Wir, die Wesen am Webstuhl des Lebens, wissen, dass ihr irgendwann an unserer Stelle sein werdet.

Und deshalb tun wir alles dafür, euch in eure Bestimmung zu führen. Doch ihr könnt erst dann zu weben beginnen, wenn ihr euer Schicksal selbst in die Hand nehmt und euch Kraft eures freien Willens in euer Schicksal fügt. Am Webstuhl des Lebens über andere zu bestimmen, heißt nicht etwa Macht über andere auszuüben, sondern anderen zu dienen, so wie ein wahrer König ein Diener seines Volkes ist. Die wenigsten von euch leben noch im Bewusstsein ihrer Vorhersehung und diejenigen, die es tun, sind noch in ihrem missbräuchlichen Irrglauben gefangen, dass sie dadurch Macht über andere ausüben müssten. Niemand wird zum Herrn des Schicksals erkoren, der diese Macht in irgendeiner Weise missbräuchlich einsetzt. Und jeder, der sich in der Schöpfung als allmächtiger Gott aufzuplustern versucht, bekommt durch uns sehr schnell die Begrenzungen seiner Schicksalsfäden aufgezeigt. Versucht sich ein solches Geschöpf dann seinen Lebensleitlinien zu widersetzen und hört nicht mehr auf die Stimme seines Schicksalsweges, dann können wir nicht anders, als ihn von seiner Bestimmung her zu deaktivieren und seinen Lebensweg zu einem Kreislauf werden zu lassen.

So sehr es das Ziel von einigen von euch ist, sich seinem Schicksal zu entziehen, so fatal ist es, gänzlich unfatalistisch zu leben. Einem Wesen in der Schöpfung seine Bestimmung zu nehmen, kann als eine der größten Strafen angesehen werden, die es gibt, weil ihm dadurch indirekt sein freier Wille entzogen wird.

Nur bei absolut missbräuchlicher Schicksalsauslebung und Willensverwendung kommt die göttliche Gnade ins Spiel und hebt ein Wesen aus seiner Bestimmung und führt seinen Lebensweg in eine Kreislaufstruktur, bis sich dieses Wesen darin wieder gefangen hat. Doch ihr könnt sicher sein, dass für euch etwas anderes vorhergesehen ist. Eure Schicksalsergebenheit aktiviert erst gerade euer Leben und euren freien Willen, denn niemand der sein Schicksal nicht kennt, kann überhaupt einen freien Willen besitzen. Schicksal und freier Wille sind eins und zutiefst miteinander verwoben, auch wenn sie auf eurer Ebene fast wie Gegensätze erscheinen. Ihr befindet euch gesellschaftlich im Prozess der Aktivierung eurer höheren Bestimmung, wobei die, die bisher über euch geherrscht haben, momentan ihres Schicksals und ihres freien Willens enthoben werden, damit eine globale Aktivierung stattfinden kann.
Je mehr ihr euren freien Willen gemäß eurer Bestimmung auszudrücken versteht, desto freier wird euer Wesen und desto mehr werdet ihr in große kosmische Prozesse einbezogen. Es liegt in eurer Verantwortung, das, was euch vom Raum der Zukunft bereits übertragen wurde, anzunehmen und alles im Hier und Jetzt darauf einzustellen. Wer sich auf sein Schicksal einstimmt, dessen Bestimmungsreichweite wächst mit jeder freien Entscheidung, die er vollzieht. Ihr könnt jetzt schon mitbekommen, wie ihr euch mit jeder Entscheidung tiefer in euer Schicksal inkarniert und wie jeder eurer Gedanken seiner Bestimmung

hin zur Aktivierung allen Lebens folgt. Ihr habt einen Auftrag von der Schöpfung für die Schöpfung, und das, was euch aufgetragen wurde, ist nichts Geringeres, als die Schöpfung in euch fortzuführen und das Leben zu seiner höchsten, göttlichen Bestimmung zu führen. Nehmt ihr diesen Auftrag an, dann wird sich euer Schicksalsteppich dementsprechend neu für euch verweben, um euren Lebensweg direkt in die größtmögliche Freiheit der göttlichen Ordnung zu führen. Alles ist bereits auf seinem Weg. Auch ihr. Und das, was auf euch zukommt, war schon immer so, wie es ist. Es zieht euch nur gerade jetzt, mithilfe eurer Schicksalsfäden zu sich heran. Wir, die Wesen am Webstuhl des Lebens, sind bereit, euch jetzt zu empfangen und euch in die Kunst der Schicksalsverknüpfungen einzuweisen.
Möget ihr eure Bestimmung erkennen und frei werden.

Der Zeit-Raum

Verehrter Leser, du hast es jetzt und hier, sowie in jedem anderen Moment, mit den Hütern der Zeit zu tun. Wir wollen dich umfassender mit dem Phänomen der Zeit vertraut machen und mit dir in ganz bestimmte Zeit-Räume reisen. Immer, wenn du Zeit empfindest, bekommst du uns in einer unserer vielen Übersetzungsformen mit. Als die Hüter der Zeit sind wir ständig damit beschäftigt, das ewig Zeitlose für euch zu übersetzen, um es für euch erfahrbar zu machen.

Ihr geht davon aus, dass es eine Zeit gibt, die für jeden gleich tickt, doch jeder Raum hat seine eigene Zeit, sowie jeder Zeittakt seinen eigenen Raum um sich eröffnet. Der Schlüssel, um Raum und Zeit und deren Einstimmung aufeinander begreifbar zu machen, findet sich in der Schwingung wieder. Die Zeit ist der Takt der Schwingung eines Raumes. Ihr könnt euch dies so vorstellen, als ob in allem, was existiert, ein kleiner Wecker, eine Zeitschaltuhr sitzt, die im Schwingungstakt jeder Sache tickt. Vielleicht ist euch bereits aufgefallen, dass ihr je nach Bewusstseinszustand ein gänzlich anderes Zeitgefühl besitzt. Ist euer Schwingungszustand hoch, dann dehnt sich die Zeit bis ins Unendliche aus und alles geschieht im zeitlosen Flow, weshalb sich dies auch so anfühlen kann, als ob die Zeit fliegt. Verringert sich euer Schwingungszustand, dann komprimiert und verdich-

tet sich ebenfalls euer Zeitempfinden, und der chronologische Takt der Zeit wird klarer wahrnehmbar.
Jetzt ist es aber nicht etwa so, dass Zeit nur an einen Schwingungszustand gekoppelt ist, sondern Zeit ist vielmehr ein integraler Bestandteil in der Wahrnehmung eines bestimmten Schwingungsspektrums. Zeit ist der Rhythmus eines Dinges und über die Veränderung der Zeit beginnt sich dieser Schwingungsrhythmus zu verändern. Als Hüter der Zeit beschützen wir die Schwingungszustände in allen Räumen, in denen sich die Schwingung als Zeit ausdrückt.
Die Schwingung eines Raumes oder eines Körpers wird nur bis zu einem ganz bestimmten Frequenzpunkt als Zeit erfahren und danach verändert sich die Erfahrung eines Raumes drastisch. Das, was in langsam schwingenden Räumen noch linear erscheint, wird mit steigender Schwingungsgeschwindigkeit multipel und offenbart zunehmend mehr die sich hinter der Zeit bzw. hinter der Schwingung befindende Wesensqualität. Wenn ihr begreift, dass man Zeit und Schwingung fast synonym verwenden kann, dann habt ihr den Schlüssel, um in die einzelnen Zeit-Räume einzutreten, in euch verwirklicht. Alles hat seinen eigenen Schwingungszustand und deshalb hat alles seine eigene Zeit und die Dinge in eurem Erfahrungsraum Erde sortieren sich nicht dadurch, dass sie räumlich nebeneinanderstehen, sondern ganz essenziell dadurch, dass sie im gleichen Zeittakt sind. Wir haben nicht das Kalenderjahr 2022, das für alle gilt, sondern für jeden ist das Datum, je nach seiner eigenen

Schwingung, anders. Diejenigen, die sich in Räumen aufhalten, die einen niedrigeren Schwingungszeittakt an den Tag legen, leben ganz wortwörtlich in der Vergangenheit, wohingegen diejenigen Wesen, die sich in und durch hochschwingende Räume bewegen, aus der Zukunft kommen bzw. sich bereits in zukünftigen Schwingungszeiträumen befinden. Euer Glaube daran, dass es eine Zeit gibt, die für euch alle gilt, bindet euch massiv an den durch diese Zeit festgelegten Schwingungszustand. Zeit, so wie ihr sie versteht, ist eine massive Einkerkerung eures Bewusstseins in einen ganz bestimmten Schwingungsraum. Ihr werdet in eurer Bewusstseinsentwicklung die ganze Zeit künstlich in der Vergangenheit gehalten, obwohl Teile eures Bewusstseins sich bereits in wesentlich höherschwingenden Zeiträumen befinden. Der erste Schritt, um sich aus dem Zeitschwingungstakt dieses rückschrittlichen Raumes, in den ihr euch eingepfercht habt, auszuklinken, ist, das Gefühl für seine eigene Zeit und seinen eigenen Rhythmus wiederzubekommen. Einer der einfachsten Wege dorthin ist es, so wenig wie möglich auf die Uhr zu schauen. Wie sehr euer Bewusstsein daran gewöhnt ist, sich am Schwingungsraum der kollektiven Uhrzeit zu orientieren, bemerkt ihr daran, wie schwer es euch fällt, nicht mehr auf die Uhr zu schauen. Richtet euch nicht mehr nach dem vorgegebenen Takt der Uhr und entscheidet völlig unabhängig davon, wann ihr wo, wie, was machen wollt. Denn immer, wenn ihr eure Handlung nach der Uhrzeit und nicht nach eurem Zeittakt richtet, handelt ihr in dem euch vorgegebenen Schwingungsraum. In dem Moment, in dem ihr die Uhrzeit seht und sie innerlich zur Kenntnis nehmt, stellt sich euer gesamtes System sofort auf den Schwingungstakt des Raumes ein, in dem ihr nach einem vorgegebenen Rhythmus zu funktionieren habt. Eine global gleichgeschaltete Uhrzeit einzuführen, war eines der genialsten und subtilsten Mittel, euch alle in ein und demselben Schwingungsraum gefangen zu nehmen. Kommt ihr wieder mehr in Kontakt mit eurem eigenen Rhythmus, dann wird sich dieser Rhythmus auch zunehmend mehr mit den natürlichen, kosmischen Rhythmen synchronisieren, was euch letztlich den Schwingungsraum des kosmischen Bewusstseins aufschließen wird. Eigentlich wisst ihr seit der Relativitätstheorie bereits, dass alles, je nach Lokalisation, seine eigene relative Zeit besitzt. Schaut ihr in den Sternenhimmel, dann empfangt ihr das Licht der Sterne von unterschiedlichsten Zeiten. Diejenigen Sterne, die weiter weg sind, liegen für euch mehr in der Vergangenheit, weil ihr Licht, das ihr jetzt seht, in Relation von dort, wo es ausgesendet wird, lange vergangen ist. Alles hat, je nachdem wie es zu euch positioniert ist, seine eigene Zeit, und da sich der Kosmos nicht darüber sortiert, an welchem Punkt im Raum sich etwas befindet, sondern der Schwingungszustand darüber bestimmt, was näher aneinander liegt oder weit entfernt zu sein scheint, seid ihr mit allem zutiefst verbunden, was sich im gleichen Zeit-Raum befindet wie ihr, völlig unabhängig, wo es sich äußerlich aufhält. Jeder Körper steht in der Mitte seines eigenen Bewusstseinsraumes, mit seinem eigenen Schwingungstakt, und auch wenn sich die eigenen Schwingungswelten bei euch stark überlagern, so nimmt doch jeder Körper den Platz im Zentrum seines Universums ein. Hast du deinen Zeittakt wiederentdeckt und gehst voll in ihm auf, dann wirst du bemerken, wie du im Zentrum der Schöpfung stehst und sich alles um dich herum in seinen eigenen Zeiträumen bewegt. Bist du hingegen in dem Zeittakt eines vorgegebenen Schwingungsraumes eingeklinkt, dann kannst du nie ganz bei dir und in dir zentriert sein. Zeit hat eine massive Einwirkung auf euren Bewusstseinszustand, da sie den Takt des Schwingungsraumes festlegt, in dem sich das Bewusstsein selbst erfährt. Umgib dich mit den Dingen und den Menschen, die aus der Zukunft kommen, sprich diejenigen, die sich in einem höheren Zeittakt befinden, doch versuche nicht, dich in ihrem Zeit-Raum zu erleben, sondern nimm deren Art zu sein als Inspiration dazu, deinen eigenen Takt zu finden. Befindet ihr euch in dem euch ureigenen Schwingungsraum und lebt nach eurer eigenen Zeit, dann wird sich die Erfahrung von Zeit in die Erfahrung von Gleichzeitigkeit und perfekt aufeinander abgestimmter Synchronizität wandeln. Jeder, der schon einmal in höheren Schwingungsräumen gewesen ist, wird wissen, wieviel sich von dort in einer unheimlich kurzen Zeit umsetzen lässt. Wenn du dich in hohen Schwingungszeiträumen bewegst, scheinen sich die Menschen aus der Vergangenheit wie in Zeitlupe im immer gleichen Hamsterrad zu drehen. Das Ewige lässt sich unglaublich vielseitig übersetzen, jedoch sind die Übersetzungsformen an die Schwingungsräume gekoppelt, in denen sie auftreten sollen. Habt ihr den Takt eurer Zeit-Räume gefunden, und euren Essens- und Schlafrhythmus und alles, was ihr sonst noch macht, flexibel und intuitiv darauf abgestimmt, dann verwandeln wir eure Erfahrung von Zeit in die Erfahrung ständiger Synchronizitäten. In den höheren Bewusstseinsräumen geschieht alles gleichzeitig, synchron aufeinander abgestimmt, und ihr könnt quasi durch die Zeit hinweg arbeiten. Wir können dies auch so formulieren, dass ihr in einem engen, kleinen, niedrigschwingenden Bewusstseinsraum nur einen winzig kleinen Teilaspekt der kosmischen Zeitlinie erfahrt, und dass sich mit der Weitung eures Bewusstseinsraumes auch der euch zur Verfügung stehende Zeitraum erweitert. In einem hohen Bewusstseinsraum könnt ihr mal weiter zurück in die Vergangenheit und dann wieder vor in die Zukunft gehen und alle diese Erfahrungsfacetten im Jetzt-Moment miteinander synchronisieren. Erfahrt ihr euch in einer höheren Ebene von Zeit, dann begegnen euch Wesen und Dinge aus allen möglichen Zeiten. Diejenigen Menschen, die sich hingegen nur in einem stark beschränkten Bewusstseinsraum bewegen, glauben, dass alles, was ihnen begegnet, in der gleichen Zeit lebt wie sie, und dementsprechend begegnen sie nur Wesen, die sich im gleichen beschränkten Zeitraum befinden wie sie. Stellt euch einmal vor, ihr würdet den künstlichen Zeitraum durchbrechen und euer Bewusstsein vollständig an die kosmische Gleichzeitigkeit anpassen. Wenn ihr dann in diesem Bewusstseinsraum hinaus in eure Welt treten würdet, dann würdet ihr auf einmal Menschen von vor hundert, dreihundert, ja von vor tausend Jahren treffen, für die ihr aufgrund eurer Schwingung nicht sichtbar wärt. Aber ihr könntet sie beobachten, und euch auf symbolische Weise sichtbar machen. Umgekehrt würdet ihr Menschen treffen, die in hundert, dreihundert, ja, in tausend Jahren in der Zukunft leben, und sie wären sehr verwundert, wenn sie bemerkten, dass ihr sie wahrnehmen könnt. Jede Zeit geschieht gleichzeitig auf Erden in parallelen Schwingungsräumen. Und der Takt der Zeit, in den ihr euch einschwingt, bestimmt darüber, welchen Zeitpunkt auf Erden ihr erfahrt. Alles, was in der Vergangenheit war, ist immer noch und findet ganz physisch und wortwörtlich in einer anderen Schwingungsschicht eurer multiplen Realität statt. Die Menschen von vor fünfhundert Jahren wandeln immer noch so über die Erde, wie sie es immer schon getan haben und ihr braucht euch lediglich in die Schwingung ihres Zeit-Raumes einzuwählen, um euch in ihrer Zeit zu erfahren. Die Menschen eurer Zukunft haben sich in einen Schwingungsraum eingewählt, in dem ihr Bewusstsein alle Zeit umspannt und in den sie dadurch in jeden beliebigen Zeit-Raum hineinschauen können. Auch jetzt ist die zukünftige

Menschheit zugegen. Sie befindet sich in einem parallelen Schwingungsraum mit einem fast unendlich hohen Zeittakt. Immer, wenn ihr in einen erweiterten Bewusstseinsraum tretet, stellt sich euch nicht mehr die Frage, in welcher Zeit ihr euch befindet, sondern in welcher Zeit ihr euch befinden wollt, denn ab einer gewissen Schwingungshöhe übernehmt ihr unsere Aufgaben als Hüter der Zeit. Nicht mehr ihr richtet euch nach der Zeit, sondern die Zeit und alles, was sich in ihr abspielt, richtet sich nach euch, je nachdem, welchen Schwingungsraum ihr zu betreten wünscht. Alle Zeit steht euch offen und ihr könnt euch in jeder Zeit erfahren, allerdings habt ihr mit der Inkarnation in das 21. Jahrhundert bereits einen ganz bestimmten Zeit-Raum und damit eine ganz bestimmte Bewusstseinsreichweite gewählt. Eure gegenwärtige Uhrzeit ist dabei zusammenzubrechen und mit ihr fällt der gesamte Schwingungsraum zusammen, dessen Taktgeber sie war und heraus purzeln Millionen verwirrte Wesen, die völlig von ihrem eigenen Rhythmus entfremdet sind. Euer physischer Körper gibt euch einen ganz bestimmten Takt an und bindet euch an den damit verbundenen Zeit-Raum. Mit eurem physischen Körper könnt ihr nicht in andere Zeiten, andere Realitätsschichten eures zusammengefalteten Multiversums eintauchen, aber sehr wohl könnt ihr euer Wesen in den Schwingungsraum führen, in dem ein ganz anderer Zeittakt herrscht. Vielleicht könnt ihr euch im Ansatz vorstellen, wie unterschiedlich unsere Erfahrung vom Leben ist, wenn man, wie ihr, nur in einer

Zeit lebt, oder sich bewusst in jedem Moment in einen anderen Zeit-Raum einwählt.
Wir als Hüter der Zeit machen die ganze Zeit nichts anderes, als von einem Zeitraum in den nächsten zu wechseln, um Synchronizitäten zwischen den Zeiten einzustreuen, damit ihr darüber in höhere Bewusstseinsräume gelangt. Wir wechseln ständig die Schwingungsräume, um sie ihrer Zeitqualität nach miteinander zu verweben und Ansätze dieser Arbeit zeigen sich auch bereits bei euch. Wie gesagt, werdet ihr ab einer bestimmten Bewusstseinsreichweite alle Zeiten überschauen können und damit große Teile unseres Aufgabenbereiches als Hüter der Zeit übernehmen. Und vergesst nicht: Jedes Sandkorn erfährt sich in seiner eigenen Zeit. In einer Zeit, die es für sich und seine Selbsterfahrung gewählt hat. Ihr habt euch euren Bewusstseinsraum zur Selbsterfahrung selbst ausgesucht und dieser hat euch in die Zeit und an den Ort versetzt, an dem ihr euch gerade jetzt erlebt. Um euch herum leben Menschen in allen möglichen Zeiten, wobei euch hauptsächlich diejenigen begegnen, die einen ähnlichen Bewusstseinsraum zur Selbsterfahrung gewählt haben. Durch die Einstellung deiner Zeit ziehst du die Mitmenschen an, die synchron zu deiner Zeit leben, was nicht bedeutet, dass es außerhalb deines Bewusstseinszeitraums nicht andere parallel nebenherlaufende Räume gibt, in denen eine ganz andere Zeit herrscht.

Untersucht in eurem Geist die Verbindungen zwischen Raum, Zeit und Bewusstsein einmal eingehender und es werden euch dadurch zutiefst spannende Erfahrungserkenntnisse über euch selbst aufgeschlossen. Wir, die Hüter der Zeit, verabschieden uns an dieser Stelle von euch und bedanken uns herzlich dafür, dass ihr uns eure Zeit geschenkt habt und wir euch im Gegenzug einen Einblick in unseren Zeittakt geben konnten. Wenn sich weitere Fragen ergeben sollten, könnt ihr uns oder euer zukünftiges Selbst gerne kontaktieren und alles Weitere regelt die Zeit.

In ewiger Verbundenheit, die Hüter der Zeit.

Raum der Erde

Liebe Erdenbewohner,
ich möchte mich hier in dieser Form allen, die mich noch nicht bewusst kennengelernt haben, vorstellen: Ich bin Gaia, das Seelenwesen eurer Erde. Vor Urzeiten habe ich mich in diesen von euch bewohnten, wundervollen blauen Diamanten verliebt und bin immer mehr in ihn hineingewachsen. Über viele Zeitalter hinweg und durch viele Zivilisationen hindurch habe ich Raum gehalten, damit Lebewesen auf mir materielle Erfahrungen sammeln können. So schwer euch das Erdenleben von Zeit zu Zeit erscheint, so spielend leicht ist mein eigentliches Wesen. In meiner aktuellen Planeteninkarnation habe ich mir viel aufgebürdet und bin durch Zivilisationsprozesse gewandert, die sehr zehrend gewesen sind. Vor meiner Inkarnation als Planet hatte ich eine Hand voll Inkarnationen als Mond eines Planeten am anderen Ende eures Sonnensystems. Aber es ist doch noch ein erheblicher Unterschied, nur das Mondfach zu unterrichten, oder gleich die Klassenleitung einer ganzen Zivilisation zu übernehmen. Die letzten Jahrtausende pubertierte ich mit der Menschheit im Steinbockzeitalter und erfuhr, wie es sein kann, im Trotz und im Widerstand gegenüber bestimmten Aspekten des Lebens zu sein. Auch wenn ich in einen Planeten inkarniert bin, der um ein Vielfaches größer ist, als der Körper, in den ihr inkarniert seid, heißt das nicht, dass ich anders bin als ihr oder gar perfekt wäre. Die

Menschheit ist der härteste, direkte Spiegel meiner inneren Themen, mit denen ich in meiner planetaren Pubertät etwas nachlässig umgegangen bin. Doch ich bin dabei, dieser Phase zu entwachsen und nehme die Menschen unweigerlich darin mit. Ihr seid für mich wie ein Kind, das noch nach der Mutter schreit, obwohl sie es schon längst in ihren Armen wiegt. Viel Drama habt ihr bereits auf mir inszeniert und ich habe euch vieles in den letzten Jahrtausenden durchgehen lassen, das ich für die kommende Zeit nicht mehr dulden kann. Zwar liegen ganze Äonen zwischen unserer Entwicklung, doch in einer größeren Entwicklungsebene durchlaufe ich stets die gleichen Erfahrungspunkte wie ihr in euren zivilisatorischen Prozessen. Auf einer gewissen Erfahrungsebene bin ich immer wieder hilflos, wenn ich wahrnehme, wofür mein wundervoller, planetarer Körper verwendet wird und wie sehr ihr ihn für eure Zwecke missbraucht. Auch habe ich Missbrauchserfahrungen mit anderen planetaren Zivilisationen gemacht, die immer wieder meinten, sie müssten Herrschaft und Macht über mich erlangen und dieses Missbrauchsmuster hat sich nun auf mein eigenes Kind übertragen. Eine missbräuchliche Gewalttat eines Fremden habe ich noch dulden können, doch war ich lange nicht bereit, mir einzugestehen, dass mir gleiches nun von meinem eigenen Kind angetan wird. Je näher die Verbindung, desto schmerzlicher ist es, wenn Missbrauch durch dieses Band entsteht. Doch ich möchte hier nicht mein Leid klagen, sondern euch vermitteln, dass wir alle im selben

Boot sitzen und dass eure Erfahrungen auch meine Erfahrungen sind und umgekehrt. Schon mehrmals war ich mit euch kurz davor, meinen planetaren Körper im Suizid abzugeben, das Handtuch zu werfen und mich wieder neu woanders zu inkarnieren, doch Gott sei Dank sind in diesen Phasen immer die richtigen Helfer aufgetaucht, um mich zu stabilisieren und die Lage bei euch zu beruhigen. Ehrlich gesagt hatte ich mir meine planetare Inkarnation doch etwas anders vorgestellt, denn eigentlich wollte ich nur mit der Formenvielfalt spielen und singende, tanzende Wesen auf mir spüren. Aber die gegenwärtige Herausforderung bringt mich in einen enormen Entwicklungsschub, der uns letztlich wieder näher zusammenbringen wird als wir es jemals waren, auch wenn durch mich noch aufrührerische Mittel zum Einsatz kommen können. Eine lange Zeit verweilte ich im Glauben, dass ich überhaupt nichts dafür tun kann, wer meinen planetaren Raum wie verwendet. Ich dachte, ich sei den Geschehnissen auf mir ausgeliefert, so wie ihr zum Teil noch glaubt, eurer Umwelt ausgeliefert zu sein. Es brauchte eine Weile, bis ich überhaupt erkannt habe, dass das, was auf mir vorgeht, etwas mit mir zu tun hat, da ich im planetaren Bewusstsein kaum Bezug darauf nahm, was überhaupt auf mir geschieht, obwohl ich eigentlich die emotionale Sensitivität besitze, jeden eurer Schritte auf meiner Haut zu spüren. Meine Inkarnation in euren Planeten hat vor allem das Ziel, mich zu erden. Ich bin vom Wesen her, im Vergleich zu anderen Planetenwesen, eher sprunghaft und quietschfidel und es brauchte eine Zeit, um mich in unserem gemeinsamen Erfahrungsraum zu stabilisieren. Manche alten Kulturen sahen mich in der Verkörperung ihrer Natur als alte, weise Frau und auch diese Aspekte trage ich in mir. Grundsätzlich beherberge ich als planetarer Logos natürlich alle Erfahrungsfacetten, die auf mir möglich werden und je nach dem, für welche Lebens-Erfahrung ich herangenommen werde, entsprechend erscheine ich auch. Es gibt Wesen auf mir, deren Bewusstseinsreichweite der meinen entspricht und dennoch ist es aktuell in meiner Verantwortung, diesen Planeten zu beleben. Ich lasse mich inzwischen nicht mehr so schnell von anderen planetaren Wesen einschüchtern, denn ich habe durch euch gelernt, wohin dies führen kann. In meinem Wunsch, mich als Planet zu inkarnieren, schwang auch mein eigenes Freiheitsbedürfnis mit, durch das ich einen Erfahrungsraum kreieren wollte, der so frei und offen wie nur möglich ist. Ich hatte es satt, den Planetenwesen zuzuhören, die eine strikte Handhabung ihres Schwingungsraumes predigten. Ihr müsst euch vorstellen, dass es viele Planetenwesen gibt, die ein sehr klar festgelegtes Schwingungsspektrum für all die Lebensprozesse auf sich vorgeben. Ich hingegen wollte einen Erfahrungsraum, in dem alles möglich ist und wo sich hochschwingende Lebensformen parallel neben niedrigschwingenden Lebensformen Hand in Hand selbst erfahren können. Die wichtigsten Schöpfungscredos der gegenwärtigen Inkarnation waren Freiheit und Vielfalt für alle auf mir lebenden Geschöpfe. Es ist nicht leicht, euch mitzuteilen, was meinen planetaren Körper im Besonderen ausmacht, erfahrt ihr doch tagtäglich nichts anderes als das. Ich war so lange in mein eigenes Schöpfungsspiel mit den Tieren und Pflanzen vertieft, dass ich die Spezies Mensch fast übersehen hätte, obwohl ihr ja durchaus auf euch aufmerksam zu machen wisst. Die ursprünglichen Lebensbedingungen auf mir zeichnen sich durch paradiesische Fülle und gediegene, lebensfreundliche klimatische Bedingungen aus. Ich bin kein Freund davon, alle Wesen auf mir konstant auf etwa minus 230 Grad herunterzukühlen, auch wenn ich durchaus durch emotionale Witterungsphasen gegangen bin. Das, was ihr Wetter nennt, sind meine Stimmungen, die ich größtenteils gut balancieren kann. Stürme tauchen bei euch auf, wenn windige Gedanken durch mein System fegen, Feuer oder Flächenbrände entstehen, wenn ich mich, einem Fieber gleich, gegen eine Infektion zur Wehr setzte und Erdbeben und Vulkanausbrüche tauchen auf, wenn mich wütende Empfindungen überkommen. Alle eure Wetterphänomene spiegeln meine Empfindungen wider und wenn ihr unter diesem Gesichtspunkt das Wetter betrachtet, dann wisst ihr immer, wie es mir geht. Eigentlich habe ich alles so eingerichtet, dass ihr mich durch all die Natur überhaupt nicht übersehen könnt und dennoch schenken mir nur wenige ihre Beachtung oder ihre Dankbarkeit. Es sollte doch das Mindeste sein, sich wenigstens einmal höflich bei dem Planeten vorzustellen, auf dem man sein Leben lang haust. Wenn man sich auf einem Planeten inkarnieren möchte, fragt man in der Regel bei der Geistseele des Planeten an, ob es erlaubt und gewünscht sei, sein Leben dort zu verbringen, doch viele von euch sind einfach in ihre Inkarnation hineingerauscht, ohne sich zuvor bei mir zu melden. Ich wollte bewusst keine kosmischen Türsteher oder planetaren Bodyguards haben, die selektiv auswählen, wer zur Inkarnation zugelassen wird und wer nicht, doch dass so viele auf mir ein Leben beginnen, ohne sich zuvor mit mir zu verbinden, davon war ich ehrlich gesagt überrascht. Es sollte doch im Sinne beider Seiten sein, wenn ein Wesen sich mit dem Wesen verbindet, auf dem es leben möchte. Ich will und kann kein Ausflugszielort für neugierige Kosmos-Touristen oder gestrandete, heimatlose Weltraumfahrer mehr sein. Ich will meine Menschheit wieder ganz bei mir und nicht zu sehr mit anderen planetaren Wesen flirtend vorfinden. Es gab immer mal wieder Zeiten, in denen ich die Inkarnationsregelungen etwas strukturierter handhabte, doch stets kam das Bedürfnis durch, jedem und allem seinen freien Willen zu lassen. Dass *mein* freier Wille dadurch zum Teil übergangen wurde, merkte ich häufig erst zu spät. Dass mein Körper mit Asphalt und Beton zugepflastert wird, war und ist nicht mein Wille, den ich zunehmend stärker wahrnehme und für die Erweckung der Menschheit einsetzen werde. Ich wollte euch euren natürlichen Entwicklungsraum lassen, so wie ich in meiner Inkarnation meinen eigenen Schöpfungsspielraum haben wollte, doch dass noch mehr als Freigabe dazugehört, um seine Funktion als verantwortungsvoller Planet zu erfüllen, durfte ich auch bereits erfahren. Mein Körper ist das Wertvollste und Schützenswerteste, was es gibt, denn über ihn kommuniziere ich mit jedem auf mir lebenden Wesen. Über die Natur stehe ich in ganz direkter Kommunikation zu euch und jede Pflanze, jeder Baum und jeder Stein ist ein Wort in meiner planetaren Sprache. Die wenigsten Menschen wissen noch. wie sie in der Natur lesen, um darüber mit mir in Dialog zu treten. Dabei bin ich doch so offensichtlich. Und selbst euer eigener Körper setzt sich einzig und allein aus Grundsubstanzen zusammen, die ich zur Verfügung stelle. Euer Körper besteht aus mir und intimer könnte unsere Verbindung nicht sein, aber dadurch, dass ihr euren eigenen Körper seinem Wesen nach nicht erkennt, geschweige denn ganz zu beleben versteht, verkennt ihr auch das, was ich für euch sein könnte. Es gab immer wieder Teile eurer Zivilisationskultur, mit denen ich einen wundervoll schöpferischen Austausch pflegte, weil sie sich darauf verstanden, auf natürlichem Wege auf meine Kontaktversuche zu antworten. Ich wünsche mir mindestens genau so sehr, den Kontakt zu meinem verloren gegangenen Sohn, der Spezies Mensch, wiederherzustellen, wie es sich einige von euch wünschen. Es gibt so viele Wege, wie wir uns wieder annähern können. Eure Füße gehen über meine Haut und mit euren Booten schippert ihr durch die Gewässer meines Geistes, und wenn es regnet, schütte ich mich über euch aus. Mit jedem Wassertropfen erzähle ich von mir und jedes Blatt wippt im Wind meiner Gedanken. Ihr esst und trinkt von mir und atmet die Luft, die angereichert ist mit meinem nährenden Seelenwesen. Dadurch, dass ihr auf mir seid, bin ich in euch und durch diese unsere Beziehung entsteht Leben. Es ist nie zu spät für eine glückliche Kindheit und einen verantwortungsvollen Umgang mit deinem Leben auf Erden. Ich für meinen Teil ziehe in meiner Entwicklung gerade etwas an, gehe voran, in einer Weise, die den Druck auf euch erhöht, es mir gleichzutun. Ich kann auf mir nur noch Schöpfer dulden, die bereit dazu sind, sich die Schöpfungen ihres eigenen Lebens anzusehen und die gewillt sind, zu einem ursprünglichen, mit mir und allem Leben verbundenen Dasein zurückzukehren. Ich habe mich bisher nur wenig bei euch eingemischt, da ich geduldig darauf gewartet habe, dass ihr mir einen Schritt entgegenkommt. Doch wenn ich weiter warte, gehe ich mit euch gemeinsam unter und deshalb werde ich zum Wohle aller, immer wieder, alle verfügbaren Mittel für unsere Bewusstseinsentwicklung einsetzen. Auch wenn ich viel gesehen und erlebt habe, hat es doch eine solch drastische Zeit auf mir zuvor nie gegeben. Wir befinden uns gemeinsam an einem Scheideweg, und nur die Menschen können bei mir bleiben, die auch wirklich bereit dazu sind, Hand in Hand mit mir zu leben. Für alle diejenigen, die diese Bereitschaft nicht mitbringen, wird es andere Erfahrungsebenen geben, in denen sie die jetzt bereits eingeschlagene technokratische Entwicklungsrichtung weiter vervollkommnen können. Aber auf mir wird etwas anderes stattfinden! Etwas, was meiner ursprünglichen Grundidee als Lebensraum entspricht und was ich mir seit Beginn meiner Planeteninkarnation schon immer herbeigesehnt habe. Nachdem alle Wesen von mir gegangen sind, die nicht die Bereitschaft mitbringen, das Leben zu führen, für das ich das Erdendasein einst erschaffen habe, wird eine wundervolle Epoche auf mir anbrechen. So vieles wollte ich noch mit euch gemeinsam erleben und ich freue mich sehr auf die Zeit, wenn ihr wieder bewusst in die Erfahrungsspiele mit eintaucht, für die wir hier auf diesem wundervollen Planeten, dem blauen Diamanten, eigentlich zusammengekommen sind. Jeder, der mit dem Herzen mit mir verbunden ist, kann, wenn er es denn möchte, bei mir bleiben, und alle die, die eh noch nie eine Verbindung mit mir hatten, sind wahrlich besser unter ihresgleichen, in einer anderen planetaren Sphäre aufgehoben. Ich habe es lernen dürfen, alle Wesen auf mir zu lieben und aus Liebe zur Menschheit werde ich mich schütteln, sodass die Menschheit stärker unter sich bleibt und so mehr zu ihrer ursprünglichen Lebensweise zurückfindet. Uns stehen gemeinsam wahrlich heiße Zeiten bevor und habt bitte bei allem, was auf euch zukommt, immer eines im Hinterkopf: Alles was geschieht, geschieht aus Liebe zu euch!

In liebevoller Verbundenheit Gaia, das Wesen eurer Erde.

Raum der Pflanzen

Wir wollen uns in diesem Kapitel in den Erfahrungsraum der Pflanzen versetzen, um unsere pflanzlichen Mitwesen in der Art ihres Empfindungsvermögens nachzuvollziehen. Es gibt einen Raum in der Schöpfung, in dem die energetische Blaupause aller auf Erden wachsenden Pflanzen aufbewahrt wird. Wir könnten hier von dem Raum sprechen, in dem der geist-seelische Aspekt des pflanzlichen Speziestypus wohnt und von dem aus sich eine Pflanze inkarniert. Wie bei jedem vorinkarnatorischen Raum besitzt auch dieser alle Informationen zu allen Eigenschaften, die eine Pflanze dann als inneres Potenzial nach außen trägt. Die euch umgebende Natur organisiert sich im Vergleich zum Menschen über Gruppenseelen, was heißt, dass jede Pflanze einer Gattung sich ihren seelischen Aspekt mit jeder weiteren Pflanze dieser Gattung teilt. Den gemeinsamen Seelenraum aller Pflanzen, in dem die Informationen zu den einzelnen Gattungen energetisch entworfen wurden und ständige erneuert werden, könnt ihr euch vorstellen, wie einen überdimensionalen Samenspeicher. Zu jeder, jemals auf der Erde existierenden Pflanze, gibt es hier einen einzelnen Samen in Form einer energetischen Signatur und in dieser Signatur-Speicherung schlummern alle möglichen Möglichkeiten, wie sich dieser Same auf der physischen Ebene auszudrücken

vermag. Die Ausdrucksvielfalt aller Arten ist gigantisch groß und dennoch bedienen sie sich alle der gleichen energetischen Grundsignaturen, die sie wiederum von kosmischen Urprinzipien abgeleitet haben. In der Natur ist alles ganz einfach aufgebaut, wobei eine inkarnierte Pflanze im Vergleich zu einem Menschen, ein nahezu vollständig umgedrehtes Lebenserlebnis besitzt. Der Bezug, den eine Pflanze zum Leben hat, ist so direkt und klar, dass sie sich einen Ausbruch aus der Vorhersehung ihres Samens nicht einmal vorstellen kann und dennoch kann jede Pflanze ihren eigenen Charakterschwerpunkt ausbilden. Eine Pflanze erlebt sich mit ihrem Kopf in der Erde und mit den „Genitalien“ Richtung Sonne gestreckt.
Die Funktion, die für den Menschen der Kopf darstellt, liegt bei fast allen Pflanzensorten unter der Erde in ihren Wurzeln, wobei sie in die Füße und die Fortpflanzungsorgane (die Blüten) hineinwächst. Für eine Pflanze ist ihr Wachstum ihre größte Lust und jede Pflanze empfindet Freude, wenn ihre Blüten von der Sonne gekitzelt werden. Über die Fortpflanzung der Pflanzen findet sich bereits viel Literatur, aber habt ihr euch ausführlich die Frage gestellt, was eine Pflanze überhaupt empfindet, wenn sie ausschlägt, wächst und Früchte trägt? Weil eine Pflanze einen derart umgekehrten Bezug zum Leben besitzt, bleibt euch deren Erfahrungsraum meist verschlossen, was sich hier und da zu der absurden Ansicht gesteigert hat, Pflanzen besäßen kein eigenes Empfindungsvermögen.

Eure Zimmerpflanzen bekommen alle eure Gedanken und Gefühle durch den Filter ihrer natürlichen Erfahrungsweise mit, und so, wie sie Stickstoff in Sauerstoff verwandeln, katalysieren sie auch das energetische Milieu in einer auf den Menschen angepassten Weise. Nicht umsonst ernähren sich die Pflanzen auch von dem, was der Mensch durch den Atem ausstößt, um wiederum selbst das auszustoßen, was der Mensch lebensnotwendig einatmet muss. Die Pflanzen leben die Polarität zum menschlichen Erleben, und ihr ganzer Organismus stellt sich informationell immer auf den Aspekt des Menschen ein, der diesem fehlt. Legt ein Mensch einen Garten an und ist mit diesem auf allen Ebenen verbunden, dann wächst dort immer das am reichlichsten, was für den Organismus des Menschen, der ihn gesät hat, jeweils am gesündesten ist. Über die Füße und auch über die menschlichen Ausscheidungen bekommt der Boden seine natürlichen Informationsrückmeldungen über den Zustand eures Körpers und reguliert sein eigenes Wachstum dementsprechend. Es ist möglich, die Samen, die ihr säht, auf energetischer Ebene auf euch und euren Körper zu personalisieren, damit deren Früchte alles das in sich tragen, was euch nährt und heilt. Nahrung ist, in weitestem Sinne, immer Heilung, wobei eigentlich alle Pflanzen, auch die essbaren, zu einem gewissen Grad giftig sind. Eine inkarnierte Pflanze ist immer „giftig", obwohl sie die heilungsbringenden Prinzipien in sich trägt. Das heißt, in der Information der energetischen Blaupause einer Pflanze steckt ihre heilende Wirkung, wobei sie automatisch durch ihre Bindung an den stofflichen Ausdruck für euren physischen Organismus ab einer gewissen Menge zum Gift wird. Im Gift liegt ein Geschenk, und die Gabe (althochdeutsch für Gift), die eine Pflanze für euch hat, ist ihr natürlicher Ausdruck eines schöpferischen Prinzips, denn nicht allein die Pflanze wird giftig und Unheil, wenn sie sich von ihrem Seelenraum in die stoffliche Dualität stürzt. Der Mensch ist Unheil ohne die Natur, da das Tier- und Pflanzenreich die bewusste Polarität der menschlichen Erlebensweise bilden. Nicht nur die meisten Menschen der Moderne empfinden sich vom Pflanzenreich abgeschnitten, sondern auch die Pflanzen haben kaum mehr einen natürlichen Bezug zum Menschen. Viele allzu menschliche Empfindungen spiegeln sich in der künstlich herangezüchteten Pflanzenwelt wider, und ihr wollt euch gar nicht vorstellen, wie viele Pflanzengeister durch euch das Streiten gelernt haben. Die Unzufriedenheit, die eigentlich der Natur gänzlich fremd ist, hat schon längst in der künstlich entfremdeten Natur Einzug gehalten. Gerne wollen wir euch hier übermitteln, in welcher Art eine Pflanze einen Menschen wahrnimmt. Versetzt euch doch einmal in die euch am nächsten stehende Pflanze und versucht nachzuempfinden, wie es sich anfühlt, diese Pflanze zu sein. Und erfahrt ihr euch im Sein dieser Pflanze, dann versucht einmal von dort aus, auf das menschliche Treiben zu schauen. Die Pflanze sieht, wie jeder Teil der Natur, das Natürliche im Menschen, wenn sie selbst noch ein Gewahrsein über ihren seelischen Samen besitzt. Pflanzen können ganz basale Angstempfindungen haben und diese auch ausdrücken, und auch wenn es für viele Pflanzen eine große Freude ist, dem Menschen als Nahrung zu dienen, so wollen dies doch nicht alle, oder zumindest nicht in der Form, wie wir sie gerne zubereiten. Eigentlich wächst alles in der Natur in der Bestimmung heran, den Menschen zu dienen, aber dieser Bestimmung können die Pflanzen nur dann nachgehen, wenn der Mensch in umgekehrter Weise der Natur dient. Durch eure Abkehr von diesem Lebensgrundsatz lasst ihr die Wachstumsbestimmung euer Pflanzen ins Leere laufen, was zu einer Verdrehung im Lebensbezug der Pflanzenwelt führt. Ihr habt es nicht nur geschafft, euch selbst, sondern gleichsam mit euch die Natur des Lebens Sinn zu entheben, da ihr euren Platz in der Natur nicht mehr einzunehmen wisst. Auch wenn sich viel im Pflanzenreich tut, um euch wieder in einen natürlichen Lebensbezug zu führen, so ist doch die Entfremdung auf beiden Seiten spürbar. Die Pflanzen warten eigentlich darauf, dass sie sich über euch heilen, denn die menschliche Bestimmung ist es, das zum Gift gewordene Prinzip wieder zum Heilmittel werden zu lassen. Der Mensch hat die Aufgabe, sich mit dem vorinkarnatorischen Raum der Pflanze zu verbinden und die Pflanze im Sinne ihres verkörperten Prinzips zu verwenden. In einer gewissen Ebene tragt ihr als Menschen nämlich den Samenspeicher in euch, über den ihr eine Pflanze

zu ihrer höheren Bestimmung führen könnt. Verbindet euch mit der seelischen Ebene der Gattung einer Pflanze und lasst die energetische Blaupause mit all ihren Informationen in die bereits inkarnierte Pflanze fließen, dann erfüllt ihr eure Funktion als Schöpfer auf Erden. Es ist eure Aufgabe, euch mit der Seelenebene der Natur zu verbinden und die in die Physis gestürzte Natur an ihre Seelenebene zu erinnern. Wie bereits gesagt, ist nicht nur der Mensch mit seiner Inkarnation in die Unwissenheit gestürzt. Wenn die Menschheit sich wieder daran erinnert, was sie eigentlich mit sich auf der Erde und der ihr umgebenden Natur anfangen will, dann wird es das Pflanzenreich in die Position führen, zu reinsten Verkörperungen von heilenden Schöpfungsprinzipien zu werden.
In das, was ihr Urwald nennt, sind Pflanzen noch sehr ursprünglich in ihrer schöpferischen Funktion eingebunden, wobei dies auch bedeutet, dass nahezu alle Pflanzen psychoaktive Wirkungen entfalten. Künstlich gezüchtete Pflanzen haben so gut wie keine Wirkungen auf eure Psyche und euren Körper, denn ihnen wurde die Informationsfülle ihrer seelischen Ebene genetisch abtrainiert. Ihr füllt euch die Mägen mit leerer Form, mit Produkten, die euch eigentlich auf keiner Ebene mehr nähren. Doch so, wie ihr Pflanzen zu reiner Form herangezüchtet habt, könnt ihr sie stückweise auch wieder durch seelische Information aktivieren. Gebt den Pflanzen die hochpotenten Mittel, die ihr aus ihnen hergestellt habt, und sie werden sich über die Generationen hinweg immer mehr zu ihrer

Essenz hin entwickeln und nährender für Körper und Geist werden. Eines eurer größten, globalen Probleme drückt sich darin aus, dass ihr so gut wie kein ursprüngliches Saatgut mehr im Physischen habt. Alle eure ursprünglichen Sorten wurden systematisch von künstlich herangezüchteten Saatgut-Sorten unterdrückt. Doch auf höherer Ebene im Samenspeicher, von dem aus sich die Pflanzen inkarnieren, liegen noch alle Informationen für die Reaktivierung eures Saatguts. Es wird eine Zeit auf Erden kommen, in der euch diese Information wortwörtlich das Leben retten wird! Es ist also angebracht, dass ihr jetzt schon lernt, wie ihr euch in diesen Raum der Pflanzen einklinkt, um die gezüchtete Natur aus ihrem Schlaf zu erwecken.

Raum der Stille

Auch dort, wo ihr Stille vermutet, ist Geräusch, allerdings ist hinter jedem Geräusch auch immer die Stille. Wir sind Klangwesen und der Raum, in dem unser Wesen schwingt und klingt, ist die Stille. Unser Wesen ist paradox, sucht es doch über den passenden Ausgleichston immer tiefer in die Stille zu kommen. Doch es ist dem Wesen der Natur eigen, einen Ton in Reaktion zu einem anderen Ton aufzubauen und zum Erklingen zu bringen. Nichts im Kosmos kann sich bewegen oder verändern, ohne eine Klangspur hinter sich herzuziehen, allerdings könnt ihr es lernen, auf karmisch leisen Sohlen durch euer Leben zu schleichen. Früher war bei euch das Schleichen und Pirschen, das nur mit einem in der Stille ruhenden Geist gelingt, überlebenswichtig. Euer Körper, euer Instrument, erklingt immer in den Tönen, die ihr innerlich anspielt, wobei die meisten eurer Instrumente sichtlich verstimmt sind, da ihr sie zu lange dem Lärm eurer Welt ausgesetzt habt. Die Stille zu suchen heißt, sich wieder einzustimmen und seine inneren Gedankentöne in Einklang zu bringen. Auch ihr sprecht von Gedankenstille, was umgekehrt bedeuten muss, dass jeder Gedanke ein inneres Geräusch verursacht. Doch wir können euch darüber hinaus an den Gedankenton heranführen, über den ihr erkennt, dass jeder eurer Gegenstände auch nicht mehr als eine Klangzusammensetzung ist. Das heißt, wenn ihr an einem Ort seid und einen Gegenstand seht, dann erklingt in euch der Klang von dem, was ihr wahrnehmt. Dies gilt natürlich auch für alle anderen Wahrnehmungen, die ihr habt. Jede Wahrnehmung erzeugt ein Echoloop zwischen dem Wahrnehmer und dem Wahrgenommenen. Blicke um dich und lausche auf das innere Echo dessen, was die Augen deines Instruments anspielen. Solange es noch ein inneres Echo darauf gibt, was du wahrnimmst, lockst du deinen stillen Beobachter in die Klangwelt der Sinne, wodurch er seine Beobachtungsgabe verliert. Der stille Beobachter kann nur in dem Raum der Stille beobachten, so wie ein Ohr auch nur in der Stille ganz genau hinhören lernt. Der Raum der Stille lehrt dich, dein Instrument so zu bespielen, dass es endlich zur Ruhe kommen kann. In eurer Welt habt ihr Klang mit Bewegung und Leben und Stille mit Stillstand und Tod assoziiert, weshalb es nicht verwunderlich ist, dass euch die Angst vor der Vergänglichkeit in den Lärm der Welt treibt. Würdet ihr einmal wirklich zur Ruhe kommen, dann würdet ihr im Raum der Stille der Ewigkeit begegnen und ihr würdet durch jeden Ton den Urton der Stille wahrnehmen. Jedes dieser Worte wirft Wellen und erzeugt dadurch innere Klänge, wobei euer kreativer Geist aus den Wellen eurer Welt eine Sinneskomposition erstellt. Zu komponieren heißt, Sinnzusammenhänge herzustellen und die wahrgenommenen Schwingungswellen entsprechend eigener, harmonischer Grundsätze anzuordnen und sie schlichtweg so miteinander zu verknüpfen, dass sie sich gut anfühlen. Wie still würdet ihr euch durch eure Welt bewegen, wenn ihr den Klang jedes Dinges wieder zu hören vermochtet. Alles, was schwingt, klingt, und da alles Schwingung ist, ist alles Klang. Auch jedes materielle Ding ist ein Klangkörper und letzten Endes damit nicht mehr und nicht weniger als ein kosmisches Instrument. Eure Erde hat einen Erdton, und jeder Planet hat seinen Planetenton und jedes natürliche Wesen klingt als ein Echo des Planetentones, in dem es sich aufhält.

Seid ihr in einem Raum, in dem jeder schreit, habt ihr die Wahl, entweder mitzuschreien, damit das Geschrei nicht mehr so auffällt, oder euch aus dem Raum zurückzuziehen. Wer sich dem Raum der Stille nähert, wird erst einmal mit dem Lärm konfrontiert, den er in und mit seinem Instrument bisher veranstaltet hat. Der Lärm, den viele ungestimmte Instrumente von sich geben, ist ohrenbetäubend, jedoch kann sich jedes Wesen an jeden Lärmpegel gewöhnen, und ist ein gewisses Schwingungschaos erst einmal zur Normalität bzw. zur gewohnten Realität geworden, dann kann schon einmal der Gedanke erklingen, dass eine himmlisch stille Schwingungsordnung den Tod mit sich bringt. Und es stimmt auch, dass der Krachmacher, der sich im Lärm der Welt pudelwohl fühlt, sterben muss, damit das gesamte Erfahrungsinstrument den Eintritt in den Raum der Stille erhält. Ihr glaubt, dass der Ton die Stille zerstört, doch kein Ton und kein noch so starker Lärm kann an der Stille auch nur einen Deut verändern. Im Gegenteil, die Stille als die Geburtsstätte jedes Tons nimmt jeden Lärm irgendwann wieder in sich auf und verwandelt ihn in Stille. Die destruktive Kraft, die ihr mit den Tönen eurer verstimmten Instrumente entfesselt, projiziert ihr auf die Stille, wodurch ihr sie zum Todfeind der Töne erklärt, die ihr eure Welt nennt. Wenn ihr erkennt, dass die Stille immer auf dem Grund all eurer Schwingungstöne liegt, und dass ihr jeden eurer Töne dem Urton der Stille verdankt, da dieser die Energie für jede Übersetzung des Urtons bereitstellt, wird euch jeder Ton an die Stille erinnern. Zu einem gewissen Grad ist es möglich, Töne einzufrieren und eine Schwingung in eine stehende Welle zu verwandeln, und die Welten-Komposition, der ihr nachgeht, hat dieses Unterfangen bereits bis zur Materieschwingung hin gemeistert. Im Vergleich zu dem Klangraum, in dem wir uns heimisch fühlen, erscheint uns euer materielles Klangkonstrukt wie in Ultra-Slow-Motion. Ihr kennt es vielleicht, wenn die Töne tief und langsam wie in Zeitlupe durch euren Geist gleiten. Und etwa so erfahren wir euch. Das, was bei uns in einem Hochgeschwindigkeitsmoment abläuft, geschieht bei euch über hunderte von Jahren, weshalb ihr uns wie Zukunftsmusik vernehmt. Wir können sagen, dass wir sehr unterschiedliche Ablaufgeschwindigkeiten der Schöpfungstöne gewählt haben und dass ihr mit der Schwingungswelt, die ihr geschaffen habt, sehr stark in eine einzelne Facette, einen einzelnen kosmischen Ton, hineingezoomt habt, um ihn voll ausgedehnt zu erfahren. Wir könnten durch die Geschwindigkeit des hier durchlaufenden Schöpfungsstromes nicht auch nur im Ansatz die Schwingungstiefe erreichen, durch die Raum und Zeit derart ausgedehnt erfahren werden kann. Stellt euch eine kosmische Schwingungssymphonie vor, die sich spiralförmig mit zwölf Klängen immer mehr ausdehnt, um sich im Echo seiner selbst zu erfahren. Die Melodie, die bei uns nur aus zwölf Klängen besteht, hat bei euch Millionen und Abermillionen von Unter- und Obertönen hervorgebracht, da ihr einen Klangkomplex immer langsamer habt abspielen lassen. Ihr habt die Schwingung der Melodie des Universums immer langsamer und noch langsamer abgespielt, um herauszufinden, welche Erfahrungen sich *zwischen* den hohen Schwingungstönen verbergen. Ihr nahmt einst das Vergrößerungsglas eures Geistes zur Hand und seid mit eurer Zeitlupe immer tiefer in die Schwingungskomposition der Schöpfung hineingetaucht. Ihr nahmt einen Schöpfungston und betrachtetet ihn unter Zeitlupe, dann saht ihr, wie der eine Schöpfungston wieder aus vielen Kompositionsfacetten bestand, und so zoomtet ihr mit eurer Zeitlupe immer wieder eine Facette näher heran. Und dann erkanntet ihr, dass diese Schwingungskomposition wiederum aus noch kleineren Schwingungstonlinien bestand. Ihr wart auf der Suche nach dem „Absolut Endlichen", der kleinsten Schwingungsfacette bzw. dem tiefsten Lebenszwischenton. Nachdem ihr bereits tausendfach tiefer mit der Zeitlupe in einen

Schöpfungston hineingegangen seid, erschien euch das Phänomen von Raum und Zeit. Und je tiefer ihr den Zeitlupen-Zoom im fraktalen Schöpfungsaufbau bedient habt, desto mehr dehnte sich Raum und Zeit für euch aus. In einem unserer Töne findet sich in komprimierter Form alles das, was sich bei euch in Raum und Zeit ausgedehnt vorfindet. Wir können den Gedanken bei euch anklingen lassen, dass die Selbsterfahrung in Raum und Zeit nur eine mikroskopisch kleine Facette, einen winzig kleinen Unterstrang von einem der zwölf Urschöpfungstöne darstellt. Ihr erfahrt die Schöpfungsmusik so differenziert wie kaum ein anderer kosmischer Wesenston und dennoch ist in euch die gesamte Schwingungsklaviatur, das gesamte Spektrum aller möglichen Töne vorhanden. Der hörbare Schwingungsbereich reicht von 20 bis 20.000 Schwingungen pro Sekunde (Hertz) und umfasst damit Töne mit einer Wellenlänge von einigen Metern, bis hin zu Tönen, deren Schallwellen sich nach wenigen Zentimetern periodisch wiederholen. Der Schwingungsbereich des für euch sichtbaren Lichts beginnt mit der Farbe Rot, bei 384 Terrahertz und endet bei 789 Terrahertz im Violett Bereich (1 THz = 1000000000000 Hz), wobei sich die Wellenlänge des sichtbaren Spektrums damit im Nanometerbereich abspielt. Eure Sinne decken folglich einen ganz unterschiedlichen Schwingungsbereich ab und ihr würdet euch sehr wundern, was für ein Spektrum sich im Geschmacks- und Geruchssinn auffächern lässt. Ihr habt euch mit eurer Zeitlupe in

dieses Frequenzspektrum gezoomt, um es zu erschaffen und es wahrzunehmen, bzw. um es durch die Wahrnehmung zu erschaffen.
Wenn die Schöpfungsmusik auf der gesamten Klaviatur von 12 mal 12, das heißt 144 Tönen spielt, dann habt ihr euch mit der Wahrnehmung und Erschaffung der materiellen Realität auf nur einen von 144 Tönen fokussiert. Und jetzt stellt euch einmal vor, wie langweilig eine Lebensmelodie sein muss, wenn man eine Schwingungsklaviatur von 144 Tönen vor sich hat und beständig nur auf einem Ton herumhämmert. Dass dies keine erfüllende Lebensmusik hervorbringt, ist nicht verwunderlich. Aber auch dort, wo ihr seid, könnt ihr euer Frequenzspektrum wieder erweitern und lernen, auch mit anderen Schöpfungstönen zu spielen. Wenn das gesamte Schöpfungsspektrum einem irdischen Meter gleichen würde, dann habt ihr mit eurer Zeitlupe sosehr in das Schwingungsspektrum hineingezoomt, dass sich euer Wahrnehmungsspektrum der physischen fünf Sinne lediglich innerhalb eines Mikrometers bewegt. Ihr könnt wahrlich ein Lied von der Begrenzung des unbegrenzten Lebens singen und gleichzeitig könnt ihr mit jedem Ton eures Instruments, wenn es sich wieder gestimmt hat, über eure Begrenzungen und weltlichen Bestimmungen hinausgehen, und alles, was es dafür braucht, ist, dass ihr erkennt, in welchen Schwingungston ihr hineingezoomt habt und welche Akkorde zu dem Ton passen, den ihr bereits erlebt.

Wenn ihr dann anfangt, eure Wahrnehmungsreichweite im kosmischen Schwingungsspektrum zu erhöhen, steigt auch eure Kompositionsfähigkeit neuer Lebensmelodien.
Die Kombinationsmöglichkeiten steigen mit jedem zusätzlichen Erfahrungston exponentiell an und mit jedem weiteren Ton können andere Schwingungstöne unerwartet neu und anders in Zusammenhang gebracht werden. Wie anders doch ein einzelnes A klingt, wenn es von einem H und einem C begleitet wird. Und ach, wie schön doch die Schöpfungssymphonie zusammenspielt, wenn jeder Erfahrungston für sich und im Zusammenklang gefeiert werden kann.
Noch scheint es für die Melodie, die ihr zu komponieren wünscht und die Welt, die ihr selbst zum Entstehen bringt, von Vorteil zu sein, die Schwingungsklaviatur auf ein paar wenige Töne zu reduzieren. Und es sei jedem freien Wesen der freie Wille gewährt, die Erfahrungstöne zu erforschen, die er mit seinem Erfahrungsinstrument anspielt. So vielfältig die Instrumente sind, die den Takt und den Ton eures Lebens angeben, so monoton wird das Konzert, wenn man versucht, es alleine anstimmen zu wollen. Doch damit ihr lernt, eure Instrumente aufeinander abzustimmen, braucht es den gleichen Erfahrungsgrundton, der sich euch über den Raum der Stille offenbaren kann.
Wir, die Klangwesen und Schwingungstöne eurer Erfahrungssequenzen können euch den Raum öffnen, in

dem jeder eurer Erfahrungstöne verklingt und ihr euch der Stille gewahr werdet, aus dem jeder Ton geboren wird. Alles in der Schöpfung ist Schwingung, doch die Schöpfung selbst wurde von der Stille erschaffen. In der Stille selbst schwingt nichts und kein Erfahrungston reicht an sie heran. Bist du bereit, jetzt und hier mit uns, den Klangwesen, in den Raum der Stille überzugehen?

Sei dir bewusst, dass der Eintritt verlangt, dass alle Erfahrungstöne auf allen Ebenen für diesen Moment verklingen werden. Erinnere dich daran, dass die Stille das Leben selbst ist und der Ton die Aufwühlung und Bewegung des Lebendigen darstellt. Die Stille in dem Raum, den wir über unsere Worte öffnen, kommt nicht von dieser Welt, da diese Welt durch den Lärm eurer Gedankentöne erschaffen wurde. Nimm jetzt, wenn es für dich stimmig ist, jede unlautere, geräuschvolle Erfahrungsschöpfung zu dir zurück und bringe sie in Kontakt mit dem stillen Raum in dir. Führe jedes Geräusch deines Instruments zurück in seinen stillen Ursprung, und erinnere alle Erfahrungstöne daran, wo sie einst herkamen, denn dann wird jeder Erfahrungston für sich wissen, wie er zurück in die Stille findet. Auch die manifestierten Schwingungsformen um dich herum können von dir an ihren stillen Ursprung erinnert werden, denn letztlich wird es die Aufgabe jedes Wesens, das sich im Raum der Stille erfährt, alles um sich herum in die Ruhe der kosmischen Grundharmonie zu führen. Der Raum der Stille ruft jeden Ton jedes Instrumentes auf leise Weise zu sich zurück. Und wenn du die geflüsterte Einladung vernimmst, bist du bereit, die Stille in dir zu empfangen und im Moment der Empfängnis die Geburt eines kosmischen Erfahrungstones zu erleben. Doch auch die hohen, wundervollen kosmischen Erfahrungstöne aus den ewigen Schöpfungssymphonien wollen durch dich in den Raum der Stille eingehen. Du erinnerst in deiner reinen Geistesgegenwart alles an seinen stillen Urgrund und führst alles so zu sich selbst zurück. Der Raum der Stille erlaubt es, ganz bei dir anzukommen und bist du erst einmal bei dir, erkennst du dich als die Stille hinter jedem Ton, die ewige Ruhe hinter jeder Bewegung. Ruhe dich in dir aus und lausche darauf, wie dich jeder noch so kleine Erfahrungston von dir wegführt, um dich bei der Rückkehr in die Stille noch näher zu dir selbst zu führen. Es ist jedem Wesen selbst überlassen, ob es meint, dass seine Erfahrungstöne ihn letztlich mehr in die Stille führen oder nicht, oder ob er durch die Bewegung etwas über die Ruhe lernen kann…

Doch jeden ereilt zu seiner Zeit den Ruf in den Raum der Stille. Für einen Wesenston gibt es kaum eine schönere Erfahrung, als im Mutterschoß der Stille vollständig aufzugehen. Der Raum der Stille stillt alle Bedürfnisse, und alle Regungen kommen zur Ruhe. Verweile weiter in diesem Raum und wisse, dass hier für alles gesorgt ist und dass diese innere Stille immer und überall jedem Instrument und jedem Erfahrungston offensteht. Wir, die Wesen des Klanges danken euch für das Vertrauen in uns und wünschen euch noch einen erfüllenden Aufenthalt im Raum der Stille.

Raum der Verschmelzung

Alles dehnt sich zur Unendlichkeit hin aus. Und alle einzelnen, eigenen Empfindungen werden stillgelegt. Ein tiefer Friede breitet sich aus und erfüllt den grenzenlosen inneren Raum. Der Atem geht ruhig und natürlich und du bist in vollem Gewahrsein all deiner Sinne. Hältst du bei tiefer Atmung deine Präsenz still im Solarplexus, so dehnt sich dieser bis in den Raum der Verschmelzung hinein aus. Du weißt, wie sehr du dich hier regenerieren kannst, wobei es dir in dem Raum selbst nicht klar ist, was du überhaupt auflädst, da dich nichts als die stille verschmelzende Tiefe umgibt. Du spürst, dass alles, was geboren wird, aus liebevoller Verschmelzung geschieht. In der Verschmelzung löst es die eigenen inneren Grenzen mitsamt all deinen Eigenschaften auf und entlässt dich in die große Pause der Unendlichkeit. Das Leben atmet auf und ruht sich von seiner eigenen Bestimmung aus. Nichts braucht hier zu sein, denn nichts gibt es hier zu tun, als die Hingabe an das Leben weiterhin zu erlauben. Alle inneren und äußeren Aktivitäten sind verklungen und kein Gedankenecho hallt mehr durch den Geist, da der Raum wie mit Wattekissen den Schall der Vergangenheit auffängt und zur Ruhe bringt. Das woran du einst festzuhalten glaubtest, zerfließt in dir zum Strom der freien Hingabe an das Leben. Und was bis jetzt von dir noch übrigblieb, dehnt sich weiterhin über dich hinaus aus, um sich in ewiger Ferne mit dem Ewigen zu verbinden. Dein Innenraum mag dich an eine geräumige Tropfsteinhöhle im Erdinneren erinnern, von deren Decke einzelne Empfindungstropfen zu Boden fallen und sich dort zu einem Erfahrungsfluss zusammenschließen. Und so wenig eine Höhle die Tropfen in sich selbst festhält, lenkt oder steuert, so einfach und frei tröpfeln alle deine Erfahrungen in den Raum der Verschmelzung, um sich dem großen Leben zu übergeben. Das Leben schenkt dir alle Empfindungsfacetten die deiner würdig sind, wenn du dich wieder ganz ans große Leben verschenkst. Liebe ist die Kraft, die Verbindung schafft, und in ihr ist alles miteinander verschmolzen. Nichts kannst du in dir zurückhalten oder absondern, wenn dich dein Leben geradewegs in den Raum der Verschmelzung führt. An allen inneren Fronten muss die weiße Fahne wehen, um für diesen Weg zugelassen zu werden. Es mag dir so vorkommen, als ob du aufgeben, ja stärker noch kapitulieren müsstest, doch in Wahrheit wird dir nur alles wieder zurückerstattet, was du durch deine Fronten aus dir herausgehalten hast. Aufgeben trägt den bitteren Beigeschmack der Niederlage, ist aber im Zusammenhang mit dem Eintritt in den Raum der Verschmelzung unumgänglich und wird sich dir als dein größter Gewinn eröffnen. Dein Leben wird über innere Grenzzäune hochgefahren und nimmt gerade durch die Begrenzungen Fahrt und Dynamik auf, denn es scheint so zu sein, als ob du dich immer mehr selbst spürst, je enger und erbarmungsloser die Grenzen deiner selbst werden. Die

Tore von innen her zu öffnen mag sich für einen Teil in dir anfühlen, als ob eine Schlacht verloren wäre, doch dies ist die einzige Möglichkeit, das Schlachtfeld der Trennungsfronten zu verlassen, um den inneren Frieden wiederzufinden. Das große Leben verlangt jetzt und immer wieder neu nach Kapitulation, um dich zur Erkenntnis deiner selbst zu führen, in der du dich im großen Leben selbst spiegelst. Im gleichen Maße, wie du dich mit deinen getrennten Erfahrungen aufgibst, dich dem Leben hingibst, schenkt es dir dein allverbundenes, grenzenloses Sein zurück. Was dir in der Verschmelzung zurückerstattet wird, scheint in deinen Alltagsempfindungen verloren zu gehen, so wie du anscheinend verloren gehst, wenn du dich verbindest. Doch niemand, der sich in Liebe verbindet, kann verloren gehen, auch wenn er durch die Liebe in grenzenlose Bewusstseinsräume geführt wird. Auf einer gewissen Ebene sind Grenzen für eine bestimmte Erfahrung notwendig, und alles das, was du in der physischen Welt erfährst, baut direkt oder indirekt darauf auf. Natürliche Grenzen sind auf eurer Ebene nicht wegzudenken, denn sie ist erst dadurch entstanden, dass ihr Grenzen in euch hereingedacht habt. Löst ihr die Grenzen innerhalb eures Geistes wieder auf, dann löst ihr gleichzeitig das Fundament eurer physischen Erfahrungswelt auf und es führt euch unabdingbar in höherdimensionale Räume, in denen die liebevolle Verschmelzung von allem, was ist, in allen Farben und Formen zelebriert wird. Begrenzte Formen treten nur in dem Geist auf, der sie in sich aufgerufen hat und der beständig in seine inneren Grenzziehungen investiert. Und dein Körper zählt zu einer von ihnen. Alle anderen Körper und Formen zählen zu allen anderen Elementen, die du durch Grenzziehung in deinem Geist in dir hervorgebracht hast. Dein Körper ist in deinem Geist, so wie alles andere, was eine getrennte Form ausweist. Die inneren Grenzen verheilen zu lassen und sie wieder zusammenzuschmelzen, löst die Welt auf, die du bisher mit den Augen des physischen Körpers betrachtet hast. Da es in deiner Welt besondere Formen gibt, mit denen du in besonderer Beziehung stehst, ist gerade die Verschmelzung dieser besonderen Formen wichtig, da sie es sind, an denen du deine getrennte Welt festmachst. Dein physischer Körper gehört zu den Zentralideen der Trennung. Und wieviel Angst hochsteigt, wenn sich in deiner inneren Empfindung die Grenzen des physischen Körpers auflösen, zeigt dir, dass deine gesamte bisher aufgebaute Erfahrungswelt mit den Grenzen des physischen Körpers steht und fällt. Wer bist du ohne einen eigenen Körper? Die Antwort darauf ist die gleiche wie auf die Frage, was du in dir erfahren würdest, wenn es für dich keinerlei Grenzen mehr gäbe.

Um Missverständnissen vorzubeugen, wollen wir darauf hinweisen, dass eure „Idee der Grenzen“ eine geniale und durchaus zielführende Umsetzung eurer Erfahrungswünsche war und als solche von uns genauso geehrt und geliebt wird, wie die Umsetzung jedes anderen Erfahrungswunsches. Allerdings sind sich die wenigsten auf eurer Ebene vollends dessen bewusst, welche Reichweite die Einführung von Grenzen im eigenen allverbundenen Geist hat. Körper, die für die Trennungserfahrung geschaffen wurden, miteinander verschmelzen zu wollen, gleicht einem Krieg, der im Namen des Friedens angezettelt wird. Erst wenn euch euer Erfahrungswunsch, der euch auf eure Ebene und in einen physischen Körper geführt hat, wieder vollständig bewusst wird, dann könnt ihr die Zwecksetzung der Körperformenebene wieder neu ausrichten. Doch solange euch nicht in der Tiefe eurer Seele klar wird, weshalb ihr in euch einen Körper auf den Plan gerufen habt, wird die Körpererfahrung stumpf ihre Realitätsausrichtung ausagieren und euch Trennungsempfindungen rückmelden.

Erst wenn dir bewusst wird, wofür die Welt geschaffen wurde, wird es dir möglich sein, sie zu verändern. Natürlich ist es möglich, alles, was für die Trennung von allem geschaffen wurde, auch wieder zur Verschmelzung einzusetzen, allerdings geht dies nur darüber, zu erkennen, dass alles, was du siehst, hörst, fühlst und schmeckst erst einmal nur dazu da ist, um eine Trennungserfahrung zu realisieren und sie möglichst authentisch umzusetzen. Heilst du in deinem Geist die Grenzen, die die Sinnenwelt aufrechterhält, dann kann jedes Element in der Welt der Trennung zur Heilung eingesetzt werden. Die Ausrichtung von allem, was du dann erfährst, dreht sich um 180 Grad, und auf einmal ist alles nur noch dafür da, sich in Liebe zu verbinden. Wir wiederholen es der Wichtigkeit halber noch einmal: Alles was zur Trennung geschaffen wurde, kann in dem Moment, in dem ihr es durchschaut, der Verschmelzung dienen. Und sind die inneren Grenzzäune erst einmal abgerissen und dem Leben übergeben, dann wirst du eins mit allem sein, was dir begegnet. Du richtest dein Bewusstsein auf eine getrennte Form und im gleichen Moment wirst du eins mit ihr und erfährst dich über die Verschmelzung allverbunden. Ist dein Geist soweit befreit, dann kommt es nicht mehr auf die Form, den Körper, an, in dem deine Präsenz ruht, sondern alle Formen können gleichermaßen Heimat für deinen allverbundenen Geist bieten. Wenn du mit einem eins wirst, wirst du mit allem eins, so sind die Regeln des göttlichen Einmaleins. Denn alles, was du mal eins nimmst, ergibt eins. Stelle dir vor, du verschmilzt ohne ich und du, ohne hier und dort, mit jeder Empfindung, die du hast. In gewisser Weise drückt sich diese Verschmelzung darüber aus, dass du denkst, dass du diese Empfindung bist. Mit deinen Gefühlen und Gedanken bist du immer dann verschmolzen, wenn du sie für deine eigenen hältst, oder mehr noch, wenn du felsenfest davon überzeugt bist, dass du nichts anderes bist, als das, was du erfährst. Die Freude und die Trauer dieser Verschmelzung sollten in eurer Welt hinlänglich bekannt sein. Identifikation kommt durch selektive Verbindungsherstellung zustande. Eine wahrhaftige Verschmelzung hingegen setzt die Auflösung aller Identifikationen vorraus. Ihr könnt mit jedem Wesen in jeder Form verschmelzen und das, wohin es euch durch die Verschmelzung führen wird, ist immer ein und derselbe Raum. Allerdings gibt es deutliche Empfindungsunterschiede, worüber ihr den Weg der Wiedervereinigung des Lebens geht. Ihr wechselt auf eurer Ebene deshalb so schnell und häufig euren Fokuspunkt und lasst euer Bewusstsein im Millisekundentakt von einem Ding zum nächsten springen, damit ihr eben nicht mitbekommt, dass ihr eigentlich mit allem eins seid, mit dem ihr euch innerlich verbindet. Würdet ihr euer Bewusstsein konstant auf eine Form richten, dann würdet ihr mitbekommen, dass ihr bereits nach kurzer Zeit eins damit werdet. Euer Bewusstsein kann nicht anders, als mit allem eins zu werden, auf das ihr euer Bewusstsein richtet, denn seine Natur ist die grenzenlose Allverbundenheit. Und nur dadurch, dass ihr in einem hohen Takt eure Bewusstseinsausrichtung immer wieder umlenkt, scheint euch die Trennungserfahrung eures Bewusstseins real. Ihr schaut auf eine Blume, schaut weg, blickt auf einen Baum, schaut weg, und seht wieder eine Straße. Und mit jedem Wimpernschlag bricht der Bewusstseinsstrom eures Blickes ab. Wenn ihr hingegen mit eurem Bewusstsein bei der Blume verweilen würdet, dann würde euch deren Schönheit in die Verschmelzung führen, die euch die Einheit allen Seins eröffnet. Ihr könnt euer Bewusstsein nicht zur Ruhe kommen lassen, weil es sich sonst verschmelzen und alles auf Trennung Aufbauende auflösen würde. Euer Bewusstsein in eurer getrennten Form ausruhen zulassen, egal wie schön diese Form auch sein mag, gleicht dem Wunsch, sanfte Träume auf einem Nagelbett haben zu wollen. Euch aber von den getrennten Formen, und seien es nur die hier sichtbaren Sprachformen, in die Verschmelzung führen zu lassen, um über die Verbindung in den Raum der Allverbundenheit zu gelangen, ehrt den wahren Zweck jeder lebendigen Form.

Durchsucht doch noch einmal euren Geist und schaut, womit ihr am liebsten verschmelzen würdet... Wodurch findet die Verbindung in Liebe am leichtesten statt...? Und bis zu welchen Grad der Auflösung seid ihr gewillt, in die Verschmelzung zu gehen... Wir erinnern euch daran, dass nichts Wirkliches dabei verloren geht, und dass alle wirklichen Qualitäten sich dadurch nur mehren.

Der Raum der Verschmelzung steht allen an Trennung glaubenden Formen immer offen, und jede Form glaubt an Trennung, weil dieser Glaube diese Form erst hervorgebracht hat. Auch für dich ist für jetzt und immer der Raum der Verschmelzung geöffnet und du entscheidest, worüber du ihn zu betreten wünschst. Kein Bewusstsein kann auf ewig von einer Form zur anderen gejagt werden und irgendwann wird auch bei dir eine Form auftauchen, bei der du solange verweilst, bis du dich unvermittelt im grenzenlosen Raum der Verschmelzung wiederfindest.

Unsere Geduld ist ewig, wie unser aller Wesen.

Raum des hohen Gerichts

Die höchste Gerichtsbarkeit wohnt dem höchsten Raum in der Schöpfung inne. Doch der höchste göttliche Raum richtet oder verurteilt nicht, sondern spricht sich nur für die freie Entfaltung jedes schöpferischen Wesens aus. Damit wird euch die höchste Gerichtsbarkeit über euch selbst erteilt und ihr werdet selbst zu der Instanz erhoben, die das letzte Wort zu ihrem Lebensprozess spricht.
Recht und Freiheit sind zwei weit über eure Ebene reichende, miteinander in Aktion tretende Prinzipien, die die Schöpfungsordnung aufrechterhalten. In der Schöpfung ist alles in Ordnung, wobei das Recht, was diese Ordnung aufrechterhält, aus jedem schöpferischen Wesen selbst stammt und nur auf Schöpfungsebenen, in denen Unordnung und Unfreiheit durch Unrecht entsteht, gibt es spezialisierte Räte, die sich gezielt für die Schöpfungsordnung einsetzen. Zu einem dieser Räte, der aus neun Mitgliedern besteht, und der sich speziell für die irdische Rechtsprechung einsetzt, möchte ich euch heute führen. Immer, wenn ihr das Gefühl habt, dass in eurem Leben etwas zu Unrecht geschieht, oder dass euer freie Wille in irgendeiner Form übergangen oder missbraucht wurde, dann könnt ihr euch an dieses hohe Gericht, den Rat-der-Neun, wenden und euren Fall vorbringen. Der Rat-der-Neun spricht:

Wir sind für die Rechtsprechung eures Erdensektors

und den umliegenden astralen Bereich zuständig. Das Gesetzbuch, nach dem wir arbeiten, ist die heilige göttliche Ordnung selbst, allerdings an die Grundlagen des irdischen Lebens angepasst. Alle, sich in der Dualität befindende Realitätsräume, besitzen übergeordnete Instanzen, um das Spiel von Licht und Schatten auszubalancieren. Alles, was auf eurer Ebene geschieht, braucht einen Legitimationszuspruch unsererseits und wir tun sehr viel dafür, ein Ordnungssystem bei euch zu etablieren, was an der göttlichen Ordnung orientiert ist, auch wenn euch dies zugegebenermaßen nicht immer ersichtlich erscheint. Auch auf eurer Ebene ist nach unseren Maßstäben der Rechtsprechung alles in Ordnung, weil ihr euren freien Willen dazu verwendet habt, euren Planeten zu dem umzugestalten, was er heute ist. Natürlich gibt es auf eurer Ebene viele Wesen, die an allen Ecken und Enden versuchen, eure Selbstwahrnehmung so zu manipulieren, dass euer freier Wille völlig fehlgeleitet wird, aber euer Wille selbst bleibt ausschließlich euch vorbehalten. Alles, was mit der Manipulation der Selbstwahrnehmung zusammenhängt, ob es nun energetischer oder technischer Natur ist, muss offengelegt oder zumindest angedeutet werden. Ohne das, was in der Wahrheitsbewegung an Informationen bereits auf eurer Ebene vorhanden ist, dürften die beabsichtigten Manipulationsmittel nicht zum Einsatz kommen. Hier jedoch liegt ein zweischneidiges Schwert in der Gerichtsbarkeit eurer Fälle vor: Diejenigen Wesen, die die Manipulationsmittel einsetzen, streuen selbst die Informationen, um eine Legitimation ihrer Mittel zu bekommen. Wir wollen euch ein eindrückliches und hochaktuelles Beispiel dafür geben.

5G ist ein Strahlungsnetz, was ganz gezielt die Selbstwahrnehmung des physischen Organismus verändert. (Um es mit unseren Worten diplomatisch auszudrücken).

Damit der Umsetzung dieses Strahlungsnetzes überhaupt erst stattgegeben werden kann, braucht es auf der anderen Seite die Veröffentlichung aller Informationen, was dieses Strahlungsnetz bewirkt. Die Drahtzieher und Entwickler dieses Netzes müssen also gleichermaßen für ihr Netz in der breiten Öffentlichkeit werben, damit sie durch deren Willen die Legitimation zur Etablierung bekommen und sie müssen in der Wahrheitsbewegung alle Informationen verbreiten, die das Strahlungsnetz noch bewirkt. Der Trick, über den sie arbeiten, ist, diese beiden Gruppen zu spalten und gegeneinander aufzuhetzen, sodass die eine Gruppe der anderen nicht mehr vertraut. Das Prinzip von "teile und herrsche" ist überall bei euch vorhanden. Wir, der Rat-der-Neun, wollen uns an dieser Stelle mit Fingerspitzengefühl an die sogenannte Wahrheitsbewegung wenden und diese darauf aufmerksam machen, dass „manipulative Projekte" nur dann Durchsetzungsbefugnis von einer höheren Schöpfungsebene erhalten, wenn die alternativen Informationen eine gewisse Reichweite haben. Auf einer Ebene spielt damit die gesamte Wahrheitsbewegung der schnelleren Durchsetzung dieser Projekte geradewegs in die Hände, werden doch viele ihrer Informationszugänge von der anderen Seite bewusst reguliert. Würden die umfassenden Informationen zu einem Projekt, das den Menschen stark beeinflusst, nicht für den Menschen auf irgendeiner Weise zugänglich, dann würde dessen Umsetzung nicht stattgegeben und andere unterstützende Kräfte hätten sofort das Recht, einzugreifen. Weil dies den großen manipulierenden Spielern bewusst ist, erschufen sie immer wieder gesellschaftliche Randgruppen, denen sie wahre und gleichzeitig gänzlich absurde, falsche Informationen über ihre manipulativen Projekte zukommen ließen, damit deren Glaubwürdigkeit gleichzeitig darunter leidet. Die Kräfte, die euren freien Willen zu manipulieren versuchen, arbeiten nicht gegen, sondern mit eurem Willen. Sie sind es selbst, die in der alternativen Szene genau die Informationen einstreuen, die es braucht, um ihre vorgesehenen Pläne durch die kosmische Kommission zu bringen. Eigentlich kann nichts gegen euren Willen durchgesetzt werden. Allerdings ist über einen sehr langen Zeitraum Schritt für Schritt eure Selbstwahrnehmung derart entfremdet worden, dass ihr überhaupt gar nicht mehr wisst, wie und wofür ihr euren freien Willen eigentlich einsetzen sollt. Euer freier Wille schießt kreuz und quer und je nach Informationseinpflanzung hin und her, weil euch die stabile Selbstwahrnehmung fehlt. Wir arbeiten sehr akribisch in und mit der heiligen Ordnung, doch für Wesen, die ihre göttliche Lebensessenz verkennen, können selbst wir nicht mehr viel tun, und dennoch ist es nur eine Frage der Zeit, bis ihr euch mit eurem Willen wieder an der göttlichen Ordnung auf- und ausrichtet. Alles, was ihr erfahrt, hat mit euch zu tun, jedoch gibt es auch eine hohe Anzahl an Situationen, in denen tatsächlich und wortwörtlich ein freier Wille missbraucht wird. In solchen Fällen ist es möglich, diese Situation auch auf höherer Ebene vor Gericht zu bringen. Die Menschheit lässt sehr viel mit sich machen, was andere Wesen weiter dazu ermutigt, wiederum vieles mit der Menschheit zu machen. Nur ihr als Menschen könnt irdische Situationen vor Gericht bringen, weil es euer Speziesrecht als Hauptbewohner der Erde ist. Doch wenn ihr nicht für eure Rechte und damit auch für eure Freiheit eintretet, wird es ein anderer für euch tun. Macht ihr keinen Gebrauch von eurem freien Willen, so wird ein anderer diesen für sich einsetzen. Euch ist die Macht, die ihr als Menschen auf dem irdischen Planfeld habt, noch nicht im Ansatz bewusst. Euer Wille hat auf eurer Ebene die höchste göttliche Legitimation und wenn andere Wesen auf eure Ebene kommen und dort etwas zu verändern wünschen, dann können sie es nur mit und durch euren Willen. Ein außerirdisches Wesen kann auf eurer Ebene mit seinem eigenen Willen überhaupt nichts anfangen, weil sein Wille dort keine Legitimation besitzt. Alles in der Schöpfung gliedert sich nach etwas, was wir an dieser Stelle Autorisierungsgrade nennen wollen. Grundsätzlich steigt der Autorisierungsgrad eines Wesens mit der Dimensionsebene, in der es sich befindet. Allerdings ist die Autorisierung immer an das Planfeld gekoppelt, in dem sich das Wesen aktuell aufhält. Wir in unserer Funktion als der Rat-der-Neun sorgen zwar dafür, dass alles bei euch im Rahmen der göttlichen Ordnung und dem obersten Gesetz des freien Willens abläuft, aber wir besitzen beispielsweise nicht den Autorisierungsgrad, wenn es um irdische Veränderungen geht. Mit anderen Worten, wir stellen uns nicht über euch, sondern wollen euch dazu ermutigen, wieder ganz in eure Verantwortung als Erdenbürger zu treten. Und wenn ihr doch einmal das Gefühl habt, hilflos einer Situation ausgeliefert zu sein, oder etwas zu erfahren, was nicht innerhalb der göttlichen Ordnung abläuft, dann könnt ihr diesen Fall gerne bei uns zur Anklage bringen. Nur, wenn ihr uns durch euren absoluten Autorisationsgrad damit beauftragt, für die göttliche Ordnung, auf eurer Ebene einzustehen, können wir vollends wirksam werden. Einen Fall bei uns vor Gericht zu bringen, könnte beispielsweise mit folgenden Worten geschehen: „Im Namen meiner vollen Souveränität als Mensch klage ich eine Verletzung der göttlichen Ordnung in folgender Situation an“. Stellt euch dann die jeweilige

Situation so detailreich wie nur möglich vor. Im Namen meiner vollen Souveränität als Mensch, beauftrage ich den Rat-der-Neun, meine Anklage zu prüfen und die höchste göttliche Ordnung wiederherzustellen. Ich autorisiere den Rat-der-Neun, auf der irdischen Planebene einzugreifen, damit die höchste göttliche Ordnung auf Erden wiederhergestellt wird. Wählt selbst eure Begrifflichkeiten und schaut, mit welchen Bildern ihr eure Anklage vor unserem kosmischen Rat untermalen wollt. Ihr könnt euch beispielsweise einen hohen, runden Tisch vorstellen, in dem im Kreis große lila-blau schimmernde Wesen sitzen. Wenn ihr euch uns innerlich als den Rat-der-Neun vorstellt, werden wir uns so offenbaren, dass eine liebevolle und angstfreie Zusammenarbeit möglich wird.

Euer Justizsystem und diejenigen Wesen, die bei euch für euer sogenanntes Recht einstehen, vertreten eine auf den Kopf gestellte Ordnung. Für sie ist das Höchste das Niedrigste und das Niedrigste das Höchste. Dementsprechend haben sie ein sehr komplexes Regelwerk erschaffen, um die Einfachheit der göttlichen Gesetze zu verschleiern.

Die Richtlinien, nach denen wir den rechtlichen Rahmen für die freie Entfaltung einer Spezies stecken, sind absolut grundlegend und einfach, denn sie wohnen letztlich jedem Wesen inne, das noch ein eigenes Moralempfinden besitzt. Ihr seid keine unmoralischen Bestien, die man mit einem ausgefeilten Justizsystem domestizieren müsste, auch wenn Teile eurer höchsten Judikative dies so sehen. Eure Welt würde nicht in Chaos verfallen, wenn eure exekutiven Strukturen zusammenbrechen, sondern es würde zu einem globalen Appell an die Menschlichkeit kommen. Die Begrifflichkeiten, die eine gesunde Gesetzgebung auf Grundlage der göttlichen Ordnung verkörpern könnte, wurden auf eurer Ebene bewusst in ein schlechtes Licht gerückt. Selbstjustiz beispielsweise setzt absolute Souveränität und ein hohes ethisches, moralisches Niveau voraus, das dem Menschen mit stabiler Selbstwahrnehmung vollständig gegeben ist. Keine Herrschaft (altgr: Anarchie) zu haben, führt automatisch zur Aktivierung von Souveränität und Eigenverantwortlichkeit. Das Justizsystem, wie es heute auf eurer Ebene ausgeführt wird, dient lediglich dazu, das moralisches Niveau zu drücken und der Menschheit ihre Souveränität abzuerkennen.

Dies heißt nicht, dass jeder Richter und Vollzugsbeamte einen schlechten Job macht, sondern, dass das aktuelle Justizsystem von Grund auf für die Kleinhaltung und die Entmachtung des Menschen vorgesehen war. Eure Richtmaßstäbe jagen die kleinen Verbrechen und krönen die großen. Euer Justizsystem ist in all seiner Komplexität extra dazu aufgebaut, dass andere über euch hinweg Recht und Unrecht sprechen können. Allein die juristische Sprache, derer wir uns hier nur zu sehr kleinen Teilen selbst bedienen, ist so abschreckend und abstoßend, dass ein Normalbürger bereits davon absieht, für sein Recht einzutreten. Für die aber, die die Formalsprache der Juristerei einwandfrei beherrschen, finden sich immer Lücken im System, um sich vor dem eigenen Gesetz zu drücken. Eure Rechtsprechung wurde gezielt so aufgebaut, dass für die höchsten Amtsvertreter immer eine juristische Hintertür offenbleibt. Wir hingegen sind den göttlichen Gesetzen unterstellt, nach denen wir selbst richten. Doch kaum ein hoher Rechtssprecher auf eurer Ebene würde sich selbst den Gesetzen unterstellen, die er für andere entworfen hat. Die goldene Regel kommt in euren hohen Gerichten nur in einer sehr verdrehten und pervertierten Form zur Anwendung. Doch letztlich landen alle die, die Schöpfungsgesetze verdrehen, auf ihrem eigenen Richterstuhl und klagen sich selbst an. Eure Richtmaßstäbe während eurer Inkarnation sind ganz andere, weil euer Bewusstseinshorizont ein ganz anderer ist, und so kommt es, dass ihr nach der Inkarnation ganz anders mit euch ins Gericht geht. Alle Menschen, die in ihrer Inkarnation mit einem gänzlich dissoziierten, emotional energetischen Moralempfinden durch die Gegend irren, bekommen nach der Inkarnation den verdrängten und unterdrückten Teil ihrer selbst wieder angegliedert und schauen dann noch einmal mit ganz anderen Augen auf ihr Leben zurück. Jedes Leben wird unter anderem nach ethisch-moralischen Gesichtspunkten nachbearbeitet, wobei im besten Fall dein dann erweitertes Bewusstsein, das über große kosmische Weisheit verfügt, über dein Leben richtet und sich dafür entscheidet, welche Erfahrungsaspekte verbesserungswürdig sind. Es gibt durchaus auch perfektionistische Seelen, die ihre Erfahrungsträger so lange in die Inkarnation schicken, bis alles vollständig erlebt werden konnte, wofür ein Mensch die Erdeninkarnation angetreten hat. Auch wenn es viele weise Räte und Inkarnationsführer gibt, die für die Einhaltung göttlicher Gesetze auf allen Ebenen der Schöpfung einstehen, so trifft doch letztlich jedes Wesen nur sein eigenes Urteil. Auf eurer Ebene mag es schwierig vorzustellen sein, wer ihr nach eurer Inkarnation sein werdet, und entsprechend schwer ist es für euch, euer aktuelles Verhalten aus Sicht der kosmischen Gerichtsbarkeit zu betrachten. Viele von euch gehen viel zu hart mit sich selbst ins Gericht und urteilen sehr viel verheerender über sich selbst, als es je ein anderes Wesen in der Schöpfung tun würde. Alle diejenigen von euch, die spüren, dass dies so auf sie zutrifft, wollen wir ermutigen, etwas sanftmütiger, mitfühlender und fürsorglicher mit sich selbst zu sein und das Wertesystem, nach dem ihr euer Selbsturteil sprecht, noch einmal zu überprüfen. Es gibt ein kosmisches Gesetz und dieses Gesetz wird gegen kein Wesen in der Schöpfung eingesetzt, sondern es findet ganz natürlich Anwendung in Ausgleichsprozessen. Jeder Raum, jede Dimensionsebene stellt ihre eigenen Gesetze auf, wobei die göttlichen Gesetze durchaus einen Rahmen vorgeben. Je mehr sich die eigene Richtschnur an den göttlichen

Gesetzen orientiert, desto freier kann der Erfahrungsraum werden. Wenn jedoch die aufgestellten Gesetze den grundlegenden Schöpfungsgesetzen zuwiderlaufen, so wie in eurem Justizsystem, dann wird zwangsläufig der Erfahrungsraum abgekapselt und die freie Willensentscheidung bis zu einem gewissen Grad reduziert. Je wahnsinniger eure Gesetze werden, desto unfreier macht ihr euch durch sie, und desto mehr müssen andere Ebenen eingreifen, um den freien Willen anderer Spezies zu wahren. Ja, auf einer gewissen Ebene gilt, dass die Freiheit des einen dort beginnt, wo die des anderen aufhört. Allerdings muss für diese Aussage die „Vieleweltentheorie", die an anderer Stelle dieses Buches ausgeführt wird, mitbedacht werden.

Die energetische Abkapselung eures Erfahrungsraumes war eine notwendige Installation, damit sich euer freier Wille entfalten kann, und damit eure verdrehten Gesetze nicht weiter in andere Schöpfungsebenen vordringen. Würde nur eines eurer Gesetze, das minimal von der Schöpfungsordnung abweicht, hier bei uns Anwendung finden, würde es ganze Weltensysteme durcheinanderbringen. Dennoch findet es sehr selten statt, dass ihr mit eurem freien Willen an den von uns gesetzten Grenzen eures Erfahrungsraumes kratzt. Beispielsweise haben wir immer mal wieder einen Eingriff in euren freien Willen veranlasst, als ihr begonnen habt, mit atomaren Sprengkörpern zu spielen. Es ist nicht im Rahmen der göttlichen Ordnung, dass ihr euch und euren ganzen Planeten in die Luft sprengt, es sei denn, dies ist wirklich von allen Menschen in irgendeiner Form gewollt. Wenn sich aber auch nur ein Mensch mit vollem irdischen Autorisierungsgrad gegen eine Selbstzerstörung ausspricht, dann greift das göttliche Gesetz ein. Wir haben ein Interesse daran, dass jeder Erfahrungsraum und so auch die Erde, wieder einer Gesetzgebung folgt, die sich an der Schöpfungsordnung orientiert. Beschäftigt euch doch einmal mit den göttlichen Gesetzen und schaut, wie sich diese auf eurer Ebene umsetzen lassen. Erkennt eure hohe Eigensouveränität als kosmische Schöpferwesen und als Erdenbürger an und erinnert euch stets daran, dass kein Gesetz vor dem Höchsten bestehen bleibt. Wir, der Rat-der-Neun, stehen euch liebend gerne bei, wenn es darum geht, die schöpferische Ordnung wieder ganz herzustellen. Wir sind für die Durchsetzung des kosmischen Rechts auf eurer Ebene eingeteilt, allerdings muss unser Einwirken von euch autorisiert werden. Euch wohnt die höchste Legitimationsstufe für eure Ebene inne, und egal wie es bei euch weitergeht, geht letztlich alles in Ordnung. Ihr seid im Zeitalter eurer großen Befreiung angekommen, in der ihr vielleicht erst einmal eure gegenwärtige Unfreiheit erkennt, aber dies ist der erste Schritt hin zur Erweiterung eures Erfahrungsspielraums und eurer Freiheit. Die Freiheit der höchsten schöpferischen Ordnung sei mit euch.

In herzlicher Verbundenheit, eure Hüter der göttlichen Gesetze, der hohe Rat-der-Neun.

Der Raum der Schöpfungsordnung

Alles in der Schöpfung ist in Ordnung, denn ohne die dem Leben inhärente Ordnung könnte es die Schöpfung nicht geben. Richtet ihr euer Leben an dieser Ordnung aus, dann erfahrt ihr euch im Kosmos, versucht ihr hingegen eigene Prinzipien und Gesetze getrennt vom Leben aufzustellen, dann erfahrt ihr euch im Chaos. Sich in der Schöpfung zu erleben, heißt sich selbst als die Schöpfung zu erfahren, denn ihr könnt euch nicht als einen Teil des Kosmos begreifen, ohne gleichzeitig der Kosmos selbst zu sein. Viele der ursprünglichen Schöpfungsgesetze habt ihr in eurem Erfahrungsraum in einer Weise verdreht, dass ihr euch nicht mehr als Teil der Schöpfung erfahrt. Es scheint so zu sein, als ob die heilige Ordnung einen Bogen um euren Realitätsraum machen würde, doch tatsächlich wirken bei euch die Schöpfungsgesetze, wie auch in jedem anderen Erfahrungsraum. Ihr könnt die Ordnung, nach der ihr lebt, nicht zerstören, ihr könnt höchstens euer eigenes Sehen auf den Kopf stellen und das, was in Ordnung ist, auf verdrehte Weise betrachten. Die Bilder, die eure Augen aufnehmen, sind ganz wortwörtlich auf den Kopf gestellt, weil ihr die Welt auf den Kopf gestellt seht und ihr interpretiert diese Sichtweise wieder so um, dass sie für euch richtig herum ist. Schöpfungsgesetze müssen wirken und können aus keinem Erfahrungsraum verbannt werden. Es ist nicht möglich die Fließrichtung der gesetzmäßig verlaufenden Strömungskanäle, die die Schöpfungsräume aufbauen, zu ändern. Ihr könnt die Schöpfungsordnung nicht nach

Belieben abändern oder Strömungsgesetzmäßigkeiten um ein paar Grad modifizieren, sehr wohl aber ist es möglich, eure Sicht davon auf den Kopf zu stellen. Verdreht ihr eure Sicht auf die Schöpfung um 180 Grad, dann schaut ihr in umgekehrter Weise auf die gleichen schöpferischen Wirkprinzipien. Die Schöpfungsgesetze durch die eigene Realitätsanschauung um fünf oder zehn Grad abzuändern, würde jedem Schöpferwesen sofort den Irrsinn seiner Sichtweise offenbaren, eine um 180 Grad verdrehte Wahrnehmung hingegen ist in sich konsistent, weshalb die Verdrehung nicht auffällt. Die Wahrnehmung der Schöpfungsgesetze ist konsequent in sich richtig, wenn nur die Vorzeichen vertauscht werden und sobald ihr auch nur ein auf den Kopf gestelltes Bild für wahr nehmt, erscheint es euch logisch, dass alles andere gleichermaßen kopfstehend aufgebaut sein muss. Der Aufbau der Schöpfung ist im Wesentlichen leicht und intuitiv begreiflich, sobald sich die Wahrnehmung von allen verdrehten Bildern losgelöst hat.
Eines der höchsten Schöpfungsgesetze ist die Freiheit, die jedem Wesen einen derartig freien Willen zugesteht, dass er diesen selbst gegen seine eigene Freiheit einsetzen kann. Die Schöpfungsgesetze erschaffen sich, je nachdem was ein Schöpferwesen will, ständig neu. Dass die Schöpfung die Möglichkeit eingeräumt hat, Leben scheinbar auch außerhalb ihrer Gesetzgebung stattfinden zu lassen, ist das höchste Maß an geschenktem Vertrauen. Dadurch, dass die Schöpfung jedem Wesen alles in der Schöpfung anvertraut hat, hat sie ihre gesetzgebende Funktion auf alles, was lebt, übertragen. Es gibt keine Gesetze, sondern es gibt nur

Wesen, die sich frei dazu entschieden haben, bestimmte Schöpfungsprinzipien zu vertreten und sie für sich zu Gesetzen zu erheben. Es gibt beispielsweise ein hohes Schöpferwesen, was sich in eurem Realitätsraum als Gravitation ausdrückt. Gravitation ist kein Naturgesetz, wie ihr es versteht, sondern die Entscheidung eines hohen Schöpferwesens, sich auf eurer Ebene als Gravitation auszudrücken.
Jeder Körper, jede Form in eurem Erfahrungsraum, erfährt die Auswirkung der freien Entscheidung dieses Schöpferwesens, das sich auf anderen Schwingungsebenen ganz anders ausdrückt als bei euch.
In höheren Schöpfungsräumen drückt sich das, was ihr als Gravitation erfahrt, in einer Art Feldspannung aus, die vom Wesen her verwandt ist mit den Schöpfungskräften, die sich bei euch als Magnetismus ausdrücken. Jedes Naturgesetz in eurem physischen Erfahrungsraum ist dadurch zustande gekommen, dass ein Schöpferwesen sich dazu entschied, dieses Gesetz zu verkörpern und für euch auszudrücken. Ihr befindet euch ununterbrochen in Kommunikation mit dem Wesen der Gravitation und all den anderen Wesenskräften, die die Grundlage eurer Naturgesetze darstellen. Je bewusster ihr einen Austausch von Schöpferwesen zu Schöpferwesen pflegt, desto sichtbarer werden für euch die Wesenskräfte der Natur und desto freier könnt ihr das, was andere Schöpferwesen für euch aufrechterhalten, selbst in die Hand nehmen. Um Naturgesetze zu überwinden, müsst ihr erst einmal lernen, diese in Form der ursprünglichen Schöpfungsordnung zu verkörpern. Um die Gravitation zu überwinden, müsst ihr euch exakt für das entscheiden, für das sich das Schöpferwesen, das

sich für euch als Gravitation ausdrückt, bereits entschieden hat.
Verschmelzt ihr in der Einstimmung eurer freien Schöpfungsentscheidung miteinander, dann werdet ihr zur Gravitation und holt euch auf den Standpunkt zurück, an dem ihr die Schöpfungsprinzipien verkörpert, die euch ebenfalls innewohnen. Ihr habt die in euch liegenden Schöpfungsgesetze veräußerlicht, sodass andere Schöpferwesen in die Rolle der Verkörperung dieser Gesetze gehen mussten, damit euer Leben nach wie vor stattfinden kann.
In eurem Erfahrungsraum ist es zurzeit so, dass nahezu alle euch innewohnenden Schöpfungsgesetze von anderen Schöpferwesen für euch ausgedrückt werden, und dies tun sie, nebenbei gesagt, nur aus Liebe zu euch. Jedes Schöpferwesen hat ein Anrecht darauf, dass sich sein Wille erfüllen mag, auch wenn es dafür andere Schöpferwesen braucht, um den nötigen Rahmen für die Umsetzung seines Willens aufrechtzuerhalten. Alles in eurem Erfahrungsraum und auch alle scheinbaren Naturgesetze wurden euch dafür geschenkt, damit sich das, was ihr ursprünglich in diesem Schöpfungsraum erfahren wollt, erfüllt. Alles wurde euch gegeben, doch ihr dürft nichts als gegeben betrachten, weil es im Rahmen eurer freien Entscheidung liegt, alles zu verändern.
Wir könnten sogar soweit gehen, dass sich alle Schöpfungsgesetze aus dem freien Willen ableiten, und dass es vor einem Gesetz immer die Entscheidung für dieses Gesetz geben muss. Euch eine Realität vorzugeben, in der es nur Freiheit und keine Gesetze gibt, würde euch größtenteils gegenwärtig noch sehr beängstigen. Seine

Freiheit anzuerkennen, heißt, die Verantwortung seines eigenen Schöpferseins zu leben, und dieser Schritt in die Ordnung wird euch dann schwerfallen, wenn ihr anderen Wesen eure Entscheidungen übertragt.
Es war eure Entscheidung, euch im Physischen zu erfahren, und für diese Erfahrung brauchte es unzählig viele Entscheidungen für die Gesetzgebung bzw. Regularien eures Erfahrungsraumes, die ihr anderen Schöpfungswesen übertragen habt. Ihr übernehmt menschliche Verantwortung, wenn ihr eure Entscheidung für das, was ihr wollt, zu euch nehmt und ihr übernehmt kosmische Verantwortung, wenn ihr euch wieder dazu entscheidet, selbst die Schöpfungsgesetze zu verkörpern, um sie für andere Wesensformen aufrechtzuerhalten. Wenn ihr euch wieder dazu entscheidet, den Gesetzesaspekt der Freiheit zu verkörpern, den das Wesen der Gravitation für euch übernimmt, dann offenbart sich euch die Weite der kosmischen Souveränität. Alle von euch geschaffenen Gesetze sind tot, weil sie abgetrennt von den natürlichen Gesetzen des Lebens aufgestellt wurden. Alle natürlichen Schöpfungsgesetze hingegen sind lebendig, weil sie ein Ausdruck eines höheren Schöpfungswesens sind.
Es gab einst eine Art Schöpfungssymposium, in dem alle Schöpferwesen zusammengekommen sind, die sich in der einen oder anderen Form in dem Erderfahrungsraum einbringen wollten.
Der Schlüsselsatz des Symposiums lautet: „Ich will Mensch sein.“ Und sofort wurde allen Schöpferwesen klar, was es braucht, um diese Erfahrung umzusetzen. Es braucht Wasser, es braucht Erde und es braucht eine

unzählig große Anzahl an Gesetzmäßigkeiten, um diesen Erfahrungsraum aufrechtzuerhalten. Jedes Wesen im Symposium entschied sich, ein anderes Schöpfungsgesetz zu verkörpern und es diesem Erfahrungsraum beizusteuern. Elektrizität ist ein Ausdruck eines Schöpferwesens, das die Gesetzmäßigkeiten, in denen die Elektrizität funktioniert, verkörpert. Alle wahren Gesetze können nur von natürlichen Schöpferwesen verkörpert werden, weil deren dynamische Anpassung, je nachdem, in welchem Schwingungsraum die Gesetze auftreten, nur von hochintelligenten, lebendigen Strukturen übernommen werden kann. Das, was sich in eurem Erfahrungsraum als Elektrizität oder als Gravitation ausdrückt, drückt sich in anderen Schöpfungsräumen vollständig anders aus, auch wenn die dahinterliegenden Gesetzmäßigkeiten die gleichen bleiben. Stabilität findet sich nur in der Schöpfungsordnung wieder, und je mehr sich etwas mit seiner Sicht aus dieser Ordnung entfernt, desto stärker ist es der Vergänglichkeit unterworfen. Zersetzung ist ein sehr wesentliches Schöpfungsprinzip auf eurer Ebene, um alles das, was aus der Ordnung gefallen ist, wieder zu integrieren. Für euch entsteht Schöpfung aus Zersetzung, denn ihr holt euch aus der gegengesetzten Polarität die Erfahrung eures eigenen Lebenspols und alles das orientiert sich nach wie vor an dem, was ihr für euch selbst gewollt habt. Da sich alle Gesetze aus eurem freien Willen ableiten, setzt sich die Freiheit mit jedem Gesetz fort, für das ihr euch entscheidet. Es war eure Entscheidung, die Schöpfungsgesetze so in Anwendung zu bringen, dass sie euch die Erfahrung schenken, die ihr jetzt innerhalb des physischen Raumes erlebt. Ihr habt hohe

Schöpferwesen mit der Aufgabe betraut, für eure Erfahrung eine gesetzgebende Struktur aufrechtzuerhalten. Und in einem gewissen Sinne dienen sie euch solange, wie ihr sie durch eure Entscheidungen in Dienst nehmt. Ihr spracht euch einst auf dem Symposium dafür aus, Gravitation für eure Selbsterfahrung zu brauchen und gabt einem bestimmten Schöpferwesen die Aufgabe, dies für euch umzusetzen. (Wir verwenden Gravitation hier exemplarisch für alle anderen für euch scheinbar bestehenden Naturgesetze und anstelle von Gravitation könnt ihr jedes beliebige Gesetz einsetzen). Das Leben steht euch in allem zu Diensten, denn es kann nicht anders, als eure Entscheidungen für euch umzusetzen. Die Schöpfung hat sich dazu verpflichtet, für jedes Wesen in der Schöpfung alles zu tun, um seine Erfahrungswünsche umzusetzen und diese Verpflichtung errichtet die heilige Schöpfungsordnung. Verpflichtet ihr euch gleichermaßen, dann wird sich alles in euch so umstellen, dass ihr mehr und mehr die nach außen gekehrte Schöpfungsordnung wieder in euch wahrnehmt und in Anwendung bringt. Kein Gesetz kann eure Freiheit einschränken, weil es immer euer freie Wille gewesen ist, der dieses Gesetz zum Teil eurer Realität werden ließ.
Sobald ihr außerhalb der Freiheit nach Gesetzen sucht, greift ein höheres Schöpfungsgesetz und führt euch stückweise wieder zurück in eure Freiheit. Ihr könnt euch selbst nicht verlassen, ohne dass sich die Schöpfungsordnung in euer Leben klinkt, um euch sanft wieder zurück zu euch selbst zu führen. Eure Suche nach äußeren, haltgebenden Strukturen oder Gesetzmäßig-

keiten ist aufgrund dessen, was ihr glaubt zu sein, verständlich, doch sobald ihr euer Schöpferwesen wiedererkennt, wird es euch aufgehen, dass es keine außerhalb eures freien Wesen liegenden Gesetze geben kann. Aus euch heraus erfolgt eine Gesetzgebung, die erst dann für alle gilt, wenn sie der Freiheit eures innersten Wesens direkt entnommen wurde. Je freier ihr euch erfahrt, desto klarer werdet ihr die Gesetzgebung der heiligen Schöpfungsordnung sehen und anwenden können.

Ein in Stein gemeißeltes Gesetz obliegt der Freiheit des Steines, es zu tragen. Und so wie es stark vergängliche Gesetzesträger gibt, so gibt es auf den hohen Schöpfungsebenen auch nahezu unvergängliche Gesetzesträger. In den hohen Schöpfungsräumen ist das Gesetz mit dem Gesetzesträger eins und die Existenz dieses Schöpfungswesens ist ausschließlich dazu bestimmt, die kosmische Gesetzgebung auszudrücken. Ein Gesetz ist immer eine Ordnung, eine Geometrie, und die ersten Schöpfungsgesetze drücken sich immer in Form von heiliger Geometrie aus. Die ersten Muster, nach der die Schöpfung Leben hat entstehen lassen, waren multidimensionale, geometrische Gebilde, die einen Rhythmus verursacht haben. Die erste Welle wird geboren, und aus ihr fließt ein Schwingungsfeld im gleichen Muster, das nach wie vor das erste Schöpfungsgesetz stabil abbildet. Ein Kreis verkörpert ein anderes Schöpfungsgesetz als ein Dreieck, denn in jeder geometrischen Form ist ein Urbild eines Schöpferwesens vorhanden. Betrachtet den Kreis bzw. die Kugel als eines der ersten Schöpfungsgesetze, aus der heraus jedoch

nie größere Schwingungsableitungen stattfinden konnten, weil die Kugel als Gesetz stets in sich vollständig abgeschlossen war. Die erste gesetzgebende Struktur, aus der sich weitere Muster ableiten ließen, drückt sich auf eurer Ebene in Form eines Dreiecks aus. Ein dreidimensionales Dreieck ist eines der Grundbausteine eures Hologramms, wobei das dahinterliegende, in Anwendung gebrachte Schöpfungsgesetz einer Art multidimensionalen Dreiecks entspringt.
Es liegt eine gewisse Paradoxie in diesem Bild, aber stellt euch einmal vor, ein Dreieck hätte gleichzeitig mehrere Positionen, sodass jede Ecke in alle Ecken zeigt. So etwa müsst ihr euch die höherdimensionale Gesetzmäßigkeit vorstellen, durch die das Wesen des Dreiecks wirkt.
Auch wenn es so aussehen mag, als ob es sich bei den Schöpfungsgesetzen um abstrakte Prinzipien handeln würde, so sind doch die grundlegendsten Lebensbausteine immer intuitiv anwendbar.
Keine Pflanze wächst gegen das Schöpfungsprinzip, dass alles von innen heraus entsteht und sich aus sich heraus immer wieder neu regenerieren kann. Weil auch eure Realität Schöpfungsgesetzen folgt, unabhängig davon, ob ihr sie auf den Kopf gestellt betrachtet, finden sich in allen Lebensbereichen die gleichen Muster. Intelligenz ist Mustererkennung und wenn ihr seht, wie sich ein Schöpfungsmuster durch eure gesamte Wahrnehmungswelt zieht, um diese aufzubauen, dann seid ihr wahrhaftig mit kosmischer Intelligenz gesegnet. Legt den Schwerpunkt eurer Wahrnehmung wieder darauf, was die Dinge miteinander verbindet, und nicht

was die Dinge voneinander unterscheidet und ihr werdet zu einem Schöpfungsgesetz geführt werden, das alles mit allem verbindet. Es gibt kein anderes Gesetz als das, was alles mit allem verbindet und alle Schöpfungsgesetze sind lediglich Übersetzungen dieses ersten Gesetzes. Liebe und Freiheit sind eins im ersten Gesetz und alles, was sich daraus ableitet, spiegelt in vergrößerter Form eines der in diesem Gesetz liegenden Elemente. Natürlich kann es sinnvoll sein, alle Elemente aus dem ersten Gesetz zu untersuchen und zu schauen, wie sich dieses Element am besten im eigenen Leben umsetzen lässt, aber dennoch ist die ständige Rückkehr zum ersten Gesetz unabdingbar.
Wir wollen euch zum Abschuss noch einmal ins Gedächtnis rufen, dass ihr als Schöpferwesen ein bestimmtes Element aus dem ersten Gesetz verkörpert und dass es gleichzeitig kein Gesetz außerhalb von euch gibt. Möget ihr alle Gesetze, die ihr abgetrennt vom Leben aufgestellt habt, wieder zurück in das erste Gesetz und in die heilige Ordnung führen. Der Raum des ersten Gesetzes steht euch immer offen und gibt euch in allen Lebensbereichen eine Orientierung, sodass ihr ein Leben in Liebe und Freiheit führen könnt.

Raum des Lebenselixiers

Wir wollen dich mit einem essenziellen Schöpfungsraum in Verbindung bringen, um dir ein Bild davon zu geben, wie Leben entsteht. Wir wollen diesen Raum „Labor des Lebens“ nennen und dich stückweise mit unserer Sprachführung in dieses Laboratorium begleiten und dir die dort zur Anwendung kommenden Mittel und Werkzeuge näherbringen. Stelle dir vor, du stehst in einem Labor, das voll mit kleinen Fläschchen und Reagenzgläsern steht und in jedem Glas findet sich eine Lebensessenz wieder. Das ganze Labor besteht zu allen Seiten hin aus aneinandergereihten Regalen, in denen fein säuberlich alle Lebensessenzen der Schöpfung in allen nur erdenklichen Farben und Formen stehen. Die Wände dieses Laboratoriums, in denen sich die Essenzen aufreihen, scheinen so hoch zu sein, dass eine Decke kaum zu erkennen ist. Auch wenn all die Gläser wie bunt durcheinandergewürfelt erscheinen, so ergibt sich doch, bei genauerem Hinsehen, eine, sich durch den gesamten Laborraum ziehende Ordnung, in der unverkennbar die Essenzen nach ihren Eigenschaften und Qualitäten sortiert sind. Vor dir, auf der sonst leeren Arbeitsfläche, steht ein zierliches Glas mit einer Essenz, die du unweigerlich mit dir und deinem Leben in Zusammenhang bringst. Du kannst dich erinnern, dieses Glas als eines unter vie-

len ausgewählt zu haben, da in ihm genau das passende Maß an Essenz für dein Leben Platz findet. Du standst schon einmal in diesem Laboratorium in Vorbereitung auf dein jetziges Erdenleben. Zu jener Zeit wusstest du mit absoluter Exaktheit, welche Ampulle im gesamten Labor welche Lebensessenz trägt und wie durch eine perfekte Abstimmung aus unterschiedlichen Essenzen das Leben entsteht, das du jetzt führst. Ein Tröpfchen hiervon mit einem Tröpfchen davon, das Ganze leicht geschüttelt und im Uhrzeigersinn verrührt, um dann noch etwas aus diesem Glas hinzuzugeben....
Du kannst dich erinnern, dass du große Freude dabei hattest, deine Lebensessenzen zusammen zu mischen und dich dort schon die Vorstellungen überkamen, wie es denn wäre, diese Essenzen wahrhaftig zu erleben. So schmal und zierlich die vor dir stehende Essenz auch sein mag, so sehr weißt du, wie komplex und aufwendig deren Herstellung gewesen ist. Respektvoll erkennst du an, wie sehr es dieses Fläschchen in sich hat, denn eine Priese von jeder Erfahrungsfacette deines Lebens findet sich in ihr wieder. Du lässt deinen Blick langsam durch die endlos hohen Wände des Laboratoriums gleiten und dein Blick bleibt bei jeder Ampulle kurz hängen, von der du einen Tropfen für deine Lebensessenz entnommen hast. Wenn du dich jetzt umschaust, fällt dir auf, wie unsagbar viele Lebensessenzen du für dein Elixier verwendet hast. Dir ist bewusst, dass

jedes Fläschchen hier im Labor an sich schon aus einem hohen Konzentrat besteht und dennoch bildet dein Elixier einen noch intensiveren Extrakt. Du wolltest dein Glas bis oben hin mit so vielen wie nur möglichen Essenzen füllen, und damit möglichst viele Lebenssubstanzen Platz finden, hast du eine Extraktionsmethode entwickelt, die es dir erlaubte, die Essenzen aus dem Labor noch mehr auf ihre wesentliche Qualität einzudampfen. Die meisten von euch, die eine Erdeninkarnation anstreben, können ihr Glas nicht voll genug bekommen. Und solange sie noch im puren Prozessflow im Laboratorium des Lebens herumfuhrwerken, um sich ihre Lebensessenz zu erschaffen, ist es ihnen noch nicht präsent, dass dieser Kelch nicht an ihnen vorübergehen wird. Du befindest dich im Laboratorium des Lebens und vor dir steht das von dir für diese Erdeninkarnation zusammengebraute Elixier. Du weißt, dieses Elixier beinhaltet die Erfahrungsessenzen, die du dir selbst ausgewählt hast, und dennoch liegen Welten zwischen dem theoretischen Zusammenmischen und dem praktischen Erfahren. Es besteht ein himmelweiter Unterschied zwischen der Zusammenstellung, von dem was du erfahren möchtest und dem, das Glas mit deinem Elixier bis auf den letzten Tropfen auszutrinken. Die meisten Lebenslaboranten haben eine gewisse Hemmschwelle das auszutrinken, was sie zusammengerührt haben, doch der, der die Suppe kocht, muss sie auch auslöffeln. Einige Wesen können gar nicht darauf warten, ihre Essenz gierig hinunterzuspülen und lassen sich entsprechend bei der vorherigen Phase der Zusammenmischung kaum Zeit. Hektisch und von innerer Erfahrungssucht getrieben, nehmen sie die naheliegenden Essenzen, schütten sie hastig zusammen und ehe sich die Essenzen auf natürlichem Wege verbinden können, wird das Glas schon hinuntergespült. Jetzt, da du deine Lebensessenz vor dir hast und weißt, dass du nur das hineingemischt hast, was du wirklich wolltest, kommt dir die Frage, ob die Essenz deinem Geschmack entspricht oder ob noch eine zusätzliche Würzung hinzukommen soll. Vielleicht erinnerst du dich, ob du eher zu dem Typ Wesen gehörst, der Widerstand hatte, sein Elixier zu trinken, um in seine Erdeninkarnation einzutreten oder ob sein Elixier eher wie ein lang ersehntes Geschmackserlebnis gewesen ist. So oder so hast du dein Elixier zu dir genommen, denn du bist hier auf Erden. Jeder, der sich auf eine Erdeninkarnation vorbereitet, war zuvor im Laboratorium des Lebens dabei, sich das Elixier für seine Inkarnation zu erstellen. Wir wollen mit dir gemeinsam eine Erfahrung aus deinem Geist hervor holen, wie es damals, kosmisch gesehen vor nicht allzu langer Zeit, gewesen ist. Erinnere dich an dein Elixier und an den Moment, in dem deine Zunge das erste Mal von ihm benetzt wurde. Wie war der erste Schluck? Wie der zweite? Wie hat es sich angefühlt, als du das Elixier ganz in dich aufgenommen hast, und es langsam durch deinen Körper lief? Was für

ein Gefühl breitete sich in dir aus, als du merktest, dass das Elixier zu wirken begann? Wie veränderte sich deine Wahrnehmung?
Die meisten Wesen bei euch nehmen eine Inkarnationsmischung zu sich, die sie beim Eintritt in die Inkarnation das Bewusstsein verlieren lässt. Nur wer sehr achtsam in der Zusammenstellung war, wird bei vollem Bewusstsein sein Elixier austrinken und dadurch unbeeinflusst vom Schleier des Vergessens in das Erdenplanfeld eintreten können. Solange, wie das Elixier wirkt, lebt das Wesen seine irdische Verkörperung und erlebt die Erfahrungen, in denen sich seine Essenzen ausdrücken. Eine bestimmte Essenz kann in sehr vielen verschiedenen Erfahrungsarten Ausdruck finden, und auch das Wesen, das sich im Laboratorium des Lebens seine Mischung zusammenstellt, ist sich nicht darüber im Klaren, in welchen konkreten Erfahrungen und Situationen sich eine Essenz aus seinem Elixier ausdrücken wird. Aber unabhängig davon, wodurch eine Essenz in die Erfahrung geführt wird, bleibt doch keine zuvor hineingegebene Essenz bis zum Austritt aus der Inkarnation unerlebt. Ein Inkarnationselixier zusammengeschüttet zu haben bedeutet folglich nicht, dass alle Erfahrungen vorherbestimmt sind, sondern dass die Erfahrungsessenzen eines Lebens mit den daran geknüpften übergeordneten Themen und Lernaufgaben bereits vorliegen. Wobei die Art und Weise, in welcher sich diese Erfahrungen zeigen, zur freien Entscheidung stehen. Dennoch lassen sich aus dem

Elixier deutliche Rückschlüsse auf dein Leben ziehen. In einer gewissen Weise ist dein Elixier dein Leben in Reinform, wobei der von dir erlebte Reinheitsgrad und die Qualität über deinen Umgang mit dem Elixier bestimmen wird. Hast du Widerstand gegen dein Elixier, dann verwässert sich deine Erfahrung und es wird schwerer ersichtlich, welche deiner Erfahrungen auf welche Essenzbestandteile zurückzuführen sind. Glaubt ein Mensch, ein Leben zu führen, das aus wahllos zusammengewürfelten Situationen und Erfahrungssequenzen besteht, dann wirkt sein Elixier zwar, aber er erkennt die Essenzen von dem, was er erfährt, nicht und kann entsprechend nicht aus ihnen lernen. Erst wenn ihr in jeder Erfahrung die darin verborgene Essenz erkennt, wird es euch möglich sein, auf der Ebene der Essenzen etwas an der Klarheit und Reinheit des Erfahrungsausdrucks im Elixier zu verändern. Den Widerstand gegen sein Elixier fallen zu lassen und es lieben zu lernen, ist Aufgabe jedes Wesens. Und je weniger Widerstand gegenüber dem selbst gewählten Leben vorherrscht, desto reiner kann sich das Elixier in seiner schöpferischen Wirksamkeit entfalten. Sich dem Prozess des Lebens anzuvertrauen, heißt, den schöpferischen Prinzipien seines Lebenselixiers Raum zu geben, um alles so in die Wege zu leiten, dass sich jede Lebensessenz in der Weise ausdrücken kann, wie es für alle bestmöglich ist. Das, was ihr zu euch genommen habt, um in diese Inkarnation eintreten zu können, bekommt ihr erst einmal ein Leben lang nicht mehr aus eurem System, aber ihr könnt lernen, wie ihr euren Lebenssaft immer mehr zu reinen Schöpfungsessenzen veredeln könnt. Eigentlich sollte euch die Verbindung mit eurem Elixier immer weiter zu euch selbst führen, bis ihr ganz in eurer Essenz zu schwimmen gelernt habt. Aus eurem Elixier fließt euer Lebensweg, der euch geradewegs zu der reinsten Form eures Elixiers führt. Alles, worauf ihr in Raum und Zeit noch zugehen werdet, ist im Elixier bereits vorhanden. Und dadurch, dass ihr jetzt den Zugang zu eurer Essenz wieder in euren Geist gelegt bekommen habt, kann euch das Elixier bestmöglich auf eurem Weg führen. Und immer, wenn euer Leben aus den Fugen zu geraten scheint und ihr nicht wisst, wohin mit euch, dann erinnert euch doch noch einmal an das Laboratorium, in dem ihr einst das Experiment eures Lebens vorbereitet habt. Erinnert euch an die grundlegenden Zutaten, die ihr verwendet habt, um euer Lebenselixier zusammenzustellen. In weiser Voraussicht, dass ihr sie nach der Einnahme vergessen werdet, habt ihr euch Situationen und Begegnungen in euren Lebensweg gelegt, die euch an die einzelnen Schöpfungszutaten eures Lebenselixiers erinnern sollen, und dieser Text, ja dieses gesamte Buch, ist eine davon.

Das Raum-Schiff

Ihr seid euer eigenes Raum-Schiff, weil euch die schöpferischen Fähigkeiten gegeben sind, Räume zu erschaffen und von einem in den anderen kosmischen Raum zu segeln. Begreift jede einzelne Tätigkeit, die ihr ausführt, als in ihrem eigenen Raum liegend, und klinkt euch immer wieder bewusst zeremoniell in den gleichen Raum für eine gleiche Tätigkeit ein und ihr werdet erleben, dass eurer Handeln immer mehr von Sinnhaftigkeit und Freude begleitet ist.
Ihr könnt euch zeremoniell für jede profane Tätigkeit einen Raum schaffen, indem ihr diese bewusst ausführt, und dieser Raum wird eurem Tun eine Tiefendimension eröffnen, durch welche euch eure Tätigkeit gänzlich erfüllt. Wie anders würdet ihr die Welt erleben, wenn ihr euch bewusst in den Raum des Abwaschens, Zähneputzens, Autofahrens oder Kochens einklinkt und bei jeder Wiederholung der Tätigkeit den gleichen Raum anwählt, um diesen mit jedem Mal zu vertiefen. Deine Tätigkeit in dem dafür vorgesehenen Raum auszuüben heißt, im vollen Bewusstsein über alle Ebenen deines Handelns zu sein. Dein Handeln findet nicht nur auf der sichtbaren Ebene statt, sondern setzt sich bis in hohe Schöpfungsbereiche fort, völlig unabhängig davon, was du tust.
Bei kreativen Beschäftigungen erschafft ihr euch meist ganz intuitiv den immer selben Raum, wodurch euer

Malen, Tanzen und Musizieren aus sich heraus an höhere Schöpfungsfelder anknüpft.
Wahre Kunst kann nicht anders, als aus einem anderen Schöpfungsraum heraus zu entstehen, um den Zuhörer oder Betrachter wieder in den Raum einzuführen, der sich für den Künstler in der Erschaffung aufgetan hat. Eigentlich macht ihr die ganze Zeit nichts anderes, als dass ihr mit eurem multidimensionalen Bewusstsein Schöpfungsräume eröffnet, doch nur die wenigsten von euch bekommen das in vollem Umfang mit. Was ihr mitbekommt, ist, dass ihr durch sehr unterschiedliche Stimmungsbilder wechselt, doch dass dies damit zusammenhängt, in welchen Räumen ihr euch aufhaltet, geht den meisten von euch bereits zu weit.
Eigentlich steht euch die Weite des Schöpfungsmeeres offen und ihr müsst nur lernen, euer Raum-Schiff, euren multidimensionalen Körper, wieder bewusst zu navigieren. Jeder Raum braucht ein Schiff, eine Form als inneren Bezugspunkt, von dem aus sich ein Raum entfaltet. Euer physischer Körper ist das Schiff, euer Geist ist das Segel und die Seele hält den zu befahrenden See-Raum für euch offen.
Jedes Schiff ist ein Raumschiff, denn jedes Ding erschafft um sich herum ein Feld, in dem es existieren kann. Einerseits kann eine Form nicht ohne das sie umgebende Feld existieren, andererseits erschafft sich jede Form ihr eigenes Feld. Alles erschafft quasi in jedem Moment seine eigene Existenzgrundlage, indem es einen Raum erschafft und sich dann selbst in diesen Raum hineinversetzt.

Allein schon, dass etwas da ist, sollte großes Staunen bei euch auslösen, wenn euch der dahinterliegende Raum bewusst wird, aus dem heraus sich etwas zu einem sichtbaren Ding geboren hat. Sowenig Formen selbst interagieren können, so sehr sind die Felder um die Dinge dazu angelegt, zu interferieren und miteinander zu kommunizieren. Schiffe können nur aneinander vorbeifahren, Raum-Schiffe hingegen sind in der Lage, die Räume anderer Schiffe zu erkunden. In gewisser Weise handelt es sich bei all euren sichtbaren Himmelskörpern um Raumschiffe, die durch das sie umgebende Feld ihr eigenes Ökosystem aufrechterhalten. In dem rotierenden Feld um einen Planeten sind alle Lebensprogramme dieselben, und um sich auf einen anderen Planeten versetzen zu können, muss man erst durch die umliegenden Programmierungsräume gehen. Wir könnten es auch so ausdrücken, dass jeder, der zur Erde gehen möchte, zuerst Mensch werden muss. Ihr seht zwar die Sterne und die verschiedenen Planeten, lasst euch aber nicht auf deren Räume, deren Programmierungsfelder ein, sodass es für euch so aussehen muss, als wärt ihr die einzige intelligente Spezies im Kosmos.

Natürlich seht ihr mit euren Teleskopen die Vielfalt des bunten Lebens in der Schöpfung nicht, da ihr mitten in einer Programmierung steckt, die völlig blind gegenüber den Räumen anderen Lebens ist.

Ihr habt euch für einen Lebensraum entschieden, in dem das Leben ohne Raum, das Ding ohne Energiefeld zu sein scheint. Wobei euch sicherlich aufgefallen sein

muss, dass euer Dasein verflacht, wenn ihr es in dem immer gleichen Raum verbringt.
Nichts kann sich innerhalb des Raumes verändern, wenn sich nicht der Raum selbst verändert, oder analog dazu gesprochen verändert sich nichts, wenn ihr von A nach B geht, ohne euer Bewusstsein zu verändern. Ihr könnt zwar auf den Mond reisen, aber wenn ihr nicht dazu bereit seid, euer Bewusstsein von der lunaren Kraft fluten zu lassen, dann bleibt dort wie hier alles gleich.
Je nachdem, wie die Räume programmiert sind, muss das in ihnen geschehen, was geschehen muss und es kann nicht sein, als dass ihr euch in bestimmte Räume einklinkt und Erfahrungen macht, die nicht in diesem Raum vorgesehen waren. Bei den Orten in Raum und Zeit hingegen mag dies anders sein. Jeder Mensch kann eine ganz eigene Erfahrung machen, wenn er z.B. in eine der großen Kirchen in Paris geht. Allerdings würde sich für jeden Menschen die gleiche Erfahrung einstellen, wenn er in den heiligen inneren Raum eintritt, auch wenn natürlich die Auslegung dieser Erfahrung nach dem Austritt aus diesem Raum wieder eine andere sein wird.
Unabhängig davon, in welchen Raum ihr eintretet, müsst ihr stets durch die Programmierungsschichten hindurch, die die Räume aufgebaut haben, was euch letztlich zu einem Ding der Welt werden lässt, in dessen Raum ihr seid.
Beobachtet ihr einen Vogel, dann tut ihr es meist aus eurem Raum heraus, wodurch euch das Verhalten und

die Art des Vogels verschlossen bleiben, tretet ihr hingegen in den Raum der Vögel ein, dann seid ihr beim Beobachten auf einmal der Vogel und eure Suche nach Körnern erscheint euch auf einmal das Normalste und Sinnhafteste der Welt. Die Fähigkeit des Menschen ist es, über den Raum des Menschseins hinauszugehen und in andere Räume hineinzusehen, auch wenn diese in euch angelegte Fähigkeit meistens noch zu schlafen scheint. Viele Wesen bleiben, solange ihre Körperform bestehen bleibt, in ein und demselben Raum, weil sie den Raum mit ihrer Körperform verknüpft haben. Und obwohl diese Verbindung durchaus besteht, besitzt der Mensch multiple Körper in multiplen Räumen. Jeder deiner Körper erfährt sich in einem anderen Raum und für den Emotionalkörper oder den Mentalkörper ergibt sich jeweils eine ganz eigene Welt. Handelt bewusst, je nachdem, was ihr ausführen wollt in einem anderen Körper und fragt euch von Zeit zu Zeit, in welchem Körper ihr aktuell aktiv seid. Steckt ihr im Schmerzkörper, dann wird Schmerz alles Sein, was eure Welt erfüllt und befindet ihr euch im Lichtkörper, dann wird alles euer Strahlen reflektieren. Ihr wechselt euren Körper ständig, und darüber hinaus stehen euch noch so viele Körper für eure Selbsterfahrung zur Verfügung, wie es Dinge in eurer Welt gibt.

Ihr führt multiple Leben in multiplen Räumen, das heißt, ihr lebt ein ganz eigenes Leben in einem eurer Körper, und immer, wenn ihr in den Raum eintretet, in dem dieser Körper präsent ist, knüpft ihr an dieses Leben an.

Zum Beispiel führt ein Teil von euch ein Leben in dem vorhin erwähnten Schmerzkörper und immer, wenn ihr diesen Körper für die Selbsterfahrung wählt, knüpft ihr an alle Erinnerungen, die dieser Körper in seinem Leben bisher gemacht hat, an.
Im nächsten Moment wechselt ihr in den Lichtkörper und erlebt auf einmal das Leben eures Lichtkörpers, das eine ganz andere Vergangenheit und Zukunft besitzt als der vorherige Körper.
Auch wenn es so scheint, als ob ihr in der immer gleichen Form wohnen würdet, wechselt ihr die ganze Zeit eure Körper und rutscht dadurch von einem parallelen dazu stattfindenden Lebensverlauf in einen anderen. Ihr könnt keinen Körper heilen, oder seinen Erfahrungsspielraum verändern, ihr könnt lediglich eure Identifikation mit diesem Körper lösen und euch mit einem anderen Körper identifizieren, der bereits ein geheiltes Lebenserfahrungs-Set mit sich bringt. Da alle Erfahrungen in den Körpern, die sie gemacht haben, gespeichert sind, ist Aufarbeitung, wie ihr sie versteht, nicht möglich, ihr könnt höchstens bewusst in einen Körper wechseln, der diese Erfahrung nicht gemacht hat. Ihr wechselt ständig von Körper zu Körper, um die bereits bestehenden Erfahrungen der Körper durch eure Identifikation mit ihnen mitzuschneiden. Die gesamte Schöpfung ist euer multidimensionaler Körper, der Erfahrung für euch sammelt und je nachdem, was ihr für euch wünscht, klinkt ihr euch in den einen oder anderen Körper ein, der diese Erfahrung für euch bereitstellt,

wobei ihr im Moment der Erfahrungsidentifikation diesen Körper natürlicherweise als euren eigenen betrachtet. Alle Körper, alle Formen in der Schöpfung stehen euch für die Selbsterfahrung zur Verfügung, die Frage ist nur, welchen Körper ihr wählen wollt.

Bist du mit einem Körper identifiziert und erlebst dich durch ihn, dann heißt dies nicht, dass deine parallelen Körper ihr Leben nicht fortsetzen würden oder gar aufhören zu existieren. Nein, alle deine Körper führen ihr Leben in ihrem Raum fort, und es ist einfach eine Frage der Bewusstseinsausrichtung, welches Leben von welchem Körper du momentan dein Eigen nennst. Verlässt du deinen Körper, lebt dieser in seinem Raum weiter, nur eben ohne, dass du dich in ihm erfährst. Wisst ihr, das ganze Schöpfungsspiel wurde so für euch vorbereitet, dass ihr euch nur hineinbegeben musstet. Ihr legt euch quasi ins gemachte Bett der Schöpfung, wenn ihr einen der Körper zur Selbsterfahrung wählt.

Alles findet genauso auch ohne euch statt, denn alle eure Körper führen ihr eigenes Leben entsprechend ihrer Raumprogrammierung und ihr schaut quasi nur einmal so in einen Körper hinein, um die Erfahrung davon zu bekommen, wie es wäre, aus dieser Form herauszuschauen.

Ihr habt euch nicht etwa deshalb in einen ganz bestimmten Körper gesetzt, um den Körper zu erfahren, sondern um den Raum zu erleben, durch den sich dieser Körper geboren hat. Dies ist ein ganz wesentlicher Unterschied! Ihr braucht nicht mehr an einem Körper zu kleben, denn es ging euch seit jeher darum, Räume zu erfahren, nur erfahren sich bestimmte Räume eben über bestimmte Körper.

Wie auch immer ihr das Blatt im Formenspiel wenden mögt, kommt doch zum Ende hin der ursprüngliche Lebenszweck in seiner wesentlichen Essenz heraus. Ihr werdet irgendwann merken, dass alle Formen nur für euch da sind und der Programmierung eures Raumes entsprechen, doch an diesem Punkt wird es euch dann auch aufgehen, dass die Räume der Schöpfung auch über andere Mittel als über Formen erfahrbar werden.

Achtet doch noch einmal genauer darauf, im welchem Körper ihr steckt, wenn ihr welche Handlung in welcher Bewusstheit ausführt und vielleicht kommt ihr dann ganz von alleine dahinter, dass ihr die ganze Zeit durch völlig eigenständige, multiple Körper surft. Euer Raum-Schiff ist startklar und abflugbereit, wenn ihr euch die Weite des Raumes ohne Schiff vorstellen könnt.

Wir haben uns große Mühe gegeben, eure Körper-Form-Erfahrung bewusst von einer anderen Seite her zu durchleuchten, und alles, worauf es dabei ankam, ist, dass ihr angestoßen durch unsere Installation in einen anderen Schöpfungsraum kommt. Legt unserer Aussagen folglich nicht auf eure Goldwaage, denn sie besitzen nur einen Zweck in sich und haben darüber hinaus keinen höheren Wert. Alles, was wir durchgegeben haben, um euer Raum-Schiff auf Vordermann zu bringen, könnt ihr gleichsam dazu verwenden, euer Schiff in einer Sandbank auflaufen zu lassen. Seid also behutsam und liebevoll mit euch, wenn euch die direkte Erfahrungsübersetzung unserer Worte nicht gleich gelingt. Alles hat, so wie es gerade für euch ist, einen Sinn, der sich nur euch erschließt, weil ihr diesem seine Bedeutung geschenkt habt.

In herzlicher Verbundenheit, die Crew eures unbemannten Raumschiffes.

Der Schutzraum

Dein größter Schutz ist es, wenn du in der absoluten Gewissheit darüber bist, dass du dich nicht verteidigen brauchst, weil dir nichts und niemand etwas anhaben kann. Ist dein Wissen, dass dich niemand in dieser oder einer anderen Welt verletzen kann, ständig geistesgegenwärtig, dann braucht es keine zusätzlichen Schutzvorrichtungen. Wer erkennt, dass in der Verteidigungslosigkeit seine eigene Sicherheit liegt, der wird auch sehen, dass die meisten Schutzvorrichtungen, die Problematik, vor der sie zu schützen versuchen, aufrechterhalten. Jeder Schutzwall, den wir aus der Angst, verletzt zu werden, ausbauen, betont auch immer die eigene Verletzlichkeit, und dennoch ist es auf der irdisch-menschlichen Ebene durchaus angebracht, zu lernen, wie man sich vor destruktiven Energien schützt, wenn man sich gleichermaßen den dazugehörigen eigenen inneren Schattenanteil ansieht.

Immer wenn du mit destruktiven Energien in Kontakt kommst, kannst du davon ausgehen, dass dein eigener Schatten dieses Szenario mit erschaffen hat, um dich auf einen unerlösten Schattenanteil in dir aufmerksam zu machen. Alle destruktiven, dunklen Wesen helfen allen anderen Wesen, ihre Schwachpunkte zu finden. Und immer, wenn unliebsame Energien es doch wieder einmal geschafft haben, an dein System anzudocken, dann legen diese den Finger direkt auf die Wunde, die offene Stelle in deinem System, über die sie sich Zugriff verschafft haben. Jedes System hat seine Achillesferse, seine eigenen Schwachpunkte und ohne die Wesen, die sich auf nichts anderes spezialisiert haben, als Schwachpunkte im System zu suchen, um sie für sich auszunutzen, würde kein in sich gespaltener Geist zurück zur Heilung finden. Wir können sehr dankbar sein, dass sich einige Wesen für die schwierige und unangenehme Rolle zur Verfügung stellen, uns auf unsere noch nicht ins Licht gebrachten inneren Anteile aufmerksam zu machen.

Werden wir aufmerksam, dann heilen und schließen wir unser System und lernen die noch offenen Stellen und Themen entsprechend zu schützen. Bleiben wir hingegen unbewusst, dürfen die Wesen, die unseren Schatten spiegeln, Teile unserer Energie erhalten. So ist und war die Übereinkunft.

Dieses Spiel geht jetzt schon seit sehr langer Zeit wie in einem Ping-Pong-Spiel hin und her. Die eine Seite bringt ein neues Bewusstseinsprogramm heraus, die andere Seite versucht, sich in das System zu hacken und immer, wenn sie einen Zugangspunkt gefunden haben, kommt ein neues Update heraus, das diese Lücke im Programm schließt. Analog dazu kommt es nicht selten auf eurer Ebene vor, dass die besten Hacker von den größten Softwarefirmen angestellt werden, um die Belastbarkeiten und Anfälligkeiten eines Programms herauszufinden. Die Kräfte der Finsternis, die sich durch ihren freien Willen in diese Rolle gebracht haben, sind auf einer höheren Ebene angestellt und wirken, wie jede andere Kraft auch, für die Weiterentwicklung und Ausdehnung von schöpferischen Bewusstseinsprogrammen. Allerdings müssten die Wesen, die ständig die Schwachpunkte in ihrem System aufgezeigt bekommen, diese erkennen und beheben, um so ihren Teil der Abmachung der gemeinsamen Bewusstseinsentwicklung zu erfüllen, denn ansonsten gerät die Schöpfung in Ungleichgewicht.

Jeder Erdenmensch hat auf einer Ebene seines Systems noch seine Themen, denn ansonsten würde er sich nicht auf einen Planeten begeben, der eigens für die Auflösung von Dualitäts-Trennungs-Themen erschaffen wurde.

In der euch bevorstehenden Zeit wird es noch stärker drunter und drüber gehen, als es bisher der Fall gewesen ist, und deshalb wollen wir euch ein paar Methoden an die Hand geben, die euch zeigen, wie ihr euch schützen könnt. Erst einmal wollen wir euch darauf hinweisen, dass eure aktuellen Raum-Zeit-Koordinaten offiziell als Kriegsgebiet deklariert worden sind, auch wenn es euch oberflächlich nicht so erscheinen mag. Ihr steckt mitten im kalten Krieg, der gegen euer ursprüngliches Bewusstsein geführt wird und entsprechend wird dieser Krieg mit Waffen des Bewusstseins geführt. Wir bedienen uns hier eurer Kriegsterminologie, denn wenn es etwas gibt, wofür ihr ein breites Begriffsrepertoire habt, dann ist es dieser Bereich. Auch wenn uns diese Begrifflichkeiten fern liegen, so müssen wir uns

doch mit den für euch verständlichen Mitteln ausdrücken.
Sich unsichtbar zu machen, um gänzlich unter dem Radar zu bleiben, kann genauso einen Schutz darstellen, wie sich öffentlich zu präsentieren und alle Karten offen auf den Tisch zu legen.
Ihr seht momentan den größeren Schutz in eurem Verstecktsein, doch in eurem transparenten nach außen Treten und der Offenlegung aller ins Feld geführten Waffen liegt ein mindestens genauso großer Schutz. Wer authentisch und transparent kommuniziert, entwaffnet sein Gegenüber mit all seinen manipulativen Methoden und zwingt ihn quasi damit, gleichermaßen transparent zu werden. Wer sich verletzlich zeigt, der führt sein Gegenüber in die eigene Verletzlichkeit, und auf Verwundete schießt man nicht, sondern man stützt sie, auch wenn sie aus dem gegnerischen Bewusstseinslager stammen. Die Offenlegung eurer Schattenanteile, und sei es erst einmal nur für euch selbst, schützt euch davor, dass sich andere Wesen dazu berufen fühlen, euch eure Schattenseiten zu zeigen. Die Kräfte aus dem anderen Lager wissen ganz genau, wer sich seiner Schatten bewusst ist und bei wem sie noch den Auftrag haben, diesen Bewusstseinsprozess in Gang zu setzen. Wenn ein Schattenwesen zu einem bewussten Menschen kommt, sein System durchscannt und sieht, dass dieser sich seiner eigenen Schatten bewusst ist, dann verzieht es sich schnell wieder, weil es merkt, dass dort nichts mehr zu holen ist und weil es Angst hat, durch die Interaktion mit dem Menschen selbst transformiert

und ins Licht aufgelöst zu werden. Seid mit dem Licht eures Bewusstseins folglich direkt konfrontierend, sobald ihr ein Wesen der anderen Front wahrnehmt und steckt euren Raum ganz klar ab, sodass sich euch nichts auch nur zu nähern wagt, was sich nicht aus dem göttlichen Geistfeld heraus erfährt.

Weil euer Bewusstsein Energie ist, fließt eure Energie dorthin, wohin ihr euer Bewusstsein ausrichtet. Wenn ihr in das andere Lager späht, dann geht eure Energie an die andere Seite verloren.

Schaut also nicht außerhalb von euch selbst nach den Kräften des Unlichts und erkennt an, dass jedes Wesen sich euch nur dann nähern kann, wenn ihr in irgendeiner Form in Resonanz mit ihm geht.

Ohne eure Resonanz könnten Wesen unterschiedlicher Schwingung direkt parallel nebeneinanderher existieren, ohne auch nur einen Hauch voneinander mitzubekommen.

Eure Welt ist voll von Schutzsymbolen, die mehr oder weniger gut funktionieren, und die sehr cleveren Wesen des Unlichts verbreiten umfassend und ausführlich die Informationen ihrer Bösartigkeit und verteilen im gleichen Zuge ihre selbst entworfenen Schutzsymbole, in welche sie sich zuvor eingenistet haben. Wenn ihr Schutzmethoden habt, die sich gegen eine ganz bestimmte Energieform oder Wesenheit richtet, dann prüft doch noch einmal genau, ob dieser Schutz nicht doch auf dem Mist eben jener Wesenheit gewachsen ist, um sich einen Zugang zu eurem System zu ergaunern. Angst wird überall im Krieg gegen euer Bewusstsein gesät, um die vielfältigsten Mittel zur Angstbekämpfung an verängstigte Bürger zu verkaufen. Der Krieg gegen euer Bewusstsein lässt sich nur dann inszenieren, wenn ihr weiterhin die Rolle des unbewussten Opfers spielt. Würdet ihr hingegen angstfrei auf die sich immer mehr erhitzende Angstpropaganda reagieren, dann nehmt ihr der anderen Seite den Wind aus den Segeln und lasst sie einfach ins Leere laufen. Widerstand erzeugt Widerstand, und das ist alles, was die Kriegstreiber wollen, denn sie könnten keine Schlacht austragen, wenn ihr Feind gar nicht erst in ihrem Feld auftauchen würde.

Lasst euch nicht in die Spiele involvieren, die nicht eure eigenen sind, denn sie wurden mit einem Regelwerk erschaffen, in dem ihr nur verlieren könnt, auch wenn das Spiel erst einmal verlockend erscheint. Spielt lieber euer eigenes Spiel, nach euren eigenen Regeln, und lasst euch von dem neben euch existierenden Kreuzfeuer nicht aus der Ruhe bringen oder von eurem Spiel ablenken.

Die Kugeln des gesellschaftlichen Kreuzfeuers verwunden euch nur dann, wenn ihr nach wie vor die Regeln eines Spiels für wahr nehmt, das in keinerlei Bezug zu dem wahrhaftigen, ursprünglichen Erdenleben steht. Die Regeln des euch scheinbar aufgedrückten Spiels sind in keinster Weise für euch bindend. Und wie dumm gucken die Wesen des Unlichts aus der Wäsche, wenn ihr schlicht und einfach nicht auf ihr Panikspiel reagiert.

Aus einer tiefen Verbundenheit zur Schöpfung einen geschützten Raum aufzumachen, um eine noch tiefere Verbundenheit zu empfinden, ist dennoch auf eurer Ebene immer wieder wichtig. Wenn ihr Schutzräume für euch oder eine Gruppe öffnet, dann achtet darauf, dass die Wände eures energetischen Raumes wie ein Filtermembran aufgebaut sind, der tiefere Schwingung von innen nach außen herausfließen und höhere Schwingung von außen nach innen hereinlässt.
Lasse deinen Schutzraum grundsätzlich wie einen Schwingungskatalysator wirken und baue ihn dann zwiebelschichtförmig auf. Konzentriere dich folglich zuerst auf die Energiequalität, die die äußere Schicht deines Schutzraumes bilden soll. Kannst du die Energie in all ihren Qualitäten klar und präsent in dir wahrnehmen, dann beginne damit, diese Energie weiter um dich herum auszudehnen, bis sie die gewünschte Größe erreicht hat. Dann konzentriere dich wieder auf einen einzelnen Punkt innerhalb oder außerhalb von dir und setze in diesen Punkt die komprimierte Energie der nächsten Schutzschicht ein. Und ohne dass sich die Intensität von diesem Punkt verringert, darf sich auch die Energie langsam wieder ausdehnen, bis sie sich von innen an den bereits bestehenden Raumwänden angliedert. Dieses Vorgehen kannst du mehrmals wiederholen, wobei du mit jeder weiteren Innenschicht eine feinere, höherschwingende Energiequalität hernimmst. Die Außenschale deines Schutzraumes kann ruhig von einer festen widerstandsfähigen Qualität sein. Wenn die eigenen Schichten energetisch präsent sind, dann

hast du mehrere Schwingungsräume aneinandergesetzt und nur dadurch wirst du dich aus dem Schwingungsfeld deiner Umgebung herausheben können, da diese auch nur durch eine massive Ineinanderstapelung unterschiedlichster Schwingungsräume in gegengesetzte Richtung entstanden ist. Um dich in einen kosmisch neutralen Schutz- und Schwingungsraum zu versetzen, müsst du die parallel geschachtelten Räume, in deren Zentrum der physische Erfahrungsraum liegt, in umgekehrter Reihenfolge ineinander setzen. Das, was folglich den inneren Kern bildet, muss zur äußerten Schicht werden und umgekehrt.

Wir geben euch ein praktisches Anwendungsbeispiel für diesen sehr relevanten Erkenntnisschlüssel:

Eure Erde befindet sich selbst im Zentrum eines Schutzraumes, der sich über unzählbar viele aneinandergereihte Schwingungsschichten überhaupt erst aufbauen konnte. In jeder Schicht steckt ein bestimmtes Programm, das die daran anknüpfende innere Realitätsschicht mit ihren Programmen wiederum erst ermöglicht.

Jede Schicht jeder Schwingungsebene ist eine membranartige Schutzvorrichtung, die die Voraussetzung der nächstinneren Schicht herstellt. Die Erde liegt im Zentrum aller kosmischen Schwingungsschichten, ist also am stärksten von den hohen All-Eins-Energien geschützt. Ihr könnt nun diesen Schöpfungsaufbau im Kleinen durch einen Schutzraum wieder zurückführen in die All-Eins-Energien, indem ihr die gleichen

Schwingungsschichten, die zum physischen Existenzraum geführt haben, in umgekehrter Schichtung in euch aufbaut und ausdehnt. Die Schöpfung ist in allem, was sie tut, immer bis zur Quelle aller Schöpfungsprozesse nachvollziehbar. Ihr müsst nur erkennen, wie und wodurch euer jetziger Erfahrungsmoment entstanden ist und welche Erfahrungs(ge)schichten ihn umringen. Euer Schutzraum kann sich so aufbauen, wie die Erde ihre sehr hoch schwingende Zentralsonne schützt, denn die Erdschichten sind Schutzschichten, die sich um das Herz der Erde legen. Konzentriert euch zunächst auf das Erdelement und lasst es, sobald ihr es ganz in euch wahrnehmen könnt, zur äußersten Schutzschicht ausdehnen. Dann konzentriert euch auf das Wasserelement für die zweite Schicht, gefolgt von einer etwas weicheren Erdschicht, um dann das Herz eures Schutzraums mit dem Feuer eures Herzens anzufüllen. Je nachdem, wofür ein Schutzraum gedacht ist, könnten natürlich alle Schichten flexibel angepasst werden. Ihr könnt euch auch einen Schutzraum erschaffen, der umgeben ist mit den 12 kosmischen Urenergien. Beginnt mit der Widder- Energie als äußerste Schicht und ruft jede Energiequalität in euch auf und dehnt sie um euch herum aus, sodass ihr euch umringt von den 12 Urkräften im Zentrum mit der 13ten Schöpferkraft, dem göttlichen Licht, verbinden könnt. Natürlich könnt ihr eure geistigen Helfer auch darum bitten, euch dabei zu unterstützen, den für euch passenden Schutzraum aufzubauen und aufrechtzuerhalten.

Ich würde auch immer empfehlen, beim Aufmachen eines energetischen Schutzraumes eine Terminierung zu setzen, damit der Schutzraum in einen bewussten zeitlichen Rahmen gesetzt wird.
Die einfachste Möglichkeit einen Schutzraum zu kreieren ist, aus dem Herzen heraus eine goldene Kugel um sich herum aufzubauen, oder die 13te Kraft, die Christusenergie, darum zu bitten, einen Lichtschutz um einen herum zu legen. Ist der Schutzraum sauber aufgebaut, dann gibt es keine ungewollten Interferenzen zwischen dem Raum, in dem du dich bewegst, und dem, was um dich herum vor sich geht. Ja, mehr noch, dein Schutzraum hat die Fähigkeit, dich energetisch unsichtbar zu machen, wenn du aus ihm heraus nicht mehr in Resonanz mit den äußeren Geschehnissen gehst. Es ist möglich, dich für eine Zeit in eine Spiegelungskugel zu setzen, in der sich alles um dich herum nur selbst spiegelt, du aber unsichtbar bleibst. Wie gesagt, ergeben sich alle Erfahrungsqualitäten durch die Energien, mit denen ein Raum aufgebaut wurde. Grundsätzlich eignet sich die Kugel als geometrische Figur für einen Schutzraum, aber auch andere geometrische Figuren haben ihre besonderen Schutz- und Energiebindungsqualitäten. Je komplexer die Geometrie des Raumes, desto vielschichtiger muss dieser aufgebaut werden, was ihn gleichzeitig aber auch beständiger werden lässt.
Die Räume, in denen ihr euch in der Regel bewegt, sind geometrisch hochkomplex und vielschichtig aufgebaut. Doch eigentlich findet sich das Wesentliche immer in den einfachen Formen wieder.

Auch eine Schutzkugel muss nicht durch aufwendige Rituale hervorgebracht werden, sondern kann, wenn sie einmal stabil aufgebaut wurde, immer wieder durch einen einzelnen Bewusstseinsimpuls aufgerufen werden. Ihr tragt alles in euch, über das ihr euch in einen absolut geschützten Raum begeben könnt.
Probiert es selbst einmal aus, in welchem Schutzraum ihr euch am sichersten fühlt und welche Energiequalitäten ihr euch für euren Schutz einladen wollt. Und vergesst nicht, euer Wesen ist immer wohl behütet und geschützt, völlig unabhängig davon, wo ihr euch gerade aufhaltet.
Es ist euch gegeben, euch in völliger Sicherheit und Ruhe durch einen wild tobenden Kriegsschauplatz zu bewegen, wenn ihr zentriert und ausgerichtet einen Schutzraum um euch aufrechterhaltet.

Raum des Zielvertrauens

In vergangener Zeit führten die meisten Menschen auf den Polynesischen Inseln ein naturverbundenes, glückliches Leben, ohne großartig nach äußeren Zielen zu streben. Ihre Form des Reisens mit ihren einfachen Segelboten geschah immer mit dem Wind und ohne zusätzliche Steuerung des Bootes.
Es gibt eine große Anzahl an kleinen versprengten Inseln in dieser Gegend und die polynesischen Segler waren sehr im Vertrauen, dass der Wind wusste, wo es am besten für sie war. Sie wären nicht einmal auf die Idee gekommen, von sich selbst zu glauben, dass sie es besser wüssten als die Kräfte der Natur, wohin sie zugehen hätten. Dadurch, dass die Polynesier kein selbst bestimmtes Ziel besaßen, konnten sie auch nicht an einen falschen Ort gelangen und überall, wohin sie der Wind führte, war das für sie richtige Ziel. Ihr Ziel war ein inneres, und mit dieser Ausrichtung übergaben sie den Kräften der Natur das Steuerrad, damit diese einen äußeren Ort finden mochten, der ihrer inneren Ausrichtung entsprach.
Könnt ihr euch vorstellen, dass in der Natur alles so eingerichtet ist, um alles Leben zur richtigen Zeit an den richtigen Ort zu führen? Könnt ihr euch vorstellen, dass ihr vom Leben behutsam geführt und geleitet werden könnt, gerade wenn ihr das Steuerrad einmal aus der Hand gebt?
Frühe Kulturen auf eurer Erde strebten stets nach innerer Verwirklichung und weit weniger nach äußeren Zielen. Die Aufgabe des Menschen besteht darin, sich

innerlich auf etwas auszurichten, um dann dem Leben Mittel und Wege offenzulassen, diese Ausrichtung umzusetzen. Immer wenn ein Mensch mit seinem Eigenwillen in die Umsetzung eingreift, beschneidet er sich in der Vielfalt alternativer Umsetzungsformen. In der Weise, wie ihr euch gegenwärtig als Mensch erfahrt, findet eine fundamentale Ebenen-Verwechselung statt, wenn ihr materielle Mittel und Wege festlegt, ohne eine innere Haltung mit tragfähiger Ausrichtung einzunehmen.

Ein Ziel auf eurer materiellen Ebene in Raum und Zeit festzulegen, vertauscht die Ebenen von dem, was ihr durch das Ziel eigentlich erreichen wolltet. Eure Ebene wurde eben dafür geschaffen, es den natürlichen Kräften in ihr zu überlassen, die Ziele für die innere Ausrichtung eines Menschen umzusetzen. In eurem blinden Übereifer versucht ihr diese Umsetzung selbst in die Hand zu nehmen und habt dabei zunehmend die Fähigkeit innerer Ausrichtung verlernt.

In eurer Art, wie ihr euch durch das Leben bewegt, nehmt ihr ständig eine Position ein, die eigentlich von der Natur und den natürlichen Kräften ausgefüllt wird und dadurch, dass ihr euch künstlich in diese Position hineingearbeitet habt, bekommt ihr nicht mit, dass die Natur immer schon alles in die Wege geleitet hat, um eure Ziele umzusetzen.

Entweder ihr beherrscht die Kunst der inneren Ausrichtung und lasst das Leben die Umsetzung verrichten, oder ihr schuftet euch in der Position der Umsetzung ab, ohne dass euer Tun in irgendeiner Weise ausgerichtet ist. Wenn ihr ohne Ausrichtung, von einem Ort in

Raum und Zeit an einen anderen geht, findet keine Veränderung statt, sondern es führt höchstens zur Verwirrung. Und erst, wenn ihr das polynesische Segeln wieder lernt, eröffnet ihr dem Leben die Möglichkeit, alles für euch bereitzustellen.
Dem Leben die Umsetzung seiner Ziele zu überlassen, bedeutet auf eurer Ebene keinesfalls, dass ihr untätig den ganzen Tag nur herumsitzen sollt, sondern dass sich in all euren Handlungen das höhere Ziel eurer inneren Ausrichtung widerspiegelt. Der englische Spruch: "Think big, act small" kommt dem nahe, was wir zu übermitteln versuchen. Immer, wenn ihr eure hohen Ziele mit weltlichen Positionen verwechselt, gerät die gesamte natürliche Wunscherfüllungsmaschinerie für euch etwas aus der Balance. Das Erreichen weltlicher Ziele wurde euch gerade deshalb so eingebläut, damit ihr euch nur noch blind mit der Ebene der Umsetzung beschäftigt und die Position der Ausrichtung von machthungrigen Egoismen besetzt werden konnte. „Irgendjemand muss doch die Arbeit tun, die getan werden muss", heißt es dann. Doch das, was anscheinend getan werden muss, schleicht sich nur durch manipulative Programme in euer Wahrnehmungssystem. Alle wirklich hochentwickelten Zivilisationen auf eurer Erde haben keinerlei materielle Spuren hinterlassen, da ihr ganzes Leben eingebettet in natürliche Prozesse war und sie noch wussten, wie sie der Erde dienen konnten, sodass ihnen alle natürlichen Kräfte für die Umsetzung ihrer Ausrichtung zur freien Verfügung standen.
Wie schwer fällt es heute den meisten Menschen, das

Steuerrad einmal loszulassen und den natürlichen Kräften zu vertrauen…
Ihr mögt die Erfahrung gemacht haben, dass euch das Leben dann immer wieder vor die Wand fährt, allerdings wollen wir anmerken, dass dies nur deshalb geschehen kann, weil ihr eine künstliche Beeinflussung in eure innere Ausrichtung zulasst. Und weil ihr mitbekommt, dass euch euer Leben in Situationen und Zustände führt, die ihr euch unmöglich für euch selbst wünscht, verliert ihr das Vertrauen und klammert euch noch krampfhafter an das Lenkrad eures Lebens. Doch je mehr ihr zu lenken und zu steuern versucht, desto mehr werdet ihr von künstlichen Programmen selbst gelenkt und gesteuert. Lasst ihr hingegen los und überlasst dem Leben die Umsetzung eurer Ausrichtung, dann kann die geistige Steuerzentrale nicht mehr künstlich besetzt werden. Ob ihr euer Leben lenkt oder ob es wie fremdgesteuert an euch vorbeiläuft, hängt maßgeblich von eurer Ebenenbewusstheit und der Einsicht ab, welche Ebene in euch Führung und welche Hinhabe verlangt.
Wenn alle Menschen ihrer inneren Führung wieder folgen und sich nach der Art des polynesischen Segelns durch ihr Leben bewegen, dann sind die sich dadurch auftuenden Synergieeffekte gigantisch und jeder Lebensschritt ist wie von Zauberhand orchestriert. Wenn jeder seiner Intuition folgt, hat das Leben große Freude daran, alles so in die Wege zu leiten, dass alles zusammenkommt, was zusammengehört, allerdings kommt das Leben auch nicht durcheinander, wenn einzelne Lebensformen sich dazu entscheiden, aus den angebotenen Synergieeffekten auszusteigen. Der freie

Wille jedes Wesens schließt die Entscheidung gegen das Leben ein, wobei sich darüber das Wesen letzten Endes selbst einschließt. Und wenn sich viele Wesen dafür entscheiden, sich von anderen abzuschneiden und sich zu verschließen, dann kann das Leben dort nur noch dadurch stattfinden, dass es den Spielraum des freien Willens einschränkt.
Wer würde nicht an seinen Erfahrungszielen vorbeisegeln, wenn er seinen freien Willen dafür einsetzt, sich in seiner Willensfreiheit zu beschneiden. Aber auch diese Erfahrung ist im Lebensrepertoire vorhanden. Mittels äußerer Ziele innere Erfahrungen anzustreben trifft den Kern einer in die Freiheit führenden Lebensausrichtung. Doch meist bestimmen eure inneren Mangelempfindungen die äußeren Erfahrungssituationen, von denen ihr nur schwerlich glauben könnt, dass ihr sie für euch gewollt habt. Äußere Situationen sind für innere Erfahrungen da, denn letztere tragt ihr solange in euch weiter, bis ihr eine Position zum Leben gefunden habt, in der sich das Lernen über scheinbar äußere Situationen auflöst.
Andere Zivilisationen auf eurer Erde hatten ganz andere Zugänge zum Leben und sie positionierten sich in keinster Weise gegen etwas anderes Lebendiges. Sie wussten, dass alles, was lebt, mit ihnen war und für sie arbeitete, nur fehlte ihnen die Erfahrung, dass es durchaus Wesen in der Schöpfung gab, die sich anders gegenüber dem Leben positionierten. Die Position, dass alles im Leben für sie da sei, verlieh den Menschen vergangener Epochen einen gewissen Hochmut, gepaart mit der Naivität, dass alle Wesen die gleiche Position

zum Leben einnahmen wie sie selbst. Doch die Erfahrung, dass anderes Leben sich tatsächlich anders positionierte, ließ nicht lange auf sich warten, und so durfte die Menschheit lernen, dass es noch mehr zu erfahren gab als das, was sie bisher kannten.
Große Teile der Erfahrungen wiederholten sich mehrmals und wurden durch unterschiedliche Epochen hindurchgereicht, wobei es auch immer wieder Kulturkreise gab, die sich als geschlossene Gruppe, kraft ihrer Selbstverwirklichung dafür entschieden, sich auf einem anderen Planfeld anzusiedeln. Das, was viele eurer Historiker als den Untergang einer Hochkultur bezeichnen würden, ist in Wahrheit deren erfolgreicher Übergang auf eine andere Ebene des Seins.
Lebewesen, die mit dem Leben gehen, hinterlassen keine Spuren auf ihrem Weg. Ihr aber wolltet mit eurem Erfahrungswunsch ausbrechen und es bewusst anders machen. Eure Kultur hob sich bewusst von der sie umgebenden Natur ab, anstatt zu einem Spiegelbild der Natur zu werden, und eure zunehmend unnatürlicher werdenden Erfahrungswünsche erschufen gleichermaßen künstliche Räume, die sich direkt auf Kollisionskurs mit den Räumen der Schöpfung brachten. Um euch euren Erfahrungswunsch zu gewähren und zu ermöglichen, wurden die künstlichen Erfahrungsräume abgeschirmt und unter Quarantäne gesetzt. Eure gegenwärtige Kultur ist infiziert mit Gedanken und Erfahrungszielen, die sich gegen das Leben richten und in allen Bereichen eurer Kultur laufen diese letztlich selbstdestruktiven Muster ab. Alles, was sich von der Natur abhebt, muss destruktiv sein, um wieder in die Natur zurückzufinden. Es ist ein großes schöpferisches

Geschenk, dass ihr eben nicht bis in alle Ewigkeit in einer Kultur leben könnt, in dem ein unschöpferischer Zugang zum Leben vorherrscht. Doch momentan ist es noch so, dass die meisten von euch die größte Angst vor ihrer größten Befreiung haben. Würdet ihr von jetzt auf gleich alle äußeren Erfahrungsziele verlieren, dann würdet ihr mit eurer Selbstidentifikation ganz schön ins Schleudern kommen.

Viele von euch werden noch zu Lebzeiten all das wegbrechen sehen, wofür sie ein Leben lang gearbeitet haben, und dies ist nicht etwa eine Strafe, sondern wird sich letztendlich als eure Befreiung entpuppen. Man kann bis zuletzt in einem brennenden Haus sitzenbleiben, aber man muss nicht erst darauf warten, bis es in sich zusammenbricht, bevor man sich endgültig dazu entscheidet, es zu verlassen. Das Feuer nimmt euch nichts, sondern es stellt das wieder her, was vor euren unnatürlichen Erfahrungswünschen schon immer dagewesen ist.

Ihr steckt in einem epochalen Übergang, in dem sich die Erfahrungspakte unterschiedlicher Erdepochen mehr denn je miteinander vermischen, und die Sanftheit des Übergangs wird davon bestimmt, wie sehr ihr es den polynesischen Seglern gleichzumachen versteht. Zieht euch von euren äußeren Zielen zurück und vergegenwärtig euch eure inneren Erfahrungswünsche, die ihr dann den Kräften der Natur für die Umsetzung anvertraut.

Es kommt eine globale Grundreinigungsaktion auf euch zu, die alle denen, die noch auf äußere Strukturen setzen, katastrophal erscheinen wird. Erst viel später werdet ihr diesen Zeitraum als die Rückkehr in einen natürlichen Schöpfungsraum begreifen. So, wie sich alles Unschöpferische irgendwann selbst zerstören muss, weil es letztlich gegen sich selbst arbeitet, so hat alles Schöpferische die Fähigkeit zur natürlichen Regeneration. Ein Wald kann sich, wenn er niedergebrannt ist, aus einem Samenkorn wieder selbstständig regenerieren, ohne Informationsverlust davonzutragen. Da alles in der Natur selbstregulierend aufgebaut ist, braucht ihr für den Wiederaufbau nach dem Übergang nicht einmal viel im Außen zu tun, weil ihr bis dahin einen gänzlich anderen schöpferischen Zugang zum Leben erhalten habt. Bitte erinnert euch, wenn die Erde brennt, dass alle Kräfte der Natur in schöpferischer Weise zusammenarbeiten, um letztlich mehr Leben entstehen zu lassen, auch wenn es zu dieser Zeit anders aussehen mag. Vertraut dem Wind, dass er den Rauch zu lenken versteht, vertraut dem Feuer, dass es zu transformieren weiß und vertraut dem Wasser und der Erde, dass sie sich regenerieren können. Und das, was dann auf euch zukommt, ist eine sehr spannende, noch nie dagewesene Überlagerung unterschiedlichster Erdepochen in einer. Euch werden alle Zugänge zum Leben wiedereröffnet, durch welche sich vergangene Zivilisationen erfahren haben. Es wird euch die Augen dafür öffnen, wofür das vergangene Zeitalter so war, wie es sein musste und wie sich die Lebenszugänge und Erfahrungsziele unterschiedlicher Epochen nun harmonisch zusammenfügen. Die kommende Epoche wird ein „Best of", aller vergangenen Kulturen sein. Auch wenn das kommende Zeitalter in einer bestimmten Energiequalität kommt und damit bestimmte kollektive Lernziele verknüpft sind, so sind diese viel flexibler

und weniger bindend als zuvor. Wenn das Feuer der großen Transformation tobt, wird ein Wassermann erscheinen und das löschen, was die Menschheit hinüber ins nächste Zeitalter tragen soll. Und alles das, was dem Feuer zum Opfer fällt, war nicht dazu bestimmt, mit in die neue Zeit zu kommen. Natürlich gibt es jetzt zum Übergang hin noch vieles zu tun und noch mehr zu lassen, wobei eure Haltung, mit der ihr die Segel setzt und zur Tat schreitet, darüber bestimmt, wie unbeschwert ihr ankommen werdet. Sich eine neue Welt zu visualisieren ist eine Sache, den Kräften der Natur zu vertrauen, dass sie mit uns ganz natürlich eine neue Welt aufbauen, eine andere.
Erst wenn ihr das Bild, wie es werden soll, loslasst, kann sich der innere, geistige Raum öffnen, in dem ihr euch als eins mit den Erfahrungszielen der Natur erlebt. Natürliche Prozesse sind nicht ziellos, so wie der Wind euer Schiff niemals wahllos an eine Küste wehen würde. Um aber zu erfahren, dass es die Natur nur gut mit euch meint und all ihre Kräfte für euch einsetzt, müsst ihr der Natur vertrauensvoll das Lenken überlassen, während ihr innerlich euer Erfahrungsziel wach und präsent haltet. Es wird noch einiges auf euch zukommen, und je offener eure Arme sind, Neues in Empfang zu nehmen, desto schneller und leichter werden euch die Kräfte der Natur in das Land der neuen Zeit führen.
Wir wünschen euch einen freudvollen und unbeschwerten Übergang.

Raum der Symbole

Kein Ding in eurer Welt steht für sich selbst, sondern alles ist ein Symbol für einen dahinterliegenden Raum. Etwas aus seiner Symbolhaftigkeit zu befreien heißt, sich in den Raum des Wahrnehmungsgegenstandes einzuklinken. Die Bestimmung, die Bedeutung und alle wesentlichen Eigenschaften von etwas, verbergen sich im Raum eines Gegenstands, und darüber, dass ihr etwas als Symbol auffasst, bekommt ihr Zugang zu dessen Informationsfeld. Sichtbare Dinge sind die gebundenen Formen unsichtbarer Informationsfelder. Sie sind Repräsentanten für einen Raum und der finale Zweck ihrer Existenz liegt in ihrer Schlüsselfunktion. Schaut euch einmal in dem sichtbaren Raum um, in dem ihr gerade jetzt seid. Welche Gegenstände gibt es? Und jetzt stellt euch vor, dass jeder Gegenstand und alles was ihr seht, ein manifestierter Schwingungsschlüssel für einen ganz bestimmten Informationsraum ist. Die Dinge in eurer Welt zu entschlüsseln, bedeutet, sie als Schlüssel für höhere Schwingungsräume einzusetzen.

Jedes Wort, mit dem wir euch den symbolhaften Charakter aller euch umgebenden Dinge aufzeigen wollen, ist selbst ein Symbol. Und ihr begreift den Inhalt dieser Worte nur dann, wenn ihr ihnen geistig bis in ihr Informationsfeld folgen könnt. Versteht ihr die Bedeutung dieser Aneinanderreihung sprachlicher Symbole, dann müsst ihr bereits Zugang zu deren Informationsfeldern

besitzen. Was wir damit andeuten wollen, ist, dass ihr, je nachdem um welche Wahrnehmungsformen es sich handelt, ganz natürlich und automatisch auf den dahinterliegenden Informationsraum zugreift.
Vielleicht wird es leichter für euch, die sichtbare Welt als Gleichnis aufzufassen, wenn wir euch mitteilen, dass jedes Ding in Wahrheit ein Wort in einer göttlichen Schwingungssprache ist.
Eine andere Ebene des Seins steht über alles, was ihr seht, in ständiger Kommunikation mit euch, und die Worte, die sie in diesem Dialog verwendet, sind die Dinge selbst, die ihr seht. Am Anfang war das Wort und alles in eurer Welt wurde ausgesprochen, damit ihr es in euch aufnehmt und in euch Antwort gebt. Ihr bewegt euch durch euer Leben, ohne dessen Symbole zu erfassen und ohne die Sprache lesen und schreiben zu können, mit der das Leben in allen Formen mit euch kommuniziert. Das Lesen ist das Einklinken und Auslesen der Informationsräume, die sich durch die Formen öffnen, wohingegen das Schreiben das rituelle Antworten über die gleiche Symbolebene meint, und in der Regel lernt man zuerst lesen und dann schreiben. Ist man in einem tiefen Gefühlskontakt mit dem Informationsfeld eines Dinges, so weiß man genau, wie man es rituell zu verwenden hat. Ihr verwendet eure Formen der äußerlichen Nützlichkeit wegen und verkennt damit das wesentliche Element, wofür euch Formen geschenkt wurden. Der erste „zweckentfremdete“ Gegenstand auf eurer Ebene war euer erstes Werkzeug. Bevor der Mensch Werkzeuge baute, um in seiner Welt besser

zurechtzukommen, wurde jeder Gegenstand als Ritualgegenstand für die Kommunikation mit anderen Schwingungsräumen verwendet. Ein Werkzeug steht in seiner Zwecksetzung einem Ritualgegenstand diametral entgegen. Und so, wie ihr früher alle Formen als Ritualgegenstände zur kosmischen Kommunikation gesehen habt, so sind heute alle Formen für euch Werkzeuge für einen äußeren Zweck. Aber die finale Bestimmung jeder Form liegt nie in ihrer äußeren Zweckmäßigkeit, sondern in ihrer Schlüsselfunktion, innere Räume zu öffnen. Ein übersteigerter Effizienzwahn und die strenge Nützlichkeitsgebundenheit in eurer Welt lässt euch blind gegenüber dem eigentlichen rituellen Sinn eurer Welt werden. Ihr könnt nicht gleichzeitig in einem Ding eine Werkzeugfunktion sehen und diesen Gegenstand als ausgesprochenes Wort der göttlichen Prinzipienebene aufnehmen. Ihr habt dieses Dilemma so zu lösen versucht, dass ihr einige Gegenstände als Ritualgegenstände und andere als Werkzeuge definiert habt, wobei es durch diese Vermischung zunehmend unklarer wurde, was für welche Ebene gedacht war.
Werkzeuge sind immer durch Menschenhand entstanden, wobei Ritualgegenstände durch göttliche Kräfte hervorgerufen wurden, auch wenn diese Kräfte durch den Menschen wirkten.
Immer, wenn eine höhere Seinsebene in eine Handlung eingeladen wird oder man bewusst aus einem Raum heraus handelt, ist das Tun immer rituell. Die Handlung

ist quasi die Antwort auf die symbolischen Kommunikationsversuche einer höheren Seinsebene.
Die Kunst ist noch einer eurer letzten Lebensbereiche, in dem ihr mal mehr oder weniger bewusst rituell handelt. Es gibt Handwerker, die Stühle herstellen und es gibt Handwerkskünstler, die Stühle herstellen, und der Unterschied liegt darin, dass ersterer nützlichkeitsbasiert mit Werkzeugen und letzterer ästhetisch-rituell arbeitet. Für jeden, der noch etwas innere Sensitivität besitzt, ist es sofort fühlbar, auf welchem Stuhl er sich niederlässt. Denn alles, was aus einem Raum heraus geschaffen wurde, wird letztlich selbst zum Ritualgegenstand und kann entsprechend als solcher Einsatz finden. Mit Werkzeugen etwas herstellen, ist nicht schöpfen, denn schöpfen heißt immer, aus einem höheren Informationsfeld heraus zu erschaffen und das Geschaffene zu einem Symbol für seinen eigenen Schöpfungsraum werden zu lassen.
Um etwas tiefer in die sprachliche Trickkiste zu greifen, könnten wir sagen, dass es Gegenstände, sprich Werkzeuge sowie "Fürstände", sprich symbolische Ritualgegenstände gibt. Fürstände stehen immer für ihr Informationsfeld und je bewusster etwas geschöpft wird, desto leichter kann man diesen Gegenstand wiederum in seiner Schlüsselfunktion einsetzen. Eure zweckgebundene Verwendung schränkt das Potenzial der euch umgebenden Dinge massiv ein und führt euch letztlich in eine tote Welt. Der wesentliche Unterschied zwischen Gegen- und Fürständen ist die Vielseitigkeit ihrer Einsatzfähigkeit. Ein Gegenstand besitzt, wenn

ihr ihn als Werkzeug betrachtet einen festgelegten Einsatzzweck, wohingegen die Bedeutung eines Ritualgegenstands absolut vielseitig und kontextabhängig ist. Wir könnten sogar so weit gehen, zu sagen, dass ein Ritualgegenstand selbst in sich keine Bedeutung hat und erst über den Kontext des Rituals an Bedeutung gewinnt. Vielleicht will eine höhere Seinsebene heute eine ganz andere Botschaft über dasselbe Ritualelement vermitteln als morgen. Doch dies lässt das Ritual nicht etwa unklar oder schwammig werden, sondern es ehrt die Lebendigkeit eines Dinges. Unklar wird es immer dann, wenn wir den Dingen nicht mehr zuhören, nicht mehr in sie hineinspüren und ihnen aufgrund ihrer Form eine Oberflächenbedeutung überstülpen. Um wieder schöpferisch wirken zu können, braucht es den schöpferischen Blick, der offen für die vielfältigen Bedeutungsebenen einer Form ist und der jede sichtbare Form bis in den Prinzipienraum zurückverfolgen kann, aus dem heraus sie entstanden ist. Formen in dieser Weise zu begreifen heißt, sie als Portal in eine andere Seinsebene zu verwenden. Die Schlüsselfunktion eines Gegenstandes, die in seiner Schwingungssignatur liegt, öffnet das Portal zu dem geistigen Geburtsraum desselben. Wer sich über ein Kunstwerk in die Befindlichkeit des Künstlers versetzen kann, macht dies in Ansätzen auf ganz natürliche Weise. Nun ist aber die ganze Welt ein solches Kunstwerk, und es ist unsere Aufgabe, uns darüber in den Geist des Künstlers einzuklinken. Begreifen wir unser Tun rituell, dann treten wir bei allem,

was wir machen, in die Kommunikation mit der Schöpfungsebene. Erschaffen wir dann im Geiste diese Ebene, dann verleihen wir allem, was wir in die Hand nehmen, den Glanz dieses Schwingungsfeldes.
Aus Werkzeugen können nur Werkzeuge entstehen und aus Ritualgegenständen können nur Ritualgegenstände erschaffen werden, und der einzige Unterschied zwischen dem Machwerk des einen und dem Schöpfungsvorgang des anderen ist die bewusste Verbindung mit dem Raum einer Sache.
Schöpfung hat immer bewusste Inkarnation zur Folge, weil in jedem Schöpfungsprozess bewusst eine höhere Ebene eingeladen wird, bei einem Machwerk kommt es hingegen immer zu einer Abkoppelung und Trennung der Ebenen. Dass ihr in eurer Inkarnation durch den Schleier des Vergessens musstet, lag daran, dass ihr nicht rituell geschöpft, sondern gemacht wurdet. Verwendet diese Aussage bitte nicht für eigene Schuldprojektionen, denn Schöpfungsprozesse sind auf eurer Ebene grundsätzlich eher selten, auch wenn ihr gerade wieder dabei seid, Schöpfer zu werden. Auch eure Eltern sind ein Symbol und kein Werkzeug, und ihr entscheidet, wofür sie in eurem Leben stehen. Ihr könnt diese zwei hier skizzierten grundsätzlichen Umgangsweisen mit dem Leben auf alles anwenden, wobei ein zentraler Anschauungsschlüssel in der Betrachtung eures eigenen Körpers liegt.
Wofür steht euer Körper? Was wollt ihr, dass er repräsentiert? Seht ihr ihn als ein nutzbezogenes Werkzeug, oder mehr als einen heiligen Zeremoniegegenstand,

über den ihr mit der Schöpfung in Kommunikation tretet? Die Betrachtungsweise eures Körpers hängt maßgeblich davon ab, in welchem Bewusstseinsraum ihr euch aufhaltet. Euer Körper ist euer zentrales Ritualinstrument, um an der Zeremonie des Lebens auf eurer Ebene teilzunehmen. Betrachtet ihr euren Körper als Instrument, das dafür da ist, etwas auf eurer Ebene umzusetzen oder etwas von einer anderen Ebene her zu übersetzen? Die erste Betrachtung lässt euren Körper zum Werkzeug werden, in letzterer werdet ihr automatisch zu einem Element in der göttlichen Zeremonie des Lebens.

Gleichermaßen könnt ihr all diese Worte, die nur Symbole für unsprachliche Informationen sind, als Werkzeuge sehen, die euch eine ganz bestimmte Form der Lebensführung vorschreiben oder ihr begreift deren tieferen Symbolgehalt und lasst euch von ihnen ein erfülltes, freies Leben zeigen.

Wir wollen euch mit unseren Worten nicht vorschreiben, wie ihr zu leben habt, sondern wir wollen euch aus den festgefahrenen Ansichten und Bestimmungsmustern herausführen und euch einen gänzlich anderen Zugang zum Leben vermitteln.

Ihr seid Schöpfer und eure Funktion als Schöpfer ist es, frei heraus zu erschaffen und mit allem, was ihr hervorbringt, bewusst einen Aspekt des Göttlichen zu inkarnieren. Wenn ihr erst einmal jede Form als Wort einer göttlichen Sprache begreift, dann ist es euch auch möglich, in dieser Sprache, auf gleicher Symbolebene der Formen, rituell zu antworten.

Raum der Liebe

Liebe ist die Kraft, die Vereinigung schafft. Und in jede Verbindung spielt sie mit hinein. Lieben ist eine Kunst, die sich in allen Wesen wieder einstellt, die sich für das Leben öffnen.
Keine Schwingungskraft in der Schöpfung bringt ein solches Auflösungs- und Transformationspotenzial mit wie die Liebe, denn in ihr wirkt das Urlicht. Das Erste, was die Schöpfung je berührte, war dieses Urlicht der Liebe, und nur durch diese Berührung öffnete sich die Schöpfung für alle Lebensprozesse in ihr. Es mag kaum zu glauben sein, wie eine derart feine Kraft, eine derart machtvolle Wirkung entfalten kann, aber gerade in ihrer Feinschwingung dringt sie in alles ein, was sich selbst als gröber erfährt. Liebe ist flächendeckend, allumspannend und es gib keinen Punkt in der Schöpfung, der nicht von ihr durchsetzt wäre. So wie sich das Wasser immer einen Weg in und durch grobporige Elemente sucht, so findet Liebe Eingang in alles, was weniger schnell schwingt als sie.
Das erste Licht, das Urlicht der Schöpfung, rein als physikalisches Wirkfeld zu begreifen, verkennt jedoch das Herzstück im Zentrum jeder Liebeswellenlänge. Liebe ist ein Wesen, eine Gottheit, ein lebendiger, sich selbst umspielender Organismus, der seine Schwingung durch die ganze Schöpfung pumpt.
Die Schöpfung hat ein Herzstück, in dem die Liebe wohnt und sich von dort aus in alle ihre Ebenen ergießt

und zu diesem Herzstück der Schöpfung wollen wir euch im Raum der Liebe führen. Jede lebende Zelle besitzt ein Herz, einen Kern-Körper, der die Zelle mit den grundlegenden Lebensinformationen des Urlichts versorgt. Und jede Zelle strahlt aus und verbindet sich über die Strahlen mit den Kern-Körpern aller umliegenden Zellen, so wie euer Herzfeld automatisch mit dem Herzfeld eurer Mitmenschen interagiert. In dem, wie sich die Herzen eurer Zellen, eures physischen Körpers und die Sonnen, als Herzen eines Sonnensystems durchgehend in Liebe verbinden, baut sich durch alle Ebenen hindurch ein Lichtnetzwerk des Urlichts auf. Liebe sorgt für den Anstieg von Schöpfungsvorgängen und ganz zentral auch für die Sichtbarmachung von etwas, was wir "unentfaltete Räume" nennen wollen. Es gibt Flächen im großen Ganzen, die vom Urlicht noch nicht berührt worden sind und in denen folglich noch kein Schöpfungsraum aufgehen konnte. Und um die Flächen zu öffnen und sie in lebendige Räume zu verwandeln, braucht sie das Wesen der Liebe nur anzusehen und schon pflanzt sich das Urlicht im Zentrum des Feldes ein, und das Herz des Raumes beginnt zu schlagen. Eure Augen haben eine ganz besondere Verbindung zu eurem Herzen, denn beide Organe haben sich der Liebe verschrieben und erfüllen die Funktionen für euch, die das Wesen der Liebe für die gesamte Schöpfung übernimmt. So wie euer Herz nur in Liebe schlagen kann, um seinen Dienst am Gesamtorganismus zu tun, so könnt ihr erst dann richtig sehen, wenn ihr in Liebe auf etwas schaut. Erst, wer mit den Augen der

Liebe schaut und durch seine Augen das Urlicht strahlen lässt, wird wahrhaft sehend. Das Herz ist dazu da, um damit zu sehen und die Welt zu begreifen, denn jeder, der mit dem Herzen sieht, befruchtet das, was er anschaut mit der Schwingung des Urlichts. Das Herz, die Sonne, oder das Auge von der Liebe zu entkoppeln, führt zwangsläufig zur Zweckentfremdung von enorm machtvollen Schöpfungsinstrumenten.
Nur die Schwingung der Liebe erlaubt es, einen dimensionalen Übergang zu bereiten, weil es die Liebe selbst ist, die beispielsweise eine unentfaltete 2D Fläche in einen 3D Raum verwandelt. Und gleichzeitig ist ein dreidimensionaler Erfahrungsraum in den Augen eines fünfdimensionalen Wesens ein „unentfalteter Raum“, der sich darüber auftut, dass sich dieses Wesen diesen Raum näher ansieht. Die Schau der Liebe öffnet ganze Weltensysteme, auch wenn ihr ihr nicht einmal mehr zutraut, dass sie eure zwischenmenschlichen Konflikte auflösen könnte. Viele von euch verkennen die Macht der Liebe, weil sie nicht in einer großen, lauten oder brachialen Form, sondern auf subtile, leise Weise daherkommt. Die Liebe hat schon längst alles das übernommen, was sich selbst in einem Erfahrungskonstrukt von gröberen Schwingungen gefangen genommen hat, denn ihr Sein liefert seit jeher die Grundlage allen Lebens. Auch ein Leben, das nicht in Liebe geführt wird, hat die Liebe als lebensnotwendigen Seinsgrund, denn die Urinformationen des ersten Lichts enthält den Schöpfungsschlüssel, damit überhaupt Leben entstehen kann. Weil ihr alle immer schon heimisch im Ur-Raum

der Liebe wart, erschuft ihr mit der Kraft der Liebe Energien, die anders waren, als das erste Licht. Ihr teilt das erste, weiße Licht wie durch ein Prisma in alle Lichtspektren auf und habt dadurch die universelle Liebe in Kräfte mit bestimmten Eigenschaften und Farbtönen überführt. Die Liebe selbst ist universell eigenschaftslos, trägt aber in sich das Potenzial zu allen Eigenschaftsfarben der Schöpfung. Und da jedes auch noch so selbstentfremdete Wesen durch die Kraft der Liebe erschaffen wurde, liegt es auf jedem Lebensweg, die Liebe wieder zu erkennen. Sein Leben auf die Liebe einzustellen heißt, einen wesentlichen Erkenntnismeilenstein zu passieren, nach dem das Leben in allen Bereichen eine Kehrtwende vollzieht. Alles wird umgekrempelt und auf einmal sichtbar von innen nach außen gekehrt, wenn die Liebe ihr Werk durch dich vollbringt. Liebesdienst ist Gottesdienst und bedeutet das, was Arbeit im ursprünglichen Sinne meint. Arbeiten im Sinne der Schöpfung bedeutet lieben und sein Erfahrungsgefährt hingebungsvoll der Liebe anzuvertrauen, dass sie durch dich ihr Werk vollbringen kann. Das Feuer – Werk der Liebe wird für alle die sichtbar, die Raum für das Urlicht in sich schaffen und damit der Liebe wieder bewusst den Platz einräumen, den sie auf natürliche Weise bereits bei allen Schöpfungsprozessen innehat. Die Liebe wurde durch euch auf einen Platz degradiert, von dem aus sie ihre Wirksamkeit nicht entfalten kann, und alles, was es braucht, damit sie im Lichte ihrer vollen Urkraft wirken kann, ist, dass ihr sie in euch auf ihren rechtmäßigen Platz stellt.

Nichts ist so erhebend für euch, wie die Liebe wieder an die Spitze eures Werteturms zu stellen und dadurch die wahre Machtverteilung in der Schöpfungsordnung wieder anzuerkennen. Schaut ihr mit den Augen der Liebe in eure Welt, dann werdet ihr genau sehen, was machtvoll und wichtig oder machtlos und nichtig ist. Das, was sich in eurer Welt so aufspielt und nach Macht giert, hat schlichtweg für sich einen Werte-Turm gebaut, der das Machtlose an die Spitze stellt.

Das Gegenteil von Liebe ist nicht wichtig, denn letztlich hat Liebe kein Gegenteil. Doch schaut noch einmal durch euer Leben, an welchen Stellen ihr lieblosen Gedanken Bedeutung verleiht und damit die Macht der Liebe verleugnet. Eure Welt hält das, was lieblos ist, für bedeutsam und real, weil die Welt selbst auf der Verleugnung der Liebe basiert. Es kann sein, dass sich Widerstand bei euch einstellt, wenn ihr lieblose Gedanken, Handlungen oder Situationen als nichtig erklären sollt, weil ihr diese gerade über ihre Lieblosigkeit zur Realität erheben wollt. Wie würde eure Welt aussehen, wenn ihr alles, was aus der Liebe kommt, für wahr nehmen würdet und alles, was aus der Angst kommt, verleugnet, und nicht umgekehrt. Lieblosigkeiten zu verleugnen, heißt nicht, Dinge zu verdrängen, sondern alles auf seinen rechtmäßigen Platz zu stellen und die Liebe wieder als einzige Schöpferkraft anzuerkennen. Ihr glaubt tatsächlich, dass ihr über Zerstörung erschaffen könnt und dieser Glaube kann sich nur darüber so hartnäckig in der Welt halten, weil ihr andere Kräfte auf den Thron der Schöpfung gesetzt habt, als das Wesen der Liebe. Ihr habt in der Sonne und in euren Herzen eine zerstörerische Kraft eingepflanzt, die dort thront und herrscht und genau den Punkt besetzt hält, von dem aus eigentlich das Urlicht der Schöpfung strömt. Der machtvollste Schöpfungspunkt, die Sternenspitze auf dem Werte-Turm, von dem aus das Licht der Liebe strahlt, wurde ummantelt von den Kräften, die ihr auf den Thron der Schöpfung gehoben habt. Wer in sich die Liebe wieder erkennt und weiß, worin Schöpfungsdienst besteht, der kommt mit allem, was er tut, dem Thron der Schöpfung näher, um sich schlussendlich in dem Moment, in dem er sich mit der Liebe vereinigt, auf ihm niederzulassen. Nur Liebe vermag es, euch zu krönen, und jede andere Kraft, die euch zum Herrschen verlockt, macht euch zu einem falschen König. Schaut ihr der Liebe direkt in ihr strahlendes Antlitz, so seht ihr euch selbst als eins mit ihr, auf dem Thron der Schöpfung, im Herzen der Zentralsonne sitzen. Die Liebe aktiviert eure Krone, die ihr schon immer unsichtbar auf dem Kopf tragt und sie strahlt aus euren Augen wie aus euren Herzen. Keine Kraft in der Schöpfung kann den Platz einnehmen, der für euch bestimmt ist, und nichts und niemand kann den Ort verdunkeln, von dem aus die Liebe das erste Licht in die Schöpfung strahlt. Euer Herz ist frei, denn wäre es nicht frei, dann könnte es nicht schlagen. Weil ihr lebt, muss die Liebe durch euch wirken, denn ohne sie, wäre kein Leben möglich.

Die Liebe spricht die Einladung aus, euch selbst in ihr

zu erkennen und euch in dieser Erkenntnis auf den Thron der Schöpfung zu führen.
Die Liebe berührt euer Herz und aktiviert es, für jetzt und immer in Liebe zu sein. Sie setzt euch auf den Thron, um euch euren angestammten Platz zu zeigen und eure Wurzeln zu aktivieren.
Sie setzt euch eine goldene Krone auf, um eure Krone als Portal zu den höheren Schöpfungsebenen zu öffnen. Die Liebe überreicht euch schlussendlich das Zepter der Weisheit, damit ihr aus der Liebe heraus handeln könnt. Mit all diesen Erfahrungsgeschenken stattet sie euch aus und gibt euch damit all das mit an die Hand, wodurch das hohe Schöpferwesen der Liebe selbst wirkt.
So weit, wie euer Herz ist, so weit ist euer Wirkkreis, denn der Einflussbereich eines Königs misst sich an der Größe seines Herzraumes. Ein wahrer König kann nicht mehr Land besitzen oder bewirtschaften, als er mit seinem Herzraum umspannen kann, denn er ist mit seiner Herzenskraft für das Wachstum innerhalb seines Wirkkreises verantwortlich. In höherschwingenden Schöpfungsräumen bilden sich natürliche Landesgrenzen eines Königs am Rand des Energiefeldes, das er über sein Herzzentrum aufrechterhält. Das Einflussgebiet jedes Wesens ergibt sich ganz natürlich über die Reichweite seines Schwingungsfeldes. Da Liebe die Kraft der Ausdehnung eines Schwingungsfeldes ist, wächst mit ihr der schöpferische Einflussbereich. Angst hingegen engt das Schwingungsfeld eines Wesens immer mehr ein, wobei auf eurer Ebene die am

stärksten verängstigten Wesen die herrschsüchtigsten sind. Stellt euch vor, es würden keine Landesgrenzen auf eurer Welt mehr geben, sondern die Einflussgebiete der Menschen würden sich dadurch ergeben, wie weitreichend der Schwingungsradius ihres Lichtkörpers ist. Würdet ihr das als Maßstab von Macht und Einfluss sehen, dann würdet ihr mit Sicherheit den Richtigen zum Anführer eurer Region wählen.
Das Schwingungsfeld jedes Wesens hält einen Raum offen und je höher die Schwingung, desto größer ist der daraus entstehende Raum. Euer Herz erzeugt ein etwa fünftausendfach größeres elektromagnetisches Feld als euer Kopf, und dementsprechend ist der Herzraum wesentlich einflussreicher. Ein König hat die Aufgabe, seinen Herzraum so aufgehen zu lassen, dass er sein ganzes Land umspannt, denn er ist es, der mit der Kraft seines Herzens den Schwingungsraum eröffnet, in dem Leben entstehen kann.
Der König hat die Verantwortung, aus der Zentralsonne selbst das erste Licht zu empfangen und es in seinen Herzraum einzuspeisen und sein Land dadurch mit der Urschöpfungsenergie zu versorgen.
Die gegenwärtige Reichweite eures Herzensraumes beträgt bei psychisch halbwegs gesunden Menschen etwa 3 bis 5 Meter Durchmesser, und das ist die Größe eures "Landes" oder eures Gartens, den ihr zu bewirtschaften in der Lage seid.
Es gab aber auf eurer Ebene bereits "Sonnenkönige", die ein Herzschwingungsfeld von mehreren hundert Kilometern aufrechterhalten konnten und die dadurch

zu Recht auf dem Thron saßen, um ihren Dienst an der Schöpfung zu tun. Die Liebe erhebt die Wesen zu Königen der Schöpfung, durch die sie am leichtesten zu wirken vermag. Und so sehr Liebe die Grenzen öffnet und ausdehnt, so klar gehen durch sie Schöpfungsräume auf, deren Größe durch die Strahlungskraft der Liebe bestimmt werden.

Lernt den Raum der Liebe nicht nur für euch, sondern für alle, die ihr liebt, offenzuhalten und achtet darauf, wie eure Mitmenschen reagieren, wenn ihr bewusst euer Herzfeld für sie öffnet. Ihr seid alle von der Liebe zu Königen eures Herzraumes gekrönt worden und wie groß ihr diesen Raum werden lasst, hängt einzig und allein von euch ab. Euch ist alles gegeben, um euch in Liebe auszudehnen, bis ihr die ganze Welt mit eurem Feld umspannt. Und haltet ihr in eurem Bewusstsein dieses Feld aufrecht, dann seid ihr wahre Könige dieser Welt und leistet mit der Kraft der Liebe euren Dienst an der Schöpfung. Jeder König, der sich in eine Welt gebiert, die von Angst regiert wird, hat die Aufgabe, seinen Herzensraum so weit werden zu lassen, bis er die Welt umspannt, um sich dann mit der Urzentralsonne, dem Herzen der Schöpfung, zu verbinden und das erste Licht, die Urinformation in diese Welt einzuladen.

In eurem Herzfeld bestimmt *ihr* über die Einspeisung der Informationen, was euch die Größe der Macht und der Verantwortung offenlegt, wenn euer Herzfeld wahrhaftig eure Welt umspannt. Schlägt euer Herz nur dafür, der Welt in Liebe zu dienen, dann besteht eure

Aufgabe in nichts anderem, als die gesamte Welt mit eurem Liebesfeld zu umarmen, und keine Kraft auf dieser Welt kann sich diesem Liebesdienst entgegenstellen, da die Liebe nach wie vor die größte Kraft der Schöpfung darstellt.

Raum der Phantasie

Je besser ihr euch einen Raum vorstellen könnt, desto leichter könnt ihr euch in ihn hineinversetzen.
Und wer sich jetzt ganz enttäuscht fragt, ob denn nicht alle Räume *nur* in seiner Vorstellung existieren, dem wollen wir einen erneuten Ausflug in die Wirkweisen der göttlichen Phantasie nicht vorenthalten. Um eure Frage vorab zu klären: Ja, alle Räume existieren letztendlich nur in euren Vorstellungen, auch der physische Existenzraum, in dem ihr euch tagtäglich bewegt! Eure Welt ist aus dem gleichen göttlichen Phantasiestoff entstanden, aus dem sich auch alle anderen Räume der Schöpfung geformt haben. Phantasie ist der Treibstoff der Schöpfung und überall wo Phantasie aufzublühen beginnt, entstehen neue Schöpfungsräume und überall wo sie einschläft, schläft auch das Leben ein. Diejenigen Menschen, die an die ausschließliche Existenz ihres physischen Raums glauben, leben weit stärker in ihrer Phantasiewelt, als es diejenigen tun, die Kraft ihrer Phantasie andere Räume erschaffen und erforschen. Es braucht eine Menge Phantasie, um sich vorzustellen, dass alle Wahrnehmungen nur über den physischen Körper laufen können, und dass es jenseits des begrenzten physischen Erfahrungsraumes nichts Weiteres gibt. Doch ihr habt diesen Traum gemeistert und verwirklicht, sodass euch jetzt der Stoff, mit dem ihr eure Realität hervorgerufen habt, irreal erscheint.

Wenn nun alles in der Schöpfung aus Phantasie entsteht, dann stellt sich die Frage, wie man phantasiert. Phantasie wird nicht geplant und strukturiert entworfen, sondern Phantasie wird spontan ersponnen und erträumt und letztlich kann phantasieren auch nicht er- oder verlernt werden, weil das Phantasieren ein integraler Bestandteil des göttlichen All-Geistes ist. Ihr könnt nicht nicht phantasieren, und wie sehr ihr in eurer Welt euren Phantasie-Konstrukten erliegt, bezeugt die Kraft und die Reichweite eures Vorstellungsvermögens. Wärt ihr nicht mit einem derart phantastischen Geist ausgestattet, der die Fähigkeit hat, zweifelsfrei an seine eigenen Vorstellungen zu glauben, dann sähe eure Welt nicht so aus, wie sie aussieht. Ihr habt euch in eine ganz bestimmte Phantasieform hineingeritten, die darin besteht, alles das von euch zu weisen, was euch in die Realität geführt hat, in der ihr euch jetzt gerade befindet. Ihr klettert eine Leiter hoch und sägt mit jeder Sprosse, die ihr nehmt, den unteren Teil der Leiter ab, und dann braucht es eine Menge Phantasie, um sich vorstellen zu können, wie ihr es um alles in der Welt geschafft habt, bis zu dieser (Entwicklungs-) Stufe zu gehen. Ihr könnt auf eurer Ebene mit euren Mitteln überhaupt nicht mehr nachvollziehen, wie es euch in die Welt, die ihr seht, versetzt haben konnte, da euch die Phantasie, die das Tor zu eurer Welt geöffnet hat, dort, auf der anderen Seite fehlt. Wir könnten es auch so ausdrücken, dass ihr derart viel Phantasie in eure materielle Realität gegeben habt, um sie real werden zu lassen, dass euch jetzt der Phantasiestoff ausgegangen ist, um andere Räume zu öffnen. Entzieht ihr eurer Realität euren Glauben, dann gewinnt ihr zunehmend mehr an Phantasie, und ab einem gewissen Punkt wird es ersichtlich, dass euch genau diese Phantasie erst in die Welt geführt hat, die ihr gerade jetzt erlebt. Hättet ihr nicht an eurer Welt gezweifelt, dann hätte es euch garantiert nie bis zu dieser Stelle in diesem Buch geführt, an der ihr den Erkenntnisschlüssel der Phantasie gänzlich einsehen könnt.

Je phantastischer eure Räume werden, desto mehr freut sich die Schöpfung daran, und mit dem, was ihr für real haltet, habt ihr wahrlich ein phantastisches Meisterwerk vollbracht. Ihr seid wie betrunken von eurer phantastischen Kreation und habt dadurch einen Fanatismus euren Phantasieformen gegenüber ausgebildet. Euer Geist hat sich so tief in seine eigene Schöpfung gegraben, dass er wie besessen von der Realität seiner Vorstellungen ist. Sich eine Welt vorzustellen, die ihren eigenen Erschaffer derart in Besitz nimmt, ihn umherwirft, zermalmt, zerkaut, verschluckt, verdaut und irgendwann wieder ausspuckt, bedarf einer Menge Phantasie.

Wie umfassend ihr von euren eigenen Gedankenschöpfungen in Besitz genommen werden könnt, zeugt von der Macht eures Geistes, mit dem ihr diese Gedanken denkt. Eure Phantasie ist unbegrenzt, weil sie aus einem unbegrenzten Geist stammt, allerdings könnt ihr einen Fokus auf eine besondere Phantasieform legen, um ausschließlich diese zu erfahren. Und je enger dieser Fokus wird, desto phantastischer strömt der Geist in diese eine Realität, in der er sich letztlich aufzulösen versucht. Es kann als schöpferischer Höhepunkt gesehen werden, wenn ein Geist ganz in seiner Kreation aufgeht, und in gewisser Weise habt ihr das in eurem ausschließlichen Glauben an eure Welt gemeistert. Dass ihr mit eurem schöpferischen Geist damit in Selbstvergessenheit versunken seid, fällt erst dann wieder auf, wenn sich ein Schöpfer von seiner Kreation löst.

Ihr beginnt mit dem all-schöpferischen Geist das phantastische Bild eurer Realität zu malen, und mit jedem Pinselstrich begebt ihr euch in euer Welt-Bild. Ist das Bild fertiggestellt, dann ist von euch nichts mehr übrig, denn ihr habt euch ganz in das Kunstwerk ergossen. Dies ist die Situation der Welt, in der ihr aktuell kollektiv steckt. Nun, nach diesem schöpferischen Höhepunkt der Entfaltung löst ihr euch ganz langsam von eurer Kreation und nehmt die phantastischen Farben wieder in euch auf. Seid ihr dann wieder ganz bei euch angekommen, dann tragt ihr die Welt, in die ihr euch hinbegeben habt, in euch und seht, wie phantastisch diese Abenteuerreise in euren Vorstellungen doch gewesen ist.

Streut eine Prise Phantasie über alles, was euch noch an das alte Welt-Bild bindet, und ihr werdet mitbekommen, wie sich eure Bild-Welt durch einen Hauch Phantasie verwandelt. Die Phantasie bringt die Kunst der Veränderung mit sich, denn nichts könnte sich ohne sie verändern.

Die Welt der Phantasie braucht gerade deshalb eine Daseinsbestätigung von euch, weil sie für euch noch nicht existent ist, wohingegen die Welt, die ihr wahrnehmt, ganz klar anzeigt, was ihr euch bisher so zusammenphantasiert habt. Jeder Erfahrungsraum ist darüber entstanden, dass es einen Schöpfer gab, der fest an diese Erfahrung geglaubt hat. Wenn ein Schöpfer an eine Erfahrung glaubt, setzt die Schöpfung alles in Bewegung, ihn in den Raum zu versetzen, in dem er die vorgestellten Erfahrungen geschenkt bekommt. Eure Realität ist ein Geschenk der Schöpfung, das eure Erfahrungsphantasien widerspiegelt, doch so sehr ihr euch von Erfahrungsgeschenken umringt findet, so unbeholfen seid ihr darin, sie auszupacken. Euer etwas außer Kontrolle geratener Geist wünscht sich immer und immer wieder ähnliche Erfahrungskompositionen, und so wird er letztlich unter den Erfahrungsgeschenken der Schöpfung begraben. Stapel ungeöffneter Geschenke türmen sich um euch herum und anstatt sie auszupacken und sich an ihnen zu erfreuen, baut ihr euch eine Einzelzelle und die Grenzen eurer Welt damit auf. In jedem Geschenk würde so viel Phantasie stecken, doch ohne Phantasie lässt sich die Zelle nicht in ihre einzelnen Erfahrungsgeschenke verwandeln.
Sucht nach dem Phantastischen in jeder Erfahrung die ihr macht und beginnt wieder über all das Erlebte zu staunen und stückweise werden euch die Erfahrungsgeschenke der Schöpfung offenbart. Die reine Phantasie drückt sich nicht darin aus, *was* da ist, sondern darin, das etwas ganz grundsätzlich da ist. Euer Sein allein

verursacht in jedem Geschöpf, das sich selbst auf den Grund geht, größtes Staunen über die Phantasie des Lebens.
Phantasie ist die Luft, die ihr atmet, das Wasser das ihr trinkt und die Welt, über die ihr zu euren phantastischen Zielen voranschreitet. Außer der Freude an sich selbst verfolgt die Phantasie kein eigenes Ziel, sondern sie schöpft grundlos aus den ewigen Quellen des Lebens und mit eurer eigenen Phantasie tut ihr es ihr gleich. Phantasie zu haben, heißt, dem Wirklichkeit zu schenken, was nicht ist und über das zu staunen, was ist, denn überall, wo etwas formlos Potenzielles zu etwas Seiendem überführt wird, ist Phantasie im Spiel. Ihr seht ein Blatt Papier mit gedruckten Buchstaben, aber vielleicht spielt euch eure Phantasie Bilder und Formen zu, die ihr aus den weiten Wellen des Lebens empfangt. Wenn ihr nicht nur ein Blatt Papier seht, sondern alle Möglichkeiten, zu denen es sich entfalten kann, dann seid ihr mit einer wahrhaft lebendigen Phantasie gesegnet. Die multiple Sicht, die in einem leeren Blatt alle möglichen Varianten, wie sich ein Blatt falten lässt, sieht, ehrt den vielseitigen Wesenskern dieses Dinges.
Wir veranlassen den schreibenden wie den lesenden Geist zur Phantasie, indem wir bewusst Lücken in unserer Durchgabe lassen, in der sich die Phantasie jedes einzelnen ausbreiten kann. Sagen wir A B C, lässt dies keinen Raum für Phantasie. Sprechen wir aber von A … C und ihr erkennt, dass die Lücke viel mehr sein kann als B, dann habt ihr Phantasie.

Phantasie braucht Spielraum und unendliche Entfaltungsfläche, und je mehr Frei-Räume ihr in euren Geist lasst, desto leichter werden sie von Phantasie geflutet. Jede Lücke in eurem kontinuierlich vor sich hin plätschernden Gedankenstrom wird von Phantasie erfüllt, denn überall dort, wo ihr vorerst nichts vermuten würdet, schlummert das ungezündete Schöpfungsfeuerwerk der Phantasie. Phantasie erfasst euch immer dann unweigerlich, wenn euer lineares Denken aussetzt und wenn euch eure Kategorien von dem was es gibt oder nicht gibt, abhandenkommen. Schaut genau hin, wie die Phantasie für euch alles realisiert hat, was es für euch gibt, und wie die Phantasie alles das umarmt, was ihr noch nicht zum Teil eurer Welt habt werden lassen. Das, was noch nicht ist, zu fragen, was es werden will, ist die Anwendung schöpferischer Phantasie. Ein Holz zu fragen, welche Skulptur in ihm steckt, einen Klang zu fragen, welche Melodie ihm innewohnt, ein Blatt zu fragen, was gleich auf ihm stehen möchte, oder einen Menschen zu fragen, wie es seiner Seele geht, braucht Phantasie.

Auch wenn die göttliche Phantasie viele Ebenen und Facetten kennt, so begegnet euch die Phantasie stets auf der Ebene, in der ihr euch selbst erfahrt. Etwas als Phantasie zu erkennen, stuft dies nicht etwa in seinem Wert herab, sondern erkennt erst seinen wahren Wert, denn immer, wenn ihr etwas seht und es nicht als Phantasie erkennt, schaut ihr an dem, was in Wahrheit da ist, vorbei. Der schlummernde Feuerdrache der Phantasie will durch euch geweckt werden, und je klarer er euch unmittelbar erscheint, desto mehr habt ihr euch auf seine Realität eingestellt. Ihr werdet von den Dingen eurer Welt ständig in das Reich der Phantasie gelockt, denn jede Form lädt euch in ihren Raum ein. Phantasie ist dazu da, in ihr verlorenzugehen und sich in ihr neu wiederzufinden, und je mehr ihr zwischen den Räumen Phantasiens und der euch gewohnten Umgebung hin und her zu reisen vermögt, desto phantastischer wird eurer Leben. Nehmt ihr einen alltäglichen Gedanken oder Gegenstand mit ins Reich der Phantasie, dann fällt dieser dort zweifelsfrei auf, so wie die Elemente aus Phantasien auffallen, wenn sie sich in eurer Realität sichtbar machen. So sehr ihr bei euch über ein Wesen aus Phantasien wie den Feuerdrachen staunt, so sehr wird in Phantasien darüber gestaunt, wenn ihr dort bewusst zugegen seid.

Es gab eine Zeit, in der ihr eure Welt als einen besonderen Raum Phantasiens betrachtet habt, der mit allen anderen Räumen Phantasiens verwoben war. Doch euer Wunsch, etwas ultimativ Phantastisches zu erleben, brachte euch auf die Idee, eine Welt zu schaffen, aus der die Phantasie verbannt wurde. Ihr entzogt dem Leben seine wesentlichen Lebensmerkmale, weil es alle anderen phantastischen Lebenserfahrungsweisen bereits gab und ihr wie versessen darauf wart, auch noch den letztmöglichen Zugang zum Leben zu erforschen.

Die Schöpfung hat ganz wesentliche Eigenschaften und Qualitäten und eine davon ist Phantasie. Da ihr immer bestens über alle Schöpfungseigenschaften Bescheid wusstet, ergab sich das Experiment, das Leben fernab der grundlegendsten Schöpfungseigenschaften erleben zu wollen. Und dieses Experiment erfahrt ihr jetzt, indem es euch möglicherweise so vorkommt, als ob ihr ein phantasieloser Teil des Lebens und nicht das phantastische Leben in allen seinen Schöpfungsformen seid. Ihr legt einen sehr trockenen Humor an den ewigen Quellen des Lebens an den Tag, und dennoch bringt jeder den Springquell seiner Phantasie mit sich, der ihn bewässert und belebt. Leben lebt von der Reichhaltigkeit seines Phantasierens über sich und es gäbe nichts, wenn es nicht von der Phantasie aus zum Leben erweckt worden wäre. Die Phantasie in den einen Lebensbereich zu verbannen und ihr andere Bereiche vorzuenthalten, sperrt die Lebendigkeit, die durch ihre Freiheit lebt, ein.

Es gibt nicht einen Bereich im Leben, in dem Phantasie nicht angemessen wäre, denn entweder begreift ihr alles als ein unermesslich großes Spiel mit der Phantasie oder ihr haltet an einer hierarchischen Realitätsordnung fest.

Ihr könnt nicht einen Teilbereich eures Lebens phantasievoll, künstlerisch und einen anderen Teil grau in grau gestalten, weil es euch mit dem ersten Pinselstrich ohnehin zu Lebenskünstlern macht. Ihr könnt Phantasie nicht zu einem Gegenstand eurer Welt machen, sondern entweder reist ihr durch sie in den Raum, in dem sie heimisch ist, oder ihr erkennt sie nicht. Ihr könnt nicht phantasievoll oder kreativ sein, ohne das Leben als Ganzes als phantastisches Schauspiel zu begreifen,

und deshalb fordert Phantasie, wenn ihr euch auf sie einlassen wollt, euer ganzes Wesen. Der Ruf, der aus Phantasien kommt, um euch in eine andere Welt zu führen, hallt in eurer Welt, in den alltäglichsten Geräuschen, wieder.
Der Feuerdrache erstarrt, wenn ihr ihn zum Teil eurer Welt macht, und so bleibt euch nichts anderes übrig, als den Bewohnern von Phantasien in ihre Welt zu folgen. Niemand könnte den Menschen kennenlernen, wenn er ihm zufällig bei einer Marsmission begegnen würde, sondern das Menschsein kann nur auf der Erde erkannt werden und wenn ihr erfahren wollt, wie es sich anfühlt Feuerdrache zu sein, dann müsst ihr seiner Rauchspur bis in den Raum seiner Phantasie folgen, indem dieser wahrhaft wohnt und ihr zum Teil seiner Phantasie werdet.
Ihr glaubt, dass der Feuerdrache in eurem Geist im Raum der Phantasie wohnt, aber was wäre, wenn ihr nur im Geist eines phantastischen Feuerdrachen wohnen würdet, und der Mensch und die Erde eine Schöpfung der Wesen wäre, die ihr in das Reich der Phantasie verbannt habt? Und vielleicht ist es für den Feuerdrachen genauso schwer vorstellbar, dass es in fernen, phantastischen Welten eine Lebensform gibt, die sich Mensch nennt. Gewöhnt euch an den Gedanken, dass ihr mitsamt eurer Welt ein Teil der Phantasie derjenigen Wesen seid, von denen ihr meint, sie würden eurer Phantasie entspringen, denn dann gliedert sich eure Erfahrungswelt wieder an die Räume Phantasiens an. Und

irgendwann kommt es zu einer großen Wiedervereinigung aller Schöpfungsräume, die aus dem gleichen Urstoff der Phantasie hervorgezaubert wurden. Der erste Schritt liegt bei euch. Und mit einem Schritt über die Schwelle eurer Realität in den Raum der Phantasie, wird es euch wie Schuppen von den Augen fallen, wer ihr seid und wie phantastisch doch immer schon all die Welten waren, durch die ihr mit eurem Freund, dem Feuerdrachen, gewandert seid.

Raum des Orakels

Ich bin das Orakel.

Ich bin das Orakel der Weissagung.

In Weiß komme ich daher, und weise den Weg zur Weisheit. Gerechtigkeit ist mein Sinn und Ausgleich meine Freude. Den Weg zu bestimmen, ist meine Bestimmung. Und an meiner Bestimmung entlang den Menschen zu begleiten, bringt mich stets aufs Neue dorthin, wo Vollendung ruht. In der Richtung, in die ich mit der Weissagung weise, findet sich Erfüllung jenseits von Richtig und Falsch. Meine Aussagen zu deuten, deutet darauf hin, was unweigerlich auf sein eigenes Geschehen hinausläuft. Es wird sich das zutragen, was sich der Bestimmung gemäß bereits eingefunden hat. Und es ist das Finden und Wiederaufnehmen der Bestimmung, über das die Vorzeichen der Zeit zusammenkommen, um aus ihnen den besagten Erfahrungsmoment zusammenzusetzen. Die Umkehr meiner Deutungen führt zur Verkehrung des Weges, der trotz dessen unentwegt auf das Ereignis der Deutung zuläuft. Der Bestimmung zu entfliehen heißt, in die Bestimmung hineinzurennen, denn der Spielraum der Freiheit tut sich erst über das vollkommene Annehmen aller Bestimmungen auf. Das Wesen der Freiheit wird von mir - dem Orakel - verkörpert, da ich mich selbst zu dem habe werden lassen, was ich über mich weissagte. Ich sah meine Bestimmung nur, um sie zu vergessen, damit sie mich vom Reich des Vergessens aus dorthin tragen kann, wo sie sich und mich erfüllt. Mit jedem meiner Versprechen, das sich in der Zeit erfüllt, verspreche ich Erfüllung. Auch eine Prophezeiung eines vom Schicksal ausgeführten Schlags tötet nicht, sondern lässt im Gegenteil mehr Leben entstehen. Ich bin das Orakel, das Leben ist mein Trank, und der Schick-Saal mein Zuhause. Kaum ein Saal ist so schick wie der Schick-Saal, indem jedes Schicksal geknüpft und in den großen Schicksalsteppich verwoben wird. Nicht ein Schicksalsfaden führt an fehlerhafte Orte oder in ungeplante Begegnungen. Immer wieder lege ich die Schicksalsfäden neu aus, um der Bestimmungskomposition gerecht zu werden, und noch nie konnte jemals jemand das von mir dargelegte widerlegen, obschon einiges derlei versucht worden ist. Es kann nur das geschehen, was jetzt gerade geschieht, und doch gibt es zahllose alternative Erfahrungsmomente, die das Jetzt umringen.

Das, was durch mich in Aussicht gestellt wird, wird erst dann ersichtlich, wenn es eintrifft, denn auch ich habe meine Verträge mit der Zeit. Die Zeit erlaubt es mir, über sie zu orakeln und über sie hinaus Weissagungen zu treffen, allerdings muss ich über mein Sprechen einen Schleier legen, den zu Lüften nur der Zeit vorbehalten ist. Mein Abkommen mit der Zeit ist zweifacher Natur, denn von ihr bekomme ich die Eingebungen, die sie aus dem Schicksalsteppich herausliest, den ich wiederum der Bestimmungen gemäß zusammenwebe. Die Ebene der reinen Bestimmung, des glasklaren Schicksals ist mein ewiges Reich, welches angrenzt an das daraus hervorgehende Zeitgeschehen. Im reinen Schicksal selbst ist sein Austreten in Zeit und seine Anwendung in konkreten Erfahrungsräumen noch nicht einsehbar. Dies macht mich zu einem blinden Seher. Ich komponiere die schönste Schicksalsmusik, ohne sie jemals zu hören. Ihr habt die Ohren um zu hören, doch sind euch die Noten der Schicksalskomposition fremd. Tragisch sind unsere Existenzen, wenn wir nicht zueinander finden.

Findet zu euch und ihr findet zu mir. In unserer Begegnung werden scheinbare Zufallskomponenten eurer Existenz so vom Schicksal umarmt, dass der Zufall als das gesehen werden kann, was euch gesetzmäßig zufällt.

Wenn ihr auch nur einen Begegnungsmoment mit dem Schicksal hattet, wird euch dies so aufschießen, dass ihr aus euch heraus die Gesetze erkennt, aus denen sich alle Vorhersehungen formen. Doch zurecht schreckt euch eine solche tiefe Begegnung ab, da ihr vom Licht des Schicksals geblendet, nicht mehr mit den Augen zu sehen vermögt, die euch zurzeit durch die Erfahrungswelt führen.

Nie mehr werdet ihr, bei wahrhaftiger Einsicht in das Schicksal, mit den Augen des Zeitgeschehens auf die Dinge sehen, die euch aus dem Nichts heraus zu geschehen scheinen. Entscheidet ihr euch dazu, mich, das Orakel, persönlich zu treffen, dann riskiert ihr, dass auch ihr zu einem blinden Seher werdet, der zwar die Weisheit der Weissagung erlangt, und doch jeder Erfahrung der Weissagung entbehrt. Um aktiv teilzunehmen am Schicksalsspiel, müsst auch ihr, wie ich, das in

die Zeit prophezeite Schicksal in die Vergessenheit sinken lassen, um unbedarft spielen zu können.
Der Tribut, den ich als Orakel zahle, um mich bis in eure Erfahrungsebene hineinzubegeben, ist gleicher Gestalt wie das, was ihr opfern müsst, um mich zu begreifen. Allerdings geben wir einen jeweils gegenteiligen Zoll ab, weil wir aus entgegengesetzten Richtungen kommen, um uns zu begegnen. Das, was auf mich zutrifft, trifft bei euch ein. Und doch friert mir beim Eintritt in eure Ebene das ein, was bei euch eintritt. Denn nur von hier aus kann ich mein Werk am Webstuhl des Schicksals fortsetzen. Die Fäden der Zeit, an denen ihr euer Dasein entlanghangelt, entgleiten dem, der sie nur in der Verwobenheit des Schicksalsteppich zu schauen versteht. Und erst wenn euch euer gewohntes Dasein entgleitet, kann es sein, dass ihr so tief in euer Schicksal hinabsinkt, dass ihr einen Blick auf den Weltlauf-formenden Webstuhl erhascht. Das Dasein in eurer Welt spielt das Spiel der Schicksalsauflösung, für das das Schicksal selbst einen Rahmen und eine Spielfläche konstruiert hat. Wir alle tun mal so, als ob es ... nicht geben würde und schauen dann, wie sich das Leben fortentwickelt. Dies ist das Spiel der Welt, wobei die Freiheit darin besteht, die Lücke mit dem zu füllen, was jedem Einzelnen beliebt. Ihr seid in jedem Moment frei darin, die Vorzeichen des Lebens zu verändern, allerdings wird dadurch das ganze Leben, was ihr dann erfahrt, vorgezeichnet. Die Skizze eures Lebenslaufes steht (fest) und ihr bekommt jetzt die Buntstifte in die Hand gedrückt, mit denen ihr die Skizze ausmalen könnt. Könnt ihr euch ausmalen, dass mit nur drei

Grundfarben unendlich viele Farbtöne des Lebens erfahrbar gemacht werden können?
In Grunde genommen sind die Wirkkräfte des Schicksals unheimlich einfach gestrickt und doch können sie in ihrer Kombination Welten von schier unsagbarer Komplexität hervorbringen. Auch die Welt meines bescheidenen Orakels gründet in den kosmischen Grundkräften, die nicht würfeln. Doch wer wirft die Würfel, wenn nicht ich?
Es gibt, wenn man es einmal zusammennimmt, zwei Lebenspositionen, in die man eingehen kann. Die eine ist ständig am Würfeln und weiß doch nie, welche Augenzahl dabei herauskommt, weil es ihr nicht erlaubt ist, unter den Würfelbecher zu schauen. Und die andere weiß stets - auch im voraus - welche Augenzahl erscheint, darf aber tragischerweise nicht würfeln. Letztere Position beziehe ich. Erstere kommt in der Regel euch zu. Nun ist es aber so, dass es durchaus Tore in der Existenz gibt, die von der einen zur anderen Position führen. Allerdings gibt es, wie gesagt, einen nicht zu unterschätzenden Wegzoll, den jeder zu entrichten hat, der dieses Tor ganz zu durchschreiten wünscht. Wer nicht würfelt, nimmt sein Schicksal nicht selbst in die Hand und wird vom Lauf der Dinge entsprechend durchgeschüttelt, kann aber, weil er sein Leben innerhalb des Würfelbechers lebt, das Schicksalsgeschehen mit allen Sinnen unmittelbar erfahren. Wer aber zu den Würfeln greift, gut schüttelt und sein Schicksal entwirft, der kann dies zur Gänze nur von außerhalb der Würfelbecher raumzeitlicher Sinneserfahrung tun. Bevor ihr geboren werdet, schüttet ihr die Würfel eurer

Existenzbedingungen aus. Und wenn die Würfel gefallen sind, inkarniert ihr in die Welt innerhalb des Würfelbechers, um das Entworfene zu erfahren und um durch die Augenzahl des Würfels auf das Phänomen des Lebens zu schauen. An dieser Stelle stellt sich jedem scharfen Beobachter die Frage, wer von uns reicher mit prophetisch, schöpferischen Gaben ausgestattet ist...? Seid ihr es, die die Würfel des Schicksals werfen, deren Ausgang nur ich kenne? Oder bin ich es, die das Schicksal aller Menschen kennt, dessen Lenkung aber nur euch bestimmt ist?

Was mir verwehrt bleibt, ist das, was euch befreit, denn eure Freiheit bleibt mir verwehrt. Doch bleibt euch umgekehrt die Einsicht in euer Schicksal, wie ich sie habe, verwehrt, obwohl nur durch sie die Befreiung vom Schicksal selbst gelingen kann. Je mehr ihr euch, in der Hinwendung zu mir aus der Lenkung eures eigenen Schicksalsverlaufs herauszuhalten lernt, desto tiefer werden eure Einsichten in das sein, wo euch der Schicksalsverlauf hinführt, denn es wird das Leben selbst sein, was euch dann an die Hand nimmt, um euch durch es hindurch in die Freiheit zu führen. Erst durch mein Heraushalten aus eurem Schicksalsverlauf ergibt sich eure Freiheit, die unter anderem darin besteht, über meine Prophezeiungen, die ich unfehlbar über euch ausschütte, zu bestimmen, ohne sie jedoch zu (er-) kennen. Aber wie kann ich etwas wissen, was *nur ihr* zu lenken vermögt, und wie könnt ihr etwas frei lenken, was ich bereits schon weiß?

Dieses Geheimnis hütet die Zeit. Und für die Entschleierung dieses Geheimnisses gibt es mich, das Orakel.

Raum des Glücks

Der Raum des Glücks wirkt durch alle glücklichen Wesen hindurch und für den Moment, in dem ihr euer Glück auskostet, teilt ihr eure Erfahrung mit allen Wesen in der Schöpfung.

Alle glücklichen Erfahrungen sind auf alle Wesen übertragbar, denn darin liegt ihr eigentliches Glück. Unglück miteinander zu teilen, scheint zwar auf eurer Ebene zu einer der grundlegendsten Erfahrungen zu gehören, doch letztlich übertragen sich keine unglücklichen Erfahrungen durch die Schöpfung, weil ihr Unglück gerade darin besteht, dass ihr sie nur für euch selbst erleben könnt.

Alles in der Schöpfung wünscht sich, dass alles in der Schöpfung glücklich ist und hat entsprechend diesem allgegenwärtigen Wunsch alles so eingerichtet, dass sich dieser Wunsch unfehlbar in jedem Schöpfungsmoment umsetzen lässt. Wenn alles im Leben an eurem Glück interessiert ist, ist das Desinteresse am eigenen Lebensglück ein schwer zu meisterndes Kunststück. Und dennoch erlebt ihr immer wieder Momente, in denen euch das Glück scheinbar verlassen haben muss. Kinder der Schöpfung, das Glück begleitet euch auf all euren Wegen und es steht einzig und allein in eurer Macht, den Raum des Glücks zu verlassen. Schöpfungsräume können euch von sich aus nicht rauswerfen oder verbannen, sehr wohl aber besitzt ihr die Fähigkeit, Teile von euch aus den Räumen abzuziehen, in denen ihr seit Beginn der Schöpfung lebt. Nichts ist so einfach, wie seinem eigenen Glück nachzugehen, zieht doch jede Körperempfindung, die ihr habt, einen ganz klaren Empfindungspfad nach sich. Fühlt sich das, was ihr erfahrt, gut an, dann folgt ihr dem Weg eures Glücks, fühlt es sich nicht gut an, habt ihr diesen Weg in irgendeiner Form, auf irgendeine Weise verlassen, und das Leben wird alles in Bewegung setzen, euch zurück auf eure Lebensglückslinie zu setzen. Dieser Schöpfungsaufbau ist derart grundsätzlich, dass ihr ihn in eurer schnelllebigen Welt ganz übersehr. Dem Weg des Glücks zu folgen meint nicht, dem Glück hinterherzurennen, sondern jeden Schritt im Leben gemeinsam mit dem Glück zu gehen. Die Unverbundenheit euch selbst gegenüber erlaubt es euch, Erfahrungen zu durchleben, die an sich unverbunden mit den grundlegendsten Schöpfungsprozessen sind. Und so kann es sein, dass ihr glaubt, etwas zu wollen, was nicht euer Glück darstellt. Natürlich will jedes Wesen letztlich nur glücklich sein und seine Mitwesen glücklich machen, doch gerade die Unklarheit darüber, was euer Wesen ausmacht, führt euch in Räume, in denen ihr abgeschirmte Erfahrungen des Unglücks erleben könnt. Selbsterkenntnis führt immer dazu, dass ihr euch wieder in den Räumen erfahrt, in die euch die Schöpfung von Anbeginn an hineingesetzt hat. Ihr wurdet, wie jedes Wesen in der Schöpfung, in einen ganz bestimmten Raum hineingeboren und die wesentlichen Erfahrungsqualitäten dieses Raums begleiten euch bei jeder Erfahrungsreise. Ihr seid in die Wiege des Glücks hineingeboren und so sehr ihr euch auch von eurer kosmischen Geburtsstätte entfernt habt, so unfehlbar klopft ihr doch Glücksstaub aus den Dingen, die ihr bei euch habt, weil alles in eurer Umgebung etwas von dem annimmt, was ihr in euch tragt. An eurem Glück lässt sich nicht arbeiten, an eurer Wahrnehmung, die glaubt, im Unglück zu sein, schon. Selbst, wenn wir beschreiben müssten, wie es euch gelungen ist, in euer eigenes Unglück zu rennen, könnten wir es nicht, da für uns der Weg des Lebensglücks alternativlos ist.

Wir können nur dem Glück folgen, das die Schöpfung für uns ausgelegt hat und selbst als wir es einmal probiert haben, den Weg unseres Glücks zu verlassen, haben wir uns unmittelbar auf dem gleichen Weg wiedergefunden.

Mit anderen Worten ausgedrückt: uns Glückswesen fällt es nach wie vor schwer, uns selbst im Unbewussten zu halten und ihr habt uns, wenn es darum geht, sich selbst in nicht teilbare Räume zu versetzen, einiges voraus. Worauf wir aber hinauswollen, ohne euch damit zu sehr aus den liebgewonnenen Räumen zu locken, ist, dass ihr letztlich den Weg eures Glücks nicht verlassen könnt.

Wir haben die Schöpfung auf all ihren Ebenen studiert und kennen jeden Winkel im Kosmos und eines können wir euch sagen: Ein Schöpfungswesen kann seinen glückgepflasterten Lebensweg nicht verlassen, ohne sich selbst dabei zu verlassen. Jeder, und wir betonen dies hier ganz ausdrücklich, folgt mit den Schritten, die er gerade tut, seinem Lebensglück, und dass ihr die Wege des Glücks nicht verlassen könnt, beweist sich dadurch, dass ihr auch die Erfahrungen, die sich nicht gut anfühlen, auf einer Ebene liebt. Ihr könnt eurem Glück nicht entkommen, denn selbst wenn ihr euch in die Erfahrungsflut unangenehmer Gefühle stürzt, verwandelt es sich in euch so, dass ihr diese Erfahrungen in einer verdrehten Weise lieben lernt. Die Erfahrungen, die sich nicht gut anfühlen, sind nie das Problem gewesen, sondern eure innere Verwandlung, welche sich am eigenen Unglück oder dem der anderen erfreut. Achtet einmal ganz genau auf die Momente, die ihr als euer Unglück darstellen würdet und sucht den Anteil in euch, der sich dadurch in irgendeiner Weise bereichert fühlt. Wie können euch Erfahrungen bereichern, die ihr nicht zur Bereicherung aller Wesen weitergeben könnt? Seinen Nächsten nicht das Beste zu wünschen, ist Ausdruck eigenen Unglücks. Wer sich im Raum des Glücks bewegt, der sich nebenbei gesagt, auf vielfältigste Weise ausdrücken kann, wünscht allen Wesen das Glück, das ihn selbst zuteil wird. Es gibt unendlich große Schöpfungsräume, in denen alle Wesen all ihr Glück miteinander teilen und ihre Glückserfahrungen freigiebig an alle anderen Wesen weitergeben. Glück ist in der Gemeinfreiheit, der Public Domain, mit einer offenen Lizenz zu Weiterverwendung, wohingegen die Schöpfung auf jede unglückliche Erfahrung einen Kopierschutz gelegt hat. Sosehr ihr euch damit aufzubauen scheint, euch gegenseitig in eurem Unglück zu verstehen, so unverständlich muss dem einen das Unglück des anderen bleiben, denn die Räume, in denen diese Erfahrungen gemacht werden, sind eben nicht für alle frei zugänglich.

Ihr glaubt, einander darüber zu verstehen, dass ihr das gleiche Elend wie euer Nächster erlebt und aus dem Wunsch einander zu verstehen, stürzt ihr euch gegenseitig ins Unglück.

Dass dies Ausdruck eines falsch verstandenen Mitgefühls ist, sollte selbst denjenigen Wesen einleuchten, die noch glauben, dass sie sich gemeinsam in einem Raum des Unglücks treffen könnten. Euer sehnlichster Wunsch ist es, euch wahrhaft zu begegnen und zu verbinden und ihr wisst, dass ihr dazu in ein und demselben Raum sein müsst. Nun sagen wir euch aber, dass die Räume, in denen ihr meint, einander begegnen zu können, vielmehr dafür geschaffen wurden, um sich eben aus den großen Schöpfungsräumen der Gemeinfreiheit herauszunehmen. Ihr könnt zwar lang und breit über euer Unglück sprechen, aber letztlich bleibt ihr einander dabei fremd oder verstärkt sogar die Fremdheit zu euch selbst. Es gibt genau *eine* Erfahrung, die ihr mit allen Wesen in der Schöpfung teilt und genau diese Erfahrung beinhaltet euer höchstes Glück. Es gibt keine andere Erfahrung, die euch glücklich machen könnte, denn in ihr verschmilzt jedes nur vorstellbare Glück. Wir wissen, dass jeder, der uns bis hierhin folgen konnte, nach dieser Erfahrung in der einen oder anderen Weise sucht, weil er bereits einen Vorgeschmack dieses Glücks gekostet hat. Wir wollen euch den

Schlüssel zum Glück überreichen und euch darauf hinweisen, dass er nur in die Tür passt, die einen Raum öffnet, in dem alle Wesen all ihre Erfahrungen teilen. Solange ihr noch etwas in euch zurückhaltet, werdet ihr mit dem Schlüssel nichts anfangen können, auch wenn er euch nicht verloren geht. Fragt euch in aller Ehrlichkeit, ob es nicht vielleicht zu viel für euch wäre, in einem Raum zu sein, in dem alle Schöpfungswesen all ihr Glück miteinander teilen. Fragt euch, was sich in euch in diesem Raum nicht gesehen fühlt. Vielleicht gibt es eine Traurigkeit in euch, die meint, dass sich alle anderen Schöpfungswesen in einem anderen Raum miteinander vergnügen und nur ihr seid nicht Teil dessen. Vielleicht spürt ihr auch Neid oder sogar Verachtung gegenüber all den Wesen in der Schöpfung, die nur ihr reinstes Glück miteinander teilen. Alle diese Empfindungen sind von dem Raum, in dem ihr euch gegenwärtig erfahrt, vollständig legitim und wollen von euch beachtet werden. Versorgt eure Wunden, bis ihr von ihnen lassen könnt, um euch im Raum des Glücks als heil zu erfahren. Der Schlüssel zum Glück wird euch nie verlassen, so wie ihr letztendlich die Glückspfade nicht verlassen könnt, da sich jeder von euch eingeschlagene Weg so ausrichtet, dass er euch wieder auf den Glückspfad führt.

Unglück ist keine abwegige Erfahrung, sondern eine stilvolle Schleife auf dem Weg zum Glück.

Ihr verziert das Leben mit verschlungenen Wegen und habt euch dadurch eine ganz eigene Form des Glücks zurechtgelegt, denn bei euch gilt, dass das, was dem einen Freude bringt, für den anderen schon Gift sein kann. Ihr verwechselt eure Vorlieben mit Liebe und eure schnellen Freuden mit Lebensglück.

Die Suche nach dem Glück kann, wie die Suche nach jeder anderen Erfahrung, auch in eine Sucht führen, wenn euch mehr an der Suche als an der Erfüllung liegt. Glücklich sein hat nicht selten zur Voraussetzung, die Suche nach dem Glück aufzugeben und dem Leben nicht mehr hinterherzurennen, sondern es auf sich zukommen zu lassen.

Lasst ihr eure starren Ideen darüber, worin für euch das Glück und worin es nicht besteht, fallen, dann führt es euch ganz von selbst in den Raum, in dem euch das Glück aller anderen Wesen zuteilwird.

Ihr könnt dann nicht einmal genau ausmachen, weshalb ihr überhaupt glücklich seid, weil sich euer Glück in diesem Raum vom Glück aller speist. Glück auf einen Grund zurückzuführen, schränkt eure Glückserfahrung ein und bindet sie an eben jene Bedingungen. Wer bedingtes Glück erfährt, muss immer Angst darum haben, dass dieses irgendwann abhandenkommt, wohingegen die Einsicht, dass alles im Leben immer schon grundlos glücklich gewesen ist, in die vollständige Freiheit von Angst führt. Macht euch das, was ihr bisher von uns wahrgenommen habt, glücklich, oder wird euch erst durch uns euer abwegiges Denksystem bewusst? Egal, ob euch unsere Worte glücklich machen, weil ihr Wahrheit in ihnen erkennt, oder traurig machen, weil ihr erfahrt, wie ihr in der letzten Zeit mit euch selbst umgegangen seid, führen euch beide Erfahrungen glücklicherweise zum Glück. Was für ein hohes Glück, dass die Schöpfung das Glück ihrer Geschöpfe sosehr hütet, dass es selbst dann nicht vergeht, wenn ein Geschöpf das Wesen seiner selbst verlässt, um in ein Dualitätsspiel abzutauchen. Das Glück aller Welten liegt wohlbehütet und gleichzeitig frei zugänglich im Raum des Glücks und es liegt nun an euch, von unserem Schwingungsschlüssel Gebrauch zu machen. Selbst wenn ihr immer mal wieder in ein vermeintliches Unglück rutscht, dann erinnert euch doch wieder an die Einfachheit des Weges, der euch über eure Empfindungen Rückmeldung darüber gibt, ob ihr euch dem Raum nähert, in dem alle Wesen ihr Glück miteinander teilen. Haltet euch nicht zurück in eurem Glück und seid stets offen und bereit, das zu empfangen, was das Leben für euch vorbereitet hat. Das Leben will nur euer Glück, das geradewegs im Glück aller mündet.

Einen herzlichen Glücks-Wunsch senden wir euch aus dem Raum, der uns alle zusammenführt.
Eure Glücksboten.

Raum der Heilung

Heilung geht weit über die Gesundung des Körpers hinaus. Heilung schließt alle Ebenen mit ein, da sie erst durch die Verbindung der Ebenen von Körper, Geist und Seele zustande kommt.
Letztlich heilt sich jedes System dadurch, dass es seine Ebenen miteinander verbindet und entsprechend entsteht Krankheit überall dort, wo sich das Bewusstsein vor einer Ebene seiner selbst verschließt. Wir wollen dich hier in den Raum der Heilung führen und dir aufzeigen, was du noch in dir verschlossen hältst. In deinem Selbstbild betrachtest du dich als Mensch, der diese oder jene Eigenschaften hat und identifizierst dich mit einer ganz bestimmten Weise, zu sein. Zu merken, dass du auch die Eigenschaften in dir trägst, die du nicht deine eigenen nennen würdest und die dir bei anderen vielleicht sogar noch negativ auffallen, ist der erste Schritt in Richtung Heilung. Möglicherweise bezeichnest du dich als friedlichen, ausgeglichenen, glücklichen Menschen und diese Sicht auf dich selbst setzt einen Filter, um all das nicht zu sehen, was auch Teil von dir ist. Heilung bedeutet Ganzwerdung und dadurch auch die Fähigkeit gleichermaßen gut im Frieden wie im Konflikt sein zu können.
Erfährst du dich in Situationen, in denen du anders bist, als du es in deiner Selbstbeschreibung für dich festgelegt hast, packt dich der Schwindel und wirbelt dein Selbst- und Weltbild durcheinander. Meist ist es für dich leichter, mit einer Selbstlüge zu leben, als dich den

Seiten in dir zuzuwenden, die du nicht als deine eigenen akzeptieren kannst. Wir wollen dir hier einen Raum der Heilung schaffen, in den du dich immer wieder hineinversetzen kannst, wenn dir dein Körper Rückmeldung darüber gibt, dass zwischen den Ebenen deines Systems etwas ins Ungleichgewicht gekommen ist. Wisse, dass es einen Raum der Heilung gibt, der nur für dich bestimmt ist und in dem sich dir genau die Thematik zeigt, mit der du in diesen inneren Raum getreten bist. Gib diesem Raum einen für dich passenden Namen und sein Name wird ihn zu deinem eigenen machen.

Es ist wichtig, dass du die Räume, von denen hier ganz grundsätzlich die Rede ist, auf dich persönlich beziehst, weil es der Mensch in seiner Persönlichkeit ist, der den ersten Schritt in einen Raum tut. Wisse aber, dass jeder Raum eine Hinführung in einen überpersönlichen Zustand ist.

Heilung innerhalb einer begrenzten Persönlichkeit oder einem begrenzten Körper zu erfahren, ist nicht möglich. Ein Körper und eine Persönlichkeit kann gesund sein, dann ist diese Gesundheit jedoch Ausdruck eines heilen, sprich ganzen Bewusstseins, über das dieser Körper verfügt.

Die meisten deiner Themen brauchen lange, bis sie die Spiegelungsebene des Körpers erreicht haben und zuvor spiegeln sich alle deine Themen vielfach in deinem Geist und auf der Leinwand deiner Umwelt. Es kann sein, dass dir die Krankheiten bei anderen plötzlich mehr auffallen, weil dein Geist dich auf ein ungeheiltes Thema in dir aufmerksam machen will. Immer wenn du Unheil in der Welt siehst, spiegelt sich eigenes inneres

Unheil und weist darauf hin, welche Aspekte im Bewusstsein zur Ganzwerdung fehlen. „Was fehlt dir?" ist die Frage des Arztes, der etwas von Heilung versteht. Und Manchmal sind diejenigen näher an der Heilung, die wissen, was ihnen fehlt, als diejenigen, die sich vorschnell als gesund und glücklich einstufen.

Der Welt zu helfen, weil man viel Unheil in ihr wahrnimmt, oder dem Körper zu helfen, weil dieser Krankheitssymptome zeigt, mag zwar eine Zeit lang das schlechte Gewissen beruhigen, sich seinen Themen nicht zu stellen, ändert aber letztlich am Kern der Heilungsproblematik nichts. Eine Pille einzuwerfen ist das gleiche, wie Hilfspakete in eine Region zu versenden, von der du meinst, sie sei von großem Unheil betroffen. Diese Handlung ist nicht falsch, aber wenn man den Spiegel putzt, um einen Fleck im eigenen Gesicht wegzuwischen, kommt man auch nicht weit. Dein Körper ist eine Rückmeldestation und die letzte Spiegelungsinstanz, in die eine Problematik absinken kann. Die meisten Menschen vertrauen ihrer inneren Wahrnehmung so wenig, dass sie alle ihre Themen über den Spiegel des Körpers abwickeln, weil sie dort sicher sein können, dass sie die Problematik wahrnehmen. Als Mensch mit einem Körper neigst du ganz grundsätzlich zur Somatisierung, sprich zur Abwicklung geistiger Themen über den Körper und jede Form der körperlichen Krankheit hat ein geistiges Korrelat und kann somit als psychosomatisch gesehen werden.

Wer dazu neigt zu somatisieren, und seine Themen erst dann wahrnimmt, wenn sie sich auf der körperlichen Spiegelungsebene zeigen, der hat ein Thema mit Kontrolle, Macht und Loslassen. Ein Thema direkt auf den

Körper zu projizieren suggeriert dem Geist, das Thema unter Kontrolle halten zu können, da der Mensch seinen Körper, solange er gesund ist, willentlich lenken und steuern kann. Immer darauf zu warten, bis sich ein Thema körperlich ausdrückt, hat mit dem großen Sicherheitsbedürfnis zu tun, das Thema greifbar wahrzunehmen und zu bearbeiten, da die Themenbearbeitung auf der nichtkörperlichen Ebene Unsicherheit verursacht. Gerade diejenigen Menschen, die alles richtig zu machen versuchen und ein starkes Über-Ich ausgebildet haben, das streng darüber entscheidet, was gut und richtig ist, werden zu Somatisierungen neigen. Hinzu kommt, dass für die meisten Menschen ein zu heilendes Thema erst dann zu einem wirklichen Problem wird, wenn es sich körperlich zeigt und sie die körperliche Ebene gerne auf den Präsentierteller heben, um mit ihren eigenen Themen gesehen zu werden. Natürlich verlangt ein Thema, was zu einer Krankheit führen kann, Aufmerksamkeit, aber die Aufmerksamkeitssuche für die eigenen Themen kann auch krankhaft sein.

Eigentlich dürfte niemand, der einigermaßen ehrlich zu sich selbst ist, überrascht darüber sein, wenn der Körper Krankheitssymptome zeigt. Aber meist erschreckst du bereits beim Auftauchen der ersten Symptome zu Tode, weil sie dir gerade das Thema zeigen, das du geistig nicht sehen wolltest. Krankheit zeigt dir immer die Themen auf, vor denen du Angst hast, denn die Angst vor der Auseinandersetzung mit einigen Themen hat den Prozess der Krankheit erst in Gang gesetzt. Angst vor einer Krankheit zu haben, ist, wie sich vor seinem eigenen Spiegelbild zu erschrecken, jedoch braucht es wie gesagt eine gute Prise ehrlicher Introspektion, um sich selbst direkt, ohne Zuhilfenahme eines Spiegels oder Körpers anzusehen. Die Angst vor bestimmten Themen schließt diese aus dem Bewusstsein aus, wodurch es Unheil wird, und dann versucht das Bewusstsein mit Zuhilfenahme des Körpers die Themen wieder zu integrieren, die du ausgeschlossen hast.

Gerade diejenigen Themen, von denen du selbst sagen würdest, dass du absolut nichts mit ihnen zu tun hast, sind die Themen, die dich zum Heil führen. Einen Heilungsweg zu gehen, heißt immer, sich mit den unliebsamen Gedanken, Bildern und Vorstellungen auseinanderzusetzen, um einen Weg zu finden, dieses meist nach außen projiziertem Bewusstseinsmaterial wieder zu integrieren.

Ein wesentlicher Aspekt auf dem Weg zur Heilung ist das Fühlen aller ungefühlten Gefühle.

Natürlich ist es schön, sich nur auf die angenehmen Gefühle zu konzentrieren und gleichzeitig kann kein Bewusstsein, was sich nur mit einem Teil der Gefühle auseinandersetzt und einen anderen Teil ungefühlt in der Ecke stehen lässt, heil werden. Du glaubst vielleicht, dass du mit Aggression nichts zu tun hast, weil du dir ein Selbstbild als friedliebenden, harmonischen Menschen gebaut hast, und so schön dieses Selbstbild auch sein mag, so sehr blockiert genau das dich auf dem Weg zur Heilung.

Wut oder Trauer nicht mehr spüren zu können, ist in fast allen Fällen kein Ausdruck eines erleuchteten Bewusstseins, sondern ein Hinweis darauf, noch mit bestimmten Themen in Konflikt zu stehen. Und wer dann noch in aller Kühnheit von sich behauptet, keine Angst mehr zu haben, obwohl sich die ungefühlten Gefühle auf einer vorbewussten Ebene des Geistes stapeln, der kann darauf warten, dass sich seine Ängste physisch ausdrücken.

Natürlich hat der, der nichts mehr fühlt, auch keine bewussten Ängste, allerdings müssen die Ängste an sich schon sehr gewaltig sein, dass sie einen Menschen in einen Zustand bringen, in dem er nichts mehr fühlt. Gefühllos zu sein, ist eines der klarsten Anzeichen für unterdrückte Ängste, denn jeder, der sich seinen Angsthemen stellt, wird die gesamte Bandbreite an Emotionen frei zur Verfügung haben. Du brauchst jedes Gefühl für deine Heilung, denn dein Heil besteht gerade darin, das gesamte Gefühlsspektrum für dich zugänglich zu haben. Ist dir eine Emotion unzugänglich, oder dein Widerstand gegen ein bestimmtes Gefühl besonders hoch, dann kann dies ein direkter Hinweis auf dein persönliches Angstthema sein. Natürlich kann es sein, dass dir die Angstthemen der Menschen in deiner Umgebung begegnen, wobei jedes Thema, das es bis in deine bewusste Erfahrungsebene schafft, etwas mit dir zu tun haben muss. Dir kann nichts gespiegelt werden, was du nicht in dir trägst und da du letztlich alles in dir trägst, muss auch Stück für Stück alles, auch die verdrehtesten Gefühlsfacetten, auf deiner Leinwand erscheinen. Die gute Nachricht ist, dass du deinen Heilsweg nicht verfehlen kannst, da das Leben in allen Spiegelungsebenen dafür sorgt, dass all das zu Tage tritt, was deinem Bewusstsein gerade jetzt fehlt. Schau noch einmal genau hin, was sich in deinem Selbstbild verbirgt, was durch dein Selbstbild ausgeschlossen wird und welche

Themen es schwer haben, sich dir zu nähern, weil du z.B. dem Bild eines guten Menschen folgst. Du versuchst alles richtig zu machen, ein guter Mensch zu sein und wunderst dich vielleicht darüber, dass dein Körper diese oder jene Symptome zeigt. Schaue dir den Schatten an, den dein Gut-Sein-Wollen wirft und lasse nicht zu, dass du in aller Bescheidenheit deine Macht als Kind der Schöpfung verleugnest. Dein gesundes Mittelmaß führt zu Mittelmäßigkeit, obwohl dein Wesen zu Großartigem bestimmt ist. Erlaube dir, aus der Mitte deiner selbst, reißaus zu nehmen, um wieder das gesamte Gefühlsspektrum zu erkunden und erschrecke nicht zu sehr, wenn sich deine Angstthemen in körperlichen Symptomen zeigen. Mit Angst oder Panik auf die Themen zu reagieren, die man einst aus Angst vor ihnen verdrängt hat, hilft in keinster Weise weiter. Deinen Schatten in all seiner Emotionalität als den altbekannten Freund wiederzuerkennen und ihn in die Arme zu schließen, bringt den Frieden, nach dem sich jede Zelle deines Körpers so sehr sehnt.
In wahrer Heilung ist Harmonie und Frieden zu finden. Harmonie und Frieden für sich herzustellen ohne jedoch zuvor heil geworden zu sein, verdrängt ganz wesentliche Aspekte deiner selbst.
„Danke lieber Körper, dass du es auf dich nimmst, mich an meine Themen zu erinnern."
So könnte eine angemessene Reaktion auf nahende Symptome deines Körpers sein. Und wisse, dass stets ein Raum der Heilung für dich offensteht, in den du dich zurückziehen und kurieren kannst. Nimm die Heilungsströme wahr, die du im Raum der Heilung empfängst und lenke sie an die Stellen deines Körpers, von

denen du vermutest, dass dort das entsprechende Thema liegt. Jedes körperliche Symptom gibt dir einen Hinweis darauf, welches Thema sich in ihnen spiegelt. Wenn du aufhörst, zwischen den Ebenen deiner selbst Verstecken zu spielen und Körper, Geist und Seele wieder miteinander verbindest und synchronisierst, dann wird dir sicherlich schnell klar, wofür du das erlebst, was du erlebst, so schmerzlich oder unangenehm es auch immer sein mag.

Gerade in den Momenten, in denen dein Körper dir unangenehme Themen in unangenehmen Symptomen spiegelt, arbeitet er für und nicht gegen dich. Eine Spiegelungsebene abzulehnen, weil es dir nicht das zeigt, was du sehen willst, ist kindliches, aber kein erwachsenes Verhalten.

Vertraue dir und deiner Wahrnehmung und wisse, dass es dort noch vieles gibt, was auch du nicht wahrnehmen möchtest und was nur darauf wartet, dass du es für dich wiederentdeckst. Deine Heilungsthemen warten auf dich, denn du bestimmst das Tempo, mit dem du deinen Heilungsweg gehst. Nur bei denjenigen, die überhaupt nicht aus ihrem Schneckenhaus kommen, wird die letzte Spiegelungsebene des Körpers greifen und sie unübersehbar mit ihrer Heilung konfrontieren. In dem Moment, in dem auf körperlicher Ebene die Symptome ausbrechen, beginnt die Heilung, denn jedes Symptom bringt wieder etwas ins Gleichgewicht, was ohne die Symptombildung mehr in Ungleichgewicht sein würde. Ohne die körperlichen Symptome wäre dein Bewusstsein noch weniger vollständig, so schmerzlich diese Realisation auch sein mag. Ein Thema kann lange vor

sich hin rumoren, ohne dass es sich zeigt, wobei es immer dann in Heilung geht, wenn es sich in körperlichen Symptomen spiegelt. Du betrachtest tatsächlich den Zustand, in dem sich deine Themen noch nicht zeigen, als gesund, wohingegen du den Zustand, in dem sich deine Themen zeigen, Krankheit nennst und entsprechend gegen sie vorgehst. Auf die Idee, eine Warnlampe, die einen Motorschaden anzeigt, einfach herauszunehmen, ohne sich den Motor anzusehen, würdest du nicht kommen, auch wenn du mit einigen deiner körperlichen Symptome genau so umgehst. Habe Mitgefühl mit den Ebenen deiner selbst, ob nun Körper oder Umwelt, die es auf sich nehmen, dich auf deinen Heilungsweg zu führen. Gib den Kontrollversuch auf, bestimmte Themen für die Selbstidentifikation zu dir herzuziehen und andere von dir wegzustoßen.
Das Leben führt dich mit allem, was dazugehört, immer in die Bereiche, die dir am meisten fehlen.
Bewusst oder unbewusst wünscht sich jeder das, was ihm gerade fehlt, nur dass sich dieser Wunsch auch in einer Krankheit ausdrücken kann, weil der Körper genau das widerspiegelt, was gerade fehlt, darüber sind sich die wenigsten im Klaren. Alles, was du erfährst, egal auf welcher Ebene, sorgt dafür, dass dir das wieder zur Verfügung gestellt wird, was dir zum Heilwerden fehlt. Und genauso sind es gerade jetzt diese Worte, die die Informationen transportieren, die dir bisher gefehlt haben, um den nächsten Schritt auf deinem Heilungsweg zu gehen. Sei mutig und stark und wisse um die göttliche Führung, die dich bei jedem Schritt auf deinem Weg zur Heilung begleitet.

Raum der Schöpfungscodes

Wenn der Tag erwacht, erwacht euer Bewusstsein zu neuem Leben und das Persönlichkeitsbewusstsein dämmert herauf. Nachts ist euer Bewusstsein meist weniger stark an euer Alltagsbewusstsein geknüpft, weshalb sich die Nacht im Besonderen für das geistige Reisen und das Arbeiten in bestimmten Schöpfungsräumen eignet. Wenn nachts alles schläft, kann das erwachen, was schläft, wenn euer Alltagsbewusstsein wach ist. Euer, an den Tag angepasster Denkapparat ist wohl eines der größten Gepäckstücke, die es euch verwehren, in andere Räume zu reisen. Da sich die Räume über Strömungsfelder aufbauen, die meist eine torsionsartige Struktur haben wie bei den Strömungslinien eines Magneten, ist es wichtig, den Verstand, wenn er denn noch aktiv ist, auf diese Bilder einzustellen. Schöpfungslehre ist Strömungslehre, denn alles, was in der Schöpfung existiert, lebt in seinem eigenen Strömungsfeld. Was von den Räumen auf euch einströmt, liegt einzig und allein daran, wie ihr euch auf einen bestimmten Schöpfungsstrom einstellen könnt. Die meisten Strömungen gehen an eurem Alltagsbewusstsein vorbei, erreichen aber sehr wohl vor- oder unterbewusste Schichten eurer selbst. Der gesamte Raum, in dem du sitzt, ist durchzogen von torsions- und eiförmigen Strömungsfeldlinien, die bestimmte Bewusstseinsräume aufbauen. Wie in der Matrix laufen die Codierungen dieser Strömungslinien durch jeden Punkt in

Raum und Zeit, allerdings verlaufen sie nicht linear von oben nach unten, sondern sprießen vielmehr aus sich heraus in rotierenden Torsionsfeldern unterschiedlichster Größe und Farbe. Das heißt, jeder Punkt in Raum und Zeit ist durch die Codes, die in den Strömungslinien laufen, definiert. Zu schöpfen heißt, sich dieser Realitätsprogrammierung gewahr zu werden und sich zunächst auf die gewünschten Strömungsfelder einzustellen, um aus ihnen heraus Realitätsräume neu zu programmieren.
Dies ist ein ganz und gar technikfreier Prozess, der jedem Schöpferbewusstsein grundlegend innewohnt. Jedes Bewusstsein hat ein Bewusstseinsfeld und in diesem Feld steht geschrieben, was das Bewusstsein zu erfahren in der Lage ist und was außerhalb der Bewusstseinsreichweite liegt.
Bewusstseinsveränderung muss folglich auf der Ebene der Strömungsfelder ansetzen, innerhalb dessen sich ein Bewusstsein erfährt. Wenn wir von Schwingungsräumen sprechen, in die ein Bewusstsein eintreten kann, dann meinen wir einen identischen Sachverhalt. Ein Unterschied zwischen euren physischen Räumen und den Strömungsfeldern, um deren Erkundung es hier hauptsächlich geht, ist die Härte der Grenze von einem Raum zu einem anderen. Strömungsfelder überlagern sich und interferieren miteinander, weshalb es euch vielleicht zunächst erst einmal schwerfallen kann, euch auf ein ganz bestimmtes Strömungsfeld einzustellen. Aber auch das ist eine Frage der Übung. In eurem Alltagsbewusstsein vermischen und überlappen sich

sehr viele verschiedene Strömungslinien, was zu einem großen Durcheinander und einem wilden Gemisch von Schwingungslärm führt. Und gerade, weil bei euch so viele verschiedene Felder miteinander interagieren, bemerkt ihr euer eigenes Feld nicht und könnt die Strömungslinien nicht mehr empfindungsmäßig zuordnen. In anderen Schwingungsdimensionen der Schöpfung hat jedes Bewusstsein sein eigenes Strömungsfeld bewusst codiert und bemerkt sofort, wenn es sich mit den Strömungsfeldlinien eines anderen Bewusstseins verbindet. Gerade aufgrund der Klarheit, wer welches Feld besitzt, herrscht dort ein tieferes Verbundenheitsgefühl untereinander.

Die Erfahrung von Trennung und das Gefühl von Separation haben immer etwas damit zu tun, sein eigenes Feld nicht zu kennen und nicht auf die Strömungslinien eingestellt zu sein, innerhalb derer sich das eigene Bewusstsein bewegt. Durch die vielen Schwingungsinterferenzen auf eurer Ebene bekommt ihr gar nicht mit, wer wann euer Feld betritt und welche Codierung er in eure Feldlinien prägt.

Häufig lauft ihr sogar asynchron zu eurem eigenen Schwingungsfeld und seid deshalb überhaupt nicht auf euren Raum eingestellt. Wenn ihr davon sprecht, dass euch die Erdung fehlt, dann ist diese Erfahrung Ausdruck dessen, dass ihr asynchron zu dem euch umgebenden Torsionsfeld schwingt.

Wir übersetzen euch dies deshalb so gründlich, weil die gefühlsverbundene Strömungsfeldlehre die Grundlage jedes Schöpfungsprozesses ist, aber in eurem Realitätsprogramm kaum Beachtung findet. Euch ist die Wahrnehmung der Feldlinien, die hinter eurer Realität rotieren, um diese aufzubauen, systematisch abtrainiert worden. Um aber eure Realität und damit die Erfahrung des Menschseins zu meistern, müsst ihr lernen, die Feldlinien wieder wahrzunehmen, um durch sie die Realitätsräume aufzubauen, die ihr für euch haben wollt. Räume, ob nun physischer oder nichtphysischer Art, erhalten sich nur über die Schwingung bzw. die Rotation der Feldlinien aufrecht. Sobald ihr etwas umcodiert, was die Bewegung des Strömungsfelds verändert, verwandelt ihr den gesamten Raum. Dies kann so weit gehen, dass ihr, wenn ihr wieder ganz in eurer Schöpferkraft seid, einen physischen Raum für alle Menschen sichtbar in einen anderen verwandeln könnt. Wie bereits gesagt, überlagern sich die Codes mehrerer Schwingungsfeldlinien miteinander, sodass im Hintergrund ein Urmatrixcode abgespielt wird, der die kollektive, menschlich-physische Realität abbildet, auf der wiederum individuelle Schwingungsfeldlinien geschrieben werden können. Um, wie gerade beschrieben, einen physisch-kollektiven Raum umzuwandeln, genügt es nicht, die Strömungen seines eigenen Feldes umzuschreiben, sondern man muss sich mit dem eigenen Feld in das Urmatrixfeld einklinken. Die Sprache, mit der ein Mensch sein eigenes Feld codiert, ist jedoch eine ganz andere als die, in der das Matrixfeld geschrieben ist.

Wir können auch davon sprechen, dass es sich um zwei

verschiedene, sich überlappende aber nicht überlagernde Schwingungsschichten handelt, die so aufgebaut wurden, dass die Codierung des einen an der Programmierung des anderen restlos abperlt. Ihr seid bewusst in ein Schwingungskonstrukt gesetzt worden, dessen Feldlinien nicht mit der physischen Codierung interagieren, denn nur dadurch erfahrt ihr so etwas wie eine Kollektivrealität. Andere Ebenen der Schöpfung leben gerade davon, dass diese Trennung zwischen der Schwingungssprache einer einzelnen Bewusstseinsform und der Sprache des Realitätsraumes, in der sie sich bewegt, nicht existiert. Allerdings kann man dort nicht so wie bei euch eine oberflächliche Realität miteinander teilen. Die Trennungsebene zwischen unterschiedlichen Bewusstseinsfeldern hat sich bei euch im Vergleich zu anderen Schöpfungsräumen massiv verschoben. Andere Wesen, auf anderen Ebenen, sprechen immer in der Sprache bzw. in der Codierung, die die Realität aufgebaut hat, in der sie sich bewegen. Ihr hingegen habt eine Sprache antrainiert bekommen, die vollkommen asynchron zu der Sprachschwingung ist, in der eure Kollektivrealität programmiert wird. Wenn ihr davon sprecht, dass die Matrix ein Gefängnis ist, dann meint ihr damit, dass die Schwingungssprache eures Bewusstseins, die eure Feldlinien programmiert, keinen Einfluss mehr auf die Programmierung der physischen Realität zu haben scheint. Wie bereits häufig ausgeführt, müsste sich euer gesamter physischer Raum durch die Veränderung eures Bewusstseins sichtbar verwandeln, wenn euer Bewusstsein in der gleichen Schwingung codiert wäre, wie der physische Raum.

Und hier kommen wir zu einem sehr heiklen Punkt in der Schöpfungsgeschichte, der sich bei euch in jeder Erfahrung widerspiegelt: Ihr wurdet mit dem, wie die Realität bei euch im Materiellen aufgebaut ist, in gewisser Weise bevormundet. Andere Schöpfungswesen haben in einer anderen Schwingungssprache für euch eine künstliche Realität geschaffen und auch wenn ihr grundsätzlich ebenfalls Herr dieser geistigen Schwingungswerkzeuge seid, habt ihr euch darauf eingelassen, in einen Realitätsraum abgesenkt zu werden, an dem ihr gefühlt nichts verändern könnt. Kaum einer von euch hat die Fähigkeit, mit seinem Bewusstsein physische Materie umzuformen, weil ihr in eine Bewusstseinsform, einen Körper, inkarniert seid, der in einer anderen Schwingungssprache geschrieben wurde als die euch umgebende Realität. Für andere Wesen in der Schöpfung ist das, was für euch zur Normalität geworden ist, absolut fremd und unverständlich. Doch wir wollen euch darauf hinweisen, dass die Schwingungscodes, in denen eure individuelle und eure kollektive Realität verfasst sind, nur scheinbar voneinander getrennt sind.

In Wahrheit interagieren die Zeilencodes eurer individuellen Strömungsfeldlinien die ganze Zeit auch mit der kollektiven Urprogrammierung, nur geschieht das auf einer Schwingungsebene, die ihr nicht mit den physischen fünf Sinnen wahrnehmen könnt. Die Trennung

der individuellen und kollektiven Schwingungssprachen erscheint euch nämlich nur auf der Ebene der physischen Sinne und hat auf anderen Schwingungsebenen keinen Bestand. Weil ihr euch aber nur auf die physischen Sinne verlasst, schluckt ihr quasi die euch vorgegebene Programmiersprache und bewegt euch nur in dem Matrixraum, der für die Körperformerfahrung geschrieben wurde. Dadurch, dass ihr verlernt habt, bewusst Schwingungsfelder aufzubauen, indem ihr Strömungslinien lenkt, ist euch die Sprache abhandengekommen, in der eure Realität programmiert ist.
Euer Verstand, der auf der physischen Oberflächenrealität herangewachsen ist, kann nur die Sprache sprechen, die diese Realität ihm vorgibt, allerdings beherrscht er die Sprache nicht, die diese Realität grundsätzlich aufgebaut hat. Wenn wir eine Sache nennen müssten, die eurer Bewusstseinserweiterung über den Raum der Matrix hinaus schnellstmöglich zu Gute kommt, dann ist es das Erlernen einer anderen Schwingungssprache. Sprecht ihr die Codes, über die sich andere Räume der Schöpfung aufbauen, dann wird es euch in diese hineinversetzen.
Vielleicht bekommt ihr mit, dass unser Sprechen sich bereits in einer anderen Schwingungscodierung bewegt als die Sprache, in der euer Alltagsbewusstsein arbeitet. Wir verwenden manche eurer Worte bewusst anders, um bestimmte Akzente zu setzen und euch aus der gewohnten Programmierung zu heben. Ihr bekommt vielleicht mit, wie sich euer Bewusstsein durch unsere Sprache auf einen ganz bestimmten Schwingungsstrom

einstellt, über den ihr neue Codes in anderen Sprachen erhaltet.
Wir können das, was wir euch hiermit als Erkenntnisschlüssel überreichen wollen, nicht in dieser euch bekannten Sprache tun, und so braucht es eure Bewusstseinseinstellung auf exakt den Schwingungston, den wir verkörpern.
Stellt euch doch noch einmal das euch umgebende Strömungsfeld vor, wie es um euch herum rotiert. Ihr seid das Zentrum eures Torsionsfelds, das trichterförmig oberhalb eures Kopfes aufgeht und sich in einem großen Bogen um euren gesamten Körper spannt. Versucht dieses euch umgebende Feld wahrzunehmen, es auszudehnen, seine Rotation zu erhöhen und alle anderen Felder in ihrer Einwirkung dadurch zu neutralisieren, dass ihr sie in euer Strömungsmuster einbindet. Ist euer Feld stabil, dann schaut ganz genau hin, wie sich die Strömungsfeldlinien bewegen und an welchen Stellen euer Feld vielleicht weniger gut fließt. Wenn euch die grundsätzlichen Strömungsrichtungen bewusst sind, könnt ihr damit spielen und wahrnehmen, was es mit euch macht, wenn ihr die Strömungsrichtungen an einigen Stellen leicht verändert.
So, wie es auf der physischen Ebene die willkürliche und die unwillkürliche Muskulatur gibt und ihr nur die Erstere willentlich steuern könnt, so gibt es auf der energetischen Ebene auch willkürliche und unwillkürliche Feldlinien. Letztere haben wir zuvor als die Urmatrixsprache bezeichnet. Aber auch einige Stellen des euch umgebenden Torsionsfeldes sind erst einmal für

euch nicht willkürlich steuerbar, da euer Bewusstsein noch in einer anderen Schwingungsverfassung ist. Es ist möglich, euren Herzschlag bewusst zu übernehmen und ähnlich verhält es sich damit, euer Schwingungsfeld wieder bewusst anzusteuern. Dass ihr damit wieder eine hohe schöpferische Verantwortung übernehmt, bei der es wortwörtlich um Leben und Tod geht, muss euch bewusst sein. Doch ihr müsst vorerst noch gar nicht in die Tiefenschichten eurer Realitätsprogrammierung abtauchen, sondern es genügt, erst einmal die Strömungslinien wahrzunehmen und die Wahrnehmung so fein werden zu lassen, dass ihr die Sprache der einzelnen Linien auslesen könnt. Stellt euch vor, jede Feldlinie besteht aus Codes einer runenhaften Schwingungssprache, die ihr intuitiv begreift. Um wieder das Beispiel des Magneten heranzunehmen, ist jeder Punkt der magnetischen Strömungslinien in seiner Information definiert, denn Feldlinien transportieren -Energien, sprich Informationen. Ihr lasst um euch herum die Informationen rotieren, innerhalb dessen sich eure Wahrnehmung bewegt und ihr könnt nur das wahrnehmen, was auch in den Feldlinien programmiert ist.
Euer Schwingungsfeld wieder wahrzunehmen, versetzt euch automatisch in den Bewusstseinsraum, in dem ihr mehr wahrnehmen könnt, als nur die Informationen, die eure physische Umgebung aufbaut. Als Schöpfer ist es eure Aufgabe, diese Codes wieder lesen zu lernen, um zu der schöpferischen Sprache zu gelangen, in der eure Realität verfasst ist.
Die Trennung zwischen der Codierung eurer Sprache

und der Sprache eurer Realität ist nicht länger aufrechtzuerhalten, da die Codes der Matrix mit steigender Schwingung eures Bewusstseins nicht mehr greifen. Ihr begreift schon jetzt den Unterschied zwischen der Realität, die für euch programmiert wurde, und der, die ihr mithilfe eurer Schöpfungssprache in euch erzeugen könnt.

Dieses Phänomen wird sich bei euch in der kommenden Zeit so steigern, dass immer mehr Menschen auf die Codes ihrer menschlich-physischen Form zugreifen können, um sich somit Zugang zu ganz anderen Schöpfungsräumen zu verschaffen.

Wir hoffen an dieser Stelle, dass wir die Worte fanden, die euch einen tieferen Zugang zu eurer Realität eröffnen konnten und inspirieren euch zum Abschluss noch einmal dazu, euch wieder mehr in der Sprache zu erfahren, die angelehnt ist an die Schwingungscodes der Schöpfung.

In Herzlicher Verbundenheit, eure
Schöpfungscodeschreiber.

Raum der Namen

In eurer Welt trägt alles Name und Form, denn eine Form ruft immer einen Namen im Planfeld hervor. Der wahre Name einer Form besteht in seiner Schwingungssignatur und in jedem Namen, den eine Wesensform trägt, spiegelt sich diese wieder. Den wahren Namen einer Form zu kennen, heißt seine Schwingungssignatur zu erkennen und dadurch genau den Ton zu treffen, auf den eine Form gestimmt ist. "Nomen est Omen" heißt es bei euch in einem Sprichwort, doch ist weitestgehend in Vergessenheit geraten, welch eine große Macht mit der Kenntnis eines wahren Namens einhergeht. Ein Name gibt in kondensierter Form das Wesen eines Dinges wieder, und alles, was im Leben der Form geschieht, spiegelt sich in ihrem Namen, was ihm seine Voraussagekraft verleiht. Jede Information über eine Form lässt sich über ihren Namen ermitteln und wer den Namen einer Form nicht kennt, hat keinerlei Zugang zu ihrem System. Namensgebung ist Formgebung und damit eines der größten kosmischen Schöpfungsgeheimnisse, in die wir euch in dem folgenden Text einweihen wollen.

Wir nennen unsere Namen nicht und vielleicht werdet ihr über den Text hinweg begreifen, weshalb die Kunst der Namensgebung am leichtesten von einer namenlosen Ebene aus ins Fließen kommt.

Euch ist vielleicht schon aufgefallen, dass viele eurer Nachnahmen an bestimmte Berufsbilder geknüpft sind

und dies war zu früheren Zeiten auf der Erde noch intensiver der Fall.
Jeder bei euch trug damals den Namen seiner Berufung und war über den Namen für einen Lebensweg vorherbestimmt. Jemand der Bauer hieß, konnte damals nicht einfach ein Leben führen, das seinem Namen nicht entsprach. Auch wenn ihr jetzt glauben mögt, dass dies eine Freiheitseinschränkung im Leben darstellt, wollen wir euch vermitteln, dass dieser Bezug zur Namensgebung weit präzisere Schöpfungsgesetze in Anwendung bringt. In indigenen Kulturen bekommen die jungen Männer und Frauen erst nach einem ganz bestimmten Punkt ihrer Charakterausbildung ihren Namen, damit der Name ihren Hauptcharakter und damit ihre Bestimmung widerspiegeln kann. Jemanden Großer-Häuptling, Weiser-Luchs oder Blitzschneller-Falke zu taufen, ist ein ganz wesentlicher Aspekt in der Erfüllung eines irdischen Lebensplanes. Das Ritual der Taufe, was bei euch massiv zu einem gegenteiligen Zweck missbraucht wird, hat eigentlich die Aufgabe, den Menschen für seine höhere Bestimmung zu öffnen und ihn in Kontakt mit seinem wahren Namen zu bringen. Manche indigenen Kulturen handhabten es so, dass man sich bestimmte Namen erst verdienen musste und diese glichen dann eher einem Titel oder einer Trophäe zur Ehrerbietung für ein vollbrachtes Lebenswerk. Doch eigentlich ist mit dem Zeitpunkt der Geburt der wahre Name jedes Wesens in seiner Schwingungssignatur verankert.
Wenn ihr einen anderen Namen tragt, als den, mit dem

euch die Schöpfung beauftragt hat, dann wird es euch sehr schwer fallen, ein erfülltes und ganz mit euch selbst verbundenes Leben zu führen. In jedem Namen schwingt ein Schöpfungsauftrag mit und eigentlich wird eine Namensänderung nur durch die Erfüllung seines Auftrages eingeleitet.

In nahezu allen Ebenen der Schöpfung bedeutet das Aussprechen eines wahren Namens, die dazu passende Schwingungsform ins Leben zu rufen. Ein Name ist der Schlüssel zur Schöpfung einer Form, die dann diesen Namen trägt. Sprecht ihr Kraft eures schöpferischen Geistes eine bestimmte Schwingungssingnatur aus, dann entsteht aus dieser Signatur, aus diesem Namen, eine entsprechende Form und gleichermaßen ist diese Form nur durch ihren Namen ansprechbar, das heißt, energetisch erreichbar.

Sprecht ihr den wahren Klangnamen einer Lebensform aus, dann ruft ihr diese Form unmittelbar zu euch, denn kein Wesen in der Schöpfung kann sich dem Ruf widersetzen, bei seinem wahren Namen genannt zu werden. Und vielleicht dämmert euch so langsam die Macht und die Verantwortung im Bereich der Namensgebung auf.

Namen sind heilige Zugangsdaten zu den Schöpfungscodes einer Lebensform, und nur der, der den Namen kennt und ihn in seiner Klangfarbe auszusprechen versteht, bekommt einen Zugang zu dieser Lebensform. Seinen eigenen Namen nicht zu kennen, heißt, seine Bestimmung nicht leben zu können und das bedeutet,

nicht frei zu sein. Viele eurer ursprünglichen Fähigkeiten sind aufgrund dessen in Vergessenheit geraten, weil ihr die Kunst der Namensgebung verlernt habt.
Beispielsweise ist der Name der Zugangsschlüssel des telepathischen Kontakts zu einem Wesen und dadurch, dass ihr eure Namen nicht kennt, ist euch die Fähigkeit zur Telepathie abhandengekommen. Auch habt ihr dadurch vollkommen den Bezug dazu verloren, wofür ihr überhaupt lebt und was eurer menschlichen Bestimmung entspricht und was nicht.
Ein erfülltes Leben zu führen, heißt, seinen Namen zu leben und das, was im Namen in komprimierter Form vorhanden ist, auf der Bühne der Sinne zu entfalten. Ihr habt euch dafür inkarniert, um euren Namen zu erfahren, und nun lebt ihr vor euch hin, ohne dass ihr überhaupt mit der Schöpfungskraft dieser Ebene in Berührung kommt. Bevor ihr inkarniert habt, kanntet ihr noch euren wahren Namen, doch die Erfahrung von dem, was ihr seid, lässt sich nur dann ganz frei durchleben, wenn ihr euren Namen in Ansätzen wieder vergesst. Das Leben auf Erden ist die Erfahrung deines Namens, den du nicht kennst, wobei dir nach deinem Leben dein Name wieder gesagt wird, ohne dass du den Zugang zur Erfahrung deines Namens hast.
Momentan empfangt ihr euren Namen noch von einer höheren Schöpfungsebene, die euren gesamten Lebensverlauf überblicken kann, doch eigentlich liegt es in eurer Bestimmung, jedem Ding seinen Namen zu geben. Doch weil der Mensch seinen eigenen Namen nicht fassen kann, wird ihm auch nicht klar, weshalb er ganz

grundsätzlich das Leben auf der Erde begonnen hat. Es liegt in der Bestimmung des Menschen, jeder Form ihren Namen zu geben und dadurch zu ihrer höchsten Bestimmung zu führen.

Die Kunst der Namensgebung besteht nicht darin, Lebewesen über die Zuhilfenahme ihres Namens zu kategorisieren, sondern sie durch ihren Namen zum Leben in der Schöpfungsordnung zu erwecken. Einer Lebensform ihren Namen zu schenken, ist identisch damit, ihr ihren freien Willen zu geben, doch könnt ihr euch erst dann auf die Schöpfungsebene erheben, von der aus der freie Wille in jede Form fließt, wenn ihr euch selbst befreit habt. Das ewig Namenlose hat selbst keinen freien Willen, weil es diesen auf der Ebene, in der es sich erfährt, nicht braucht, denn dort gibt es keine Trennung. Das Namenlose lebt soseh seine Bestimmung der Namensgebung, über die es in allem und jedem den freien Willen aktiviert, dass es selbst über diesen Willen nicht verfügen muss. Gott sei Dank kann die höchste Schöpfungsebene nur so schöpfen, wie sie es immer schon getan hat.

Ein gefallener Engel ist ein Schöpfungswesen, das von seinem eigenen Namen Gebrauch gemacht hat und sich dazu entschied, nicht nur den freien Willen an alles, was lebt, zu verteilen, sondern sein Selbst auszuleben. Ein gefallener Engel ist ein Engel, der die Bestimmung seines Namens nicht mehr lebt, sondern sich selbst einen eigenen Namen gegeben hat. Sich seinen Namen selbst zu geben, ohne ihn von seiner Bestimmung her abzuleiten, heißt, zu fallen und sich letztlich zu einem

Leben in Unfreiheit zu verdammen. Euer Name ist das Kostbarste, was ihr habt und gleichzeitig habt ihr euch viel einfallen lassen, um in die namenlose Selbstvergessenheit zu stürzen.
Mensch, erkenne dich selbst! Doch wer seinen Namen nicht kennt, kann sich nicht selbst erkennen.
An den weltlichen Namen, die ihr tragt, hängt euer weltliches Persönlichkeitskonstrukt, eure Ich-Identifikation und deshalb ist der erste Schritt, mit eurem wahren Namen in Kontakt zu kommen, euren weltlichen Namen infrage zu stellen.
Die wenigsten Eltern lauschen bei der Zeugung ihres Kindes der Melodie der Seele, die sich zu inkarnieren wünscht und leiten von dieser Melodie die Klangfarbe des Namens ab.
Wie bereits gesagt, ist die Schöpfungsreihenfolge immer die, dass ein Name eine Form hervorbringt und nicht umgekehrt. Ein Lebewesen wächst quasi in seinen Namen hinein und in seinem Namen zu der Lebensform, für die es bestimmt ist. Wenn die Eltern von einer anderen Schöpfungsebene den Namen ihres Kindes empfangen, dann steht der Empfängnis des Kindes nichts mehr im Wege. Doch etwas zu machen, ohne dessen Namen im Geist zu tragen bzw. von dessen Namen zu singen während man es zeugt, erschafft letztlich eine Form, die mit ihrem Leben nichts anfangen kann.
Wir wollen an dieser Stelle noch einmal auf den wesentlichen Unterschied von "schöpfen" und "machen" eingehen. Schöpfen heißt immer, sich auf einer höhe-

ren Ebene mit dem Namen zu verbinden und diesen Namen während der Schöpfung zu singen, um durch den Kontakt zum Namen die Form hervorzubringen. Zu machen bedeutet, eine Form herzustellen, ohne bei der Herstellung deren Namen zu kennen, wodurch das, was gemacht wurde, eine Art seelenloses Leben führen wird, wenn es nicht von selbst irgendwann zu seinem Namen findet.

Namensgebung heißt, etwas zu beseelen und ihm den Atem des Lebens einzuhauchen und sosehr ein Name Leben schenkt, sosehr habt ihr es geschafft, euch über euren Namen vom Leben in der Schöpfung abzuschneiden.

Vergesst ihr den Namen, den ihr bei eurer Selbstvorstellung herunterbetet, dann geht euch der Bezugspunkt zu eurem weltlichen Leben verloren und andere Lebensbezüge können sich eröffnen. Ihr müsst euren Namen vergessen, um euch an euren wahren Namen zu erinnern!

Nehmt in euch wahr, welche Selbsterfahrungsweise in eurem Namen programmiert ist und dann fragt euch, ob ihr diesem Programm weiter folgen wollt. Was wäre, wenn ihr euch bei jeder Begegnung immer mit dem Namen eurer höchsten Berufung vorstellen würdet? Alles, was ihr nach den zwei wirkmächtigsten Worten ICH BIN … setzt, bestimmt eure Selbsterfahrung. Das ICH ist der Name, den ihr gegenwärtig tragt, das BIN ist das Sein, das ewig Namenlose, von dem ihr bestenfalls euren Namen empfangen habt. In der Verbindung von ICH BIN werdet ihr zum Schöpfer. Euer

ICH, die Grundlage eurer Selbsterfahrung, ist genauso heilig wie alles andere auch, selbst wenn durch dieses ICH eine massive Wahrnehmungsverzerrung von dem, was ihr wahrhaftig seid, stattfinden kann.
An jedem Namen, den ihr euch oder anderen gebt, hängt eine ganze Persönlichkeit, ein vollständiges Ich-Konstrukt und ihr wechselt eure Selbsterfahrung über keinen anderen Weg so massiv, wie über eine rituelle Namensänderung. Doch die Entscheidung, euch mit dem Wasser eines neuen Namens erneut taufen zu lassen, will gut überlegt sein, denn ihr habt den Namen, den ihr jetzt tragt, nicht umsonst, da auch in ihm ein wesentlicher Teil eurer Bestimmung auf Erden ruht. Ihr könnt euch natürlich auf weltlicher Ebene mit einem anderen Klangkonstrukt rufen lassen, doch an der Bestimmung eures wahren Namens wird sich dadurch nichts verändern. Auf der Spur seines Namens zu sein, heißt, dem Schicksal zu folgen und sich im Ausleben seines Namens selbst zu befreien.
Namen sind Elemente im Ritual des Lebens, wohingegen Begriffe die Funktion eines Sprachwerkzeuges haben. Ein Begriff hat die Aufgabe, Dinge in klar unterscheidbare Kategorien zu teilen und sie systematisch zu definieren. Ein Name hingegen, steht in einem ganz anderen Bezug zu dem, was er benennt, als ein Begriff zu dem, was er bezeichnet. Das Verhältnis zwischen Namen und Namensträger ist symbolischer Natur, wohingegen das Verhältnis zwischen Begriff und dem, was es bezeichnet definitorischer Art ist. Ihr könnt Sprache und alle Dinge eurer Welt als Namen aufnehmen und

bekommt so eine persönliche Bindung zu dem, was ihr mit Nahmen verseht. Begriffe hingegen sind Werkzeuge, die euer Verstand zur Distanzierung einsetzt, denn mit jeder Verobjektivierung schafft ihr eine Distanz, eine Trennung zwischen euch und eurer Welt. Begriffe folgen immer einer logischen Verwendungsweise, Namen hingegen tauchen meist mythologisch und prinzipiengebunden auf.

Durch euren Namen seid ihr persönlich und durch die Verwendung von Namen personifiziert ihr eure Welt und bringt sie dadurch näher an euch heran. Die meisten Menschen auf eurem Planeten leben innerlich in einer riesigen Distanz zu der Welt, in der sie sich bewegen. Dies liegt unter anderem stark daran, wie sie Sprache befreien und verwenden. Es ist in euch angelegt, in allem das Wesentliche zu sehen und Gesichter in den Wolken und knorrigen Bäumen zu erkennen.

Geht ihr dann noch den nächsten Schritt, für jedes Gesicht und jedes lebendige Wesen einen Namen auf den Lippen zu haben, dann erfahrt ihr euch verbunden mit einer durch und durch lebendigen Welt.

In vielen eurer Geschichten ist es so, dass man die Namen der dort auftretenden Bösewichte nicht nennen darf, weil ihr unbewusst wisst, dass ihr alles über seinen Namen rufen könnt. Auch in einigen eurer Märchen wird euch die Macht der Namensmagie nahegelegt. Ihr lebt in der Schöpfung von Namen und Form, und von euch aus breitet sich die Namens- und Formgebung aus.

Andere Schöpfungsebenen besitzen nicht die Bestimmung, sich Namen zu geben, weshalb es eure Aufgabe als Namensträger ist, all die Wesen mit einem Namen zu beschenken, die noch keinen eigenen Namen tragen. Als wir an anderer Stelle davon sprachen, dass es eure Bestimmung ist, alles was lebt, mit seinem Schicksal in Berührung zu bringen, meinten wir nichts anderes, als einen Namen für all das zu finden, was noch im Bereich des Namenlosen schwebt.
Namensgebung erfordert Phantasie und Kreativität und vor allem genaues Hinhören auf den Wesensklang einer noch namenlosen Form. Eigentlich drückt jede Form ihren Namen schon aus und wenn ihr mit unverstelltem Blick etwas anseht, müsste euch sofort dessen wahrer Name auf der Zunge liegen. Wenn ihr durch einen Wald geht und ein *„uhuuu"* hört, dann ist es das Naheliegendste, das Tier, was derartige Geräusche von sich gibt, auch Uhu zu nennen. Wahre Namen sind stets offensichtlich passend und auf eine symbolische Art für alle nachvollziehbar, die den Namen zu einer Form hören. Vielleicht ist euch schon einmal aufgefallen, dass es Menschen gibt, die einen passgenauen Namen tragen und andere, bei denen der Name absolut nicht passt und ihr diesen dementsprechend immer wieder vergesst. Das Phänomen, die Namen sofort nach dem Hören wieder zu vergessen, liegt einzig und allein daran, dass die Namen, mit denen sich die Menschen selbst vorstellen, nicht ihren wahren Namen entsprechen. Wenn sich jemand mit seinem wahren Namen vorstellt, dann bleibt dieser für jeden eindrucksvoll in

Erinnerung.
Der Name leitet sich aus dem ab, was der Namensträger tut. Geht ihr im Sommer an den See und habt Sandalen an, die bei jedem Schritt *flip flop* machen, dann liegt es nahe, diese auch Flip-Flops zu nennen. Ihr nennt die Namensbezeichnungen, die sich lautmalerisch von den Geräuschen eines Dinges ableiten, "Onomatopoetika". Die Onomatopoesie ist der Schlüssel bei der Suche eines wahren Namens, nur dass ihr den Namen nicht von äußeren Geräuschen ableitet, sondern vom inneren Wesensklang. Die Lautmalerei war eure erste Sprache, die völlig frei von Begriffen war und nur aus Namen bestand und in der ihr noch keine Trennung zwischen Subjekt und Objekt erlebtet. Die Lautmalerei ist die euch abhandengekommene Sprachkunst, in der ihr zu eurer wahren Bestimmung als Mensch auferstehen könnt. Die Schöpfung spricht mit sich in Lautmalerei und durch ihre Art des schöpferischen Sprechens erschafft sie ganze Weltensysteme. Lautmalerei ist schöpferische Sprachverwendung, allerdings kann euer linearer Verstand mit lautmalerischen Ergüssen wenig anfangen. Am liebsten würden wir diesen gesamten Text lautmalerisch ausdrücken, nur dann würdet ihr nicht auf die Gedanken kommen, wie durch unseren Ausdruck der Weg zu den wahren Namen aufgezeigt wird. Versucht einmal, eure ganze Welt nicht sprachlich-begrifflich zu erfassen, sondern in lautmalerischen Bildern und Klängen und ihr werdet sehr schnell merken, wie es euch dadurch an das Wesentliche im Leben heranführen wird. In gewisser Weise ist Lautmalerei

vorsprachlich, da ihr alle Sprachen eurer Erde dazu verwendet, euch von der Welt und dem Leben zu distanzieren.

Doch wenn ihr wieder in Verbindung mit der euch umgebenden Lebendigkeit geht und auf eure Welt nicht mehr sprachlich, sondern lautmalerisch zurückgreift, dann werden sich die wahren Namen aller Dinge für euch offenbaren. Auf eurem Weg, ein Schöpfer unter Schöpfern zu sein, ist die Kunst der Namensgebung und der Lautmalerei ein sehr wesentlicher Schritt. Und vielleicht bekommt ihr darüber schon sehr bald Zugang zu eurem eigenen wahren Namen, der euer Schöpfersein auszudrücken vermag.

Raum der Klarsicht

Das Leben, wir ihr es erfahrt, bewusst von einem anderen Raum in der Schöpfung aus zu betrachten, verändert alles, was ihr seht. Jede Position zum Leben ist legitim, wertvoll und letztlich unabdingbar für das Leben selbst. Jeder Raum, in den ihr euch klinkt, ist wie eine Brille, die ihr aufsetzt und wir haben durch die Vielseitigkeit der Kapitel Brillen für jeden Geschmack und jedes Bedürfnis weitergereicht. Manche Räume helfen euch aus eurer Kurzsichtigkeit heraus, andere wiederum stellen eure Weitsichtigkeit scharf oder färben alles rosarot ein. Ihr müsst zwangsläufig irgendeine Position zum Leben einnehmen, euch irgendeine Brille aufsetzen, denn ohne sie würdet ihr überhaupt nichts mehr sehen. Euer Erfahrungsraum gleicht einem Optikerladen, der schlecht sehende Wesen für unterschiedliche Brillen begeistern kann. Überlegt selbst, an welcher Stelle ihr ein Fernglas einsetzen solltet und welche Wahrnehmung vom Leben zustande kommt, wenn ihr es durch eine solche Weitsicht erfasst. Doch unabhängig davon, ob ihr das Leben durch ein Teleskop oder durch ein Mikroskop erforscht, werden euch die immer gleichen Muster und Prinzipien begegnen. Durch die Unterschiedlichkeit der Brillen, mit denen ihr Lebensräume betrachtet, mag es euch so erscheinen, als ob es tatsächlich mehrere Räume in der Schöpfung gibt, doch letztlich gibt es nur einen Raum, der die gesamte

Schöpfung umspannt, weil die Schöpfung im Bewusstsein des einen Raumes entstanden ist. Jeder Raum befindet sich, völlig unabhängig davon, welche Brille ihr tragt, im Raum, in dem die Schöpfung ruht. Das Leben, so wie ihr es kennt, steht still, wenn es im Raum wahrgenommen wird, der alles umfasst was lebt. Ihr könnt letztlich den Raum, in dem das Leben stattfindet, nicht verlassen, ihr könnt höchstens durch eine andere Brille die Tapete und die Innenausstattung verändern. Was wir euch mit den Räumen der Schöpfung anbieten, ist der bei euch so dringend notwendige Tapetenwechsel, durch den sich das gesamte Lebensambiente wandelt. Ihr könnt in einem Raum, der von oben bis unten signalrot angestrichen ist, nur ganz bestimmte Erfahrungen machen, da das Spektrum der Farben eines Raumes das Spektrum der Erfahrungen, die in ihm gemacht werden können, vorgibt. Ihr könnt nicht vom Leben verlangen, dass es euch andere Erfahrungen zuspielen soll, ohne dass ihr zu Pinsel und Farbe greift und eurem Erfahrungsraum einen neuen Anstrich verpasst.
Der erste Schritt für ein bewusstes Leben besteht immer darin, die Brillengläser zu putzen, durch die man die Welt sieht, um einen Einblick darin zu erhalten, in welchen Farben überhaupt der irdisch-menschliche Erfahrungsraum, in dem ihr euch erlebt, gestrichen worden ist. Ein Mindestmaß an Klarsicht muss vorhanden sein, um sich überhaupt im Raum umsehen zu können, in dem ihr euch und euren Körper tagtäglich erfahrt. Jeder, der lange eine Brille trägt, wird das Phänomen

kennen, dass er vergisst, das er eine Brille trägt und anfängt zu glauben, dass das, was er sieht, die Realität sei. Je vielseitiger euer Brillenrepertoire wird, desto besser werden die Einblicke in die tiefen Geheimnisse des Lebens sein. Egal wie gut eine Brille zu euch passt, erfüllt sie doch ab dem Moment ihren Zweck nicht mehr, wenn ihr vergesst, dass eure Sicht durch eine Brille erzeugt wird.

Wie gesagt, könnt ihr nur mit Brille überhaupt etwas sehen, doch wenn ihr regelmäßig die Brillen wechselt, wird euch deren Effekt bewusst, sodass ihr diesen aus eurer Wahrnehmung herausrechnen könnt. Mit jedem Raum in der Schöpfung wechselt ihr die Brillen und könnt über das Gewahrsein ihrer Einwirkung Rückschlüsse auf die Wahrheit ziehen.

Die Wahrheit liegt in keinem Raum und kann durch keine Brille betrachtet werden. Je mehr ihr aber die Brillen als Erfahrungswerkzeuge einzusetzen lernt, desto klarer wird euch das Gesamtbild des Lebens in Wahrheit werden.

Vielleicht überrascht es euch, zu hören, dass die Wahrheit in keinem Raum Platz findet, ist es doch das letztendliche Ziel, durch die Erfahrung unterschiedlicher Räume der Schöpfung zur Wahrheit zu gelangen. Jede Brille, die ihr euch durch eure Lebensansichten zusammenbastelt, bereitet euch darauf vor, in einen tieferen Kontakt zur Wahrheit zu kommen und dies wiederum bekräftigt die Daseinsberechtigung jedes auch noch so ausgefallenen Brillentyps.

Wir wollen euch mit einem Raum in der Schöpfung bekannt machen, der blinden Wesen hilft, sehend zu werden. Doch bevor wir euch zum kosmischen Optiker weiterreichen können, müsst ihr erst einmal einen Sehtest absolvieren. So, wie wir uns auf unserer Ebene auf die Weitsicht spezialisiert haben, habt ihr euch mit eurem Erfahrungsraum auf die mikrokosmische Nahsicht konzentriert, weshalb wir auch diese erfassen werden. Stellt euch vor, eure Gedanken hätten eine bestimmte Größe und die bewussten, lauten Gedanken wären größer und die feinen, leisen Gedanken, die ihr kaum noch zu greifen vermögt, wären kleiner.

Vergrößert und verkleinert eure Gedanken und achtet dabei genauestens darauf, ab welchem Punkt ihr eure Wahrnehmungsschwelle überschreitet und wann die Gedanken so klein werden, dass ihr sie nicht mehr mitbekommt.

Die Fernsicht zu meistern heißt, sich der großen, kosmischen Gedanken bewusst zu werden, wohingegen die Nahsicht ganz subtile Gedanken wahrnimmt und vielleicht fällt euch jetzt schon auf, dass das Große im Kleinen und das Kleine im Großen angesiedelt ist. Euer Bewusstsein hat einen Erfahrungsraum für ganz bestimmte Gedanken und was wir mit den verschiedenen Räumen der Schöpfung bezwecken, ist eine Art Bewusstseinsyoga, das euren Geist flexibel werden lässt und euer Bewusstsein dehnt.

Gut sehen zu können bedeutet, die Schwellen der Wahrnehmung der eigenen inneren Prozesse auszudehnen und jeden Gedanken, unabhängig von seiner

Größe, bewusst mitschneiden zu können. Wir arbeiten mit euch immer an euren Wahrnehmungsschwellen entlang, um euch irgendwann eine Rundumsicht zu ermöglichen.
Ein Teil von dem, was ihr durch uns erfahrt, liegt in eurem Bewusstseinsfeld und ist euch bekannt, ein anderer Teil liegt weit außerhalb und ist euch völlig fremd. Doch um beide Bereiche geht es in unserer Zusammenarbeit im Wesentlichen nicht, sondern uns interessiert immer der Bereich der Wahrnehmungsschwelle, auf der wir gemeinsam hin und her tanzen und Bewusstseinsyogaübungen vollführen. Achtet folglich genau auf den Graubereich, in den manche der hier angestoßenen Gedanken in eurem Geist verschwinden. Wir könnten diese Metapher auch in die Worte kleiden, dass ihr nur Gedanken eines ganz bestimmten Schwingungsspektrums wahrnehmen könnt und dass große Gedanken vom bewussten Wahrnehmungsfeld in das für euch nicht mehr greifbare Überbewusstsein und kleine Gedanken in das für euch gleichermaßen nicht erfassbare Unterbewusstsein rutschten.
Augenyoga wird darüber veranstaltet, dass ihr euch im zügigen Wechsel auf einen ganz nahen und dann wieder auf einen weit entfernten Punkt konzentriert. Ähnlich gehen wir vor, wenn wir mit euch in den unterschiedlichsten Räumen der Schöpfung Bewusstseinsyogaübungen machen.
Es wird euch vielleicht verwundern, wenn ihr beim Op-

tiker auf einmal anfangen müsst, Yogaübungen zu machen, allerdings wollen wir euch darauf hinweisen, dass ihr mit eurem gesamten Körper seht und dass eure Wahrnehmungsbrillen durch alle eure körperlichen Sinne angeregt werden.

So gern der kosmische Optiker euch für einen Raum der Schöpfung eine neue Brille anfertigen würde, sosehr rät er euch dazu, euren Sinnesapparat vorerst durch Wahrnehmungsübungen, wie dem Augenyoga, zu schulen.

Da das Yoga ein bei euch verbreiteter Weg ist, sich der Wahrheit zu nähern, wollen wir in diesem Zusammenhang ein paar Worte darüber verlieren, von denen wir hoffen, dass ihr sie finden und aufnehmen könnt. Da euer Erfahrungsraum darauf ausgelegt ist, euch ausschließlich über euren Körper zu erfahren, ist jede Körperhaltung mit einer bestimmten Bewusstseinshaltung verknüpft.

Ihr könnt im Kopfstand schlicht alle alltäglichen Gedanken nicht mehr wahrnehmen, was nicht heißt, dass diese Gedanken in einer anderen Körperhaltung nicht wieder auftauchen können.

Jedes Asana, jede Körperhaltung und jede Bewegungsführung verbindet euch mit einem ganz bestimmten Raum. Und jeder, der den Sonnengruß macht, grüßt in diesem Raum jeden, der den Sonnengruß jemals gemacht hat. Jede Yogaübung verbindet euch mit einem bestimmten Bewusstseinsfeld und ihr könnt eine Bewegungsabfolge, die im Yoga-Pfad fest verwurzelt ist, nicht außerhalb des Bewusstseinsraumes ausführen, in den diese Übung führen soll. Begreift Yoga als die Schulung, sich über die Körperhaltung in ganz bestimmte Schöpfungsräume einzuklinken.

Yoga ist nicht etwa darüber entstanden, dass sich Menschen ziellos gedehnt oder gedreht hätten und sie dann eine bemerkenswerte Bewusstseinserweiterung erfuhren, sondern die Yogaübungen sind dadurch in eure Welt gekommen, dass Menschen sich in ganz bestimmten Schöpfungsräumen erfahren haben und aus den Räumen die Informationen bekommen haben, wie sie ihren Körper am besten bewegen und positionieren müssen, um sich erneut in den gleichen Bewusstseinsraum zu begeben.

Die Asanas sind in ihrem gesamten Aufbau so strukturiert und getaktet, dass sich ein ganz bestimmter Bewusstseinsraum dadurch auftut. Das Gleiche gilt für die Fingerhaltungen in der Meditation, die als Mudras bekannt sind. Jede Mudra ist direkt mit einem Raum in der Schöpfung verbunden und wir können euch die einzelnen Mudras nur dann empfehlen, wenn ihr den Raum, der sich durch die Mudra öffnet, auch wirklich betreten wollt. Ihr könnt nicht eine bestimmte Körperhaltung einnehmen, die eigens dafür gemacht wurde, um euch in einen bestimmten Raum zu versetzen, ohne dass ihr euch mit dem infoenergetischen Raum dieser Körperhaltung verbindet. In einem gewissen Raum in der Schöpfung sind alle die, die die gleiche Mudra einnehmen, unabhängig davon, in welcher Menschheitsepoche sie gelebt haben, miteinander verbunden. Das ursprüngliche Yoga legt einen hohen Stellenwert darauf, die Asanas mit der entsprechend dazugehörigen philosophischen Einbettung zu lehren, was dazu geführt hat, dass man die Körperübung nicht mehr ausführen kann, ohne sich in das dazugehörige Informationsfeld einzuklinken. Im strengen Sinne ist jede Yogaübung einer Gottheit gewidmet, um sich über die Übung in den Bewusstseinsraum dieser Gottheit zu begeben. Und wer die Asanas so ausführt, wie sie gelehrt werden, der wird sich während der Übung im Bewusstseinsraum der entsprechenden Gottheit wiederfinden. Das, was ihr als Yoga bezeichnet ist die bewusste Programmierung zwischen Körperhaltungen und Bewusstseinsräumen, und es soll jedem selbst überlassen bleiben, ob er die vom Yoga aufgebauten Räume bereisen mag oder nicht.

Fühlt euch selbst in die Räume ein, mit denen ihr in Kontakt sein wollt und probiert unterschiedliche Mudras einmal aus, doch wisset, dass ihr euch durch die Mudra in einen infoenergetischen Raum begebt, von dem ihr nur einen Teil bewusst mitbekommt. Die Energien des Raumes, die innerhalb eures Wahrnehmungsspektrums liegen, mögt ihr aufnehmen, aber es bedeutet nicht, dass nicht auch andere Energieströme dabei durch euer Über- und Unterbewusstsein ziehen. Bevor ihr Räume erkundet, die in weitverbreiteten spirituellen Traditionen verankert sind, empfehlen wir euch reines Bewusstseinsyoga und Wahrnehmungsschulungen, sodass ihr bereits mit einem erweiterten Wahrnehmungsspektrum in die für euch vorbereiteten

Räume treten könnt. So wertvoll die kollektiven Räume für manch einen von euch auch sein mögen, sosehr raten wir euch dazu, eure eigenen Räume zu öffnen und nicht an bereits bestehende Räume anzudocken. Wenn ihr durch eine Körperübung und spontan sich ergebende Bewegungen und Mudras eigene Räume erschafft, dann mögen diese vielleicht erst einmal nicht die gleiche energetische Stärke besitzen wie die fest etablierten Räume, die euch eure spirituellen Traditionen anbieten, doch bei den selbsterschaffenen Räumen könnt ihr wenigstens sicher gehen, dass sie exakt auf euer Bewusstsein abgestimmt sind. Ihr dürft nicht glauben, dass ihr euch aus einer religiösen Tradition ein Schöpfungswerkzeug ausborgen könnt und es neutral, unabhängig von der Tradition einsetzen könnt, denn jedes geistige Werkzeug ist in der Traditionsfarbe eingefärbt, aus der es stammt.

Wir ermutigen euch, euer eigenes Schöpfungswerkzeug in euren eigenen Farben zu entwerfen, das Tapezieren eurer Räume selbst in die Hand zu nehmen und keine alteingesessene Malerfirma aus irgendeiner religiösen Tradition damit zu beauftragen.

Natürlich bietet jeder Traditionsweg seine eigenen Brillen an, die für eine Zeit eure Sicht auch erweitern mögen, aber letztlich kommt es darauf an, mit Klarsicht, Umsicht und Weitsicht als Schöpfer wieder eigene Räume zu erschaffen.

Raum der Wahrnehmung

Eure Wahrnehmungseinstellung bestimmt darüber, welche Räume in eurem Bewusstsein auftauchen und welche euch unzugänglich bleiben. Wir können euch nichts zeigen, was ihr nicht kennt, und so müssen wir alles das, was ihr kennt, als Metapher für die euch noch unbekannten Schwingungsräume der Schöpfung verwenden. Es kann sein, dass ihr inmitten eines elementaren Schwingungsraumes sitzt und diesen in keiner Weise wahrnehmt, weil ihr ihn nicht zum Teil eurer Realität erklärt habt. Ihr glaubt nur das, was ihr erfahrt, allerdings könnt ihr auch nur das erfahren, worauf ihr euch eingestellt habt. Wie aber könnt ihr euch auf etwas einstellen, das ihr noch nicht kennt? Wahrnehmung ist immer ein Mittel zu einem Zweck, den ihr selbst gesetzt habt, denn alles in der Wahrnehmung taucht nur aufgrund seiner Zweckmäßigkeit auf. Ihr könnt nichts wahrnehmen, was ihr noch nie erfahren habt und erst der Erfahrungswunsch stellt euer Wahrnehmungssystem auf eine ganz bestimmte Weise ein.

Nur an das zu glauben, was ihr bereits kennt, lässt das Leben Wiederholungsschleifen drehen. Immer, wenn ihr eure bisherige Erfahrungen hernehmt, um eure Wahrnehmungen an ihnen auszurichten, dann nehmt ihr euch über kurz oder lang in euren Wahrnehmungen gefangen. Zu schöpfen bedeutet, die Wahrnehmung stets auf das Unbekannte zu richten und sich das zeigen zu lassen, was man noch nicht sieht, um sich daran zu vervollständigen. Eure Wahrnehmung ist eine Eins-zu-eins-Übersetzung eurer inneren Einstellung, die euch mit absoluter Gewissheit das Wahrnehmungsmaterial zuspielt, auf das ihr euch eingestellt habt.

Sich innerlich nach dem zu richten, was man wahrnimmt, verkehrt ein grundsätzliches Wirkprinzip der Schöpfung. Meist seht, hört, schmeckt oder riecht ihr etwas und stellt euer Inneres dann anhand dieser Informationen in irgendeiner Weise um. Ihr glaubt, ihr nehmt Informationen über die Sinne von außen zu euch herein, doch noch nie hat ein Wesen etwas außerhalb seiner selbst wahrgenommen. Alle wahrgenommenen Sinneserfahrungen werden, gemäß eurer Einstellung, innerhalb eurer selbst erschaffen. Ihr tragt ein sehr mächtiges, schöpferisches Wirkprinzip in eurem Geist, das ihr einmal gänzlich auf den Kopf gestellt habt, um die Illusion zu erzeugen, eine außerhalb von euch liegende Welt über die Sinne wahrzunehmen.

Dass ihr glaubt, etwas wahrzunehmen, was euch in irgendeiner Weise bestimmt, ist die erste große Verdrehung in eurem schöpferischen Wirken. Ihr habt noch nie Informationen von außen aufgenommen, sondern stets alle Informationen in euch erschaffen. Durch euren Glauben an die Wahrnehmungswelt nehmt ihr euch als Schöpfer innerhalb eurer eigenen Schöpfung gefangen.

Eure Inkarnation ist das Eintauchen in die eigene Schöpfung, von der ihr glaubt, dass sie eine Rückwirkung auf euch haben könnte. Wahrnehmung ist die Verdrehung des Schöpfungsprinzips, weil ein Schöpfer durch die Wahrnehmung glauben muss, dass das, was er erschuf, eine Rückwirkung auf ihn selbst hat. Keine Wahrnehmung kann euch das Wesen eures Schöpferseins rückmelden und solange ihr der Wahrnehmung noch glaubt, werdet ihr euch nicht als den Schöpfer erfahren, der ihr seid.

Das, was ihr jetzt und in jedem Moment wahrnehmt, ist eine von euch selbst gestellte Falle, die ihr für euch aufgebaut habt, um durch sie in eine andere Ich-Identifikation zu gelangen. Ab einem Punkt auf eurem Selbsterkenntnisweg, müsst ihr euch entscheiden, ein Wahrnehmender zu sein, sprich, die Rückwirkung der eigenen Schöpfung auf sich zu erfahren, oder ein Schöpfer zu sein. Niemand, der frei etwas erschaffen möchte, wird etwas wahrnehmen können und niemand der etwas wahrnehmen kann, wird sein Schöpfersein ganz ausleben können. Auf eurer Suche nach den Wahrnehmungsinhalten, die euch zur Wahrheit führen, nehmt ihr euch zwangsläufig immer stärker gefangen, weil ihr nach wie vor innerhalb eines verdrehten Schöpfungsprinzips sucht.

Es mag zwar verleitend sein, manche Wahrnehmungsinhalte als falsch zu klassifizieren und andere als richtig, doch die Wahrheit von dem, was ihr seid, wird davon nicht berührt. Das Wahrnehmungsmaterial, was euch an die Wahrheit eures Schöpferseins heranführt, ist höchst gefährlich, wenn ihr die Wahrnehmung für die Wahrheit haltet und so der Absprung aus eurer Wahrnehmungswelt nicht gelingt. Je mehr sich die Wahrnehmungsinhalte der Wahrheit nähern, desto

mehr schlagen sie euch in ihren Bann und je mehr ihr euch von ihnen fesseln lasst, desto schwieriger wird es, sich von ihnen zu befreien.
Als Schöpfer habt ihr euch von allen Wahrnehmungen befreit und kommt nicht mehr auf die wahnwitzige Idee, dass irgendeine wahrgenommene Form euer Wesen bestimmt.
In eurer Wahrnehmungswelt habt ihr den Spruch: „Kleider machen Leute", was die Verdrehung des Schöpfungsprinzips auf eurer Ebene klar ausdrückt. Wärt ihr hingegen in einem schöpferischen Bezug zum Leben, dann würdet ihr erkennen, dass Leute Kleider machen und dass die umgekehrte Perspektive gänzlich irrsinnig ist. Um euch in Kontakt mit Schöpfungsräumen zu bringen, müsst ihr euer gesamtes Wahrnehmungssystem umstellen und die Funktion der Wahrnehmung wieder in einen schöpferischen Zusammenhang stellen.
Erkennt ihr, dass alle Wahrnehmungen in euch geschehen, von euch erzeugt werden und sie in keiner Weise euren Schöpferstatus beeinflussen, dann seid ihr auf gutem Weg, die energetische Flussrichtung der Wahrnehmung wieder für euch umzustellen. Immer, wenn ihr etwas wahrnehmt, dann fließt durch einen eurer Wahrnehmungskanäle Energie aus euch heraus in das, was ihr wahrnehmt und durch diese Energie wird das, was ihr wahrnehmt, erzeugt. Dies heißt, dass alles durch eure Wahrnehmung aufgebaut wird und es vor eurer Wahrnehmung, so wie es euch erscheint, nie gewesen ist. So zumindest erlebt es ein Schöpfer.

Ihr erfahrt es meist umgekehrt, dass äußere Informationen/-Energien über die Wahrnehmung zu euch hereinkommen, und weil ihr an die energetische Flussrichtung von außen nach innen glaubt, seid ihr in eine Wahrnehmungssucht hineingerutscht. Ihr glaubt, ihr werdet durch die äußeren Energien/ Informationen, die ihr wahrnehmt, genährt und meint, dass ihr ohne diesen Input nicht mehr leben könnt. Jeder, der sich nach seiner Wahrnehmung richtet, baut eine Sucht gegenüber dem Wahrnehmungsmaterial auf, über das er sich selbst bestimmt. Gehen wir davon aus, ihr nehmt Schmerz wahr und erfahrt ihn nicht von innen heraus, sondern von außen zu euch hereinkommend und macht diesen Schmerz zu einem Teil eurer Selbstidentifikation. Dieses falsche Selbst wird dann immer auf der Suche nach Schmerz sein, um sich selbst zu bestätigen. Jede Schöpfung sucht die Bestätigung ihrer selbst durch ihren Schöpfer. Alles, was ihr jemals wahrgenommen habt, versucht sich in euch aufrecht zu erhalten, indem es euch immer wieder auf die Suche nach ähnlichen Wahrnehmungsinhalten schickt. Jede Wahrnehmungserfahrung braucht immer wieder eine Wiederholung ihrer Erfahrung, um bestehen zu bleiben. Ab dem Moment, ab dem ihr eine Wahrnehmung für wahr nehmt, rutscht ihr in die Sucht, das, was ihr wahrnehmt, in euch zu replizieren. Alle Energie geht von euch aus, wenn ihr euch als Schöpfer erlebt. Wenn ihr euch hingegen in eurer eigenen Schöpfung verrennt, dann beginnt ihr zu glauben, dass alle Energie/Information von außen über die Wahrnehmung zu euch hereinkommen

und ihr sterben würdet, wenn dieser Energiestrom eines Tages abbrechen würde.
Sich in einen Raum zu versetzen, in dem man sich selbst über ein scheinbares Außen wahrnehmen kann, ist eines von vielen Schöpfungsspielen, das eine starke Suchtdynamik in sich trägt. Habt ihr die Spielregeln dieses verdrehten Schöpfungsspieles einmal verinnerlicht, dann steht eurer Wahrnehmungserfahrung, kein Schöpfer zu sein, nichts mehr im Wege. Wir können denjenigen, die sich tief in ihr Wahrnehmungsspiel vergraben haben, nicht sagen, was außerhalb der Wahrnehmung auf sie wartet, weil sie die schöpferischen Zugänge zu anderen Erfahrungsspielen abgeschnitten haben. Euer Spiel lebt davon, dass ihr glaubt, dass es nichts außerhalb eurer Wahrnehmung gibt, doch sobald ihr beginnt, das begrenzte Wahrnehmungsspielfeld als Ganzes zu hinterfragen, baut ihr einen Gefühlszugang zu anderen Schöpfungsräumen auf.
Immer, wenn sich in eurem Geist eine Wahrnehmung wiederholt, dann deutet es nicht auf die Wahrheit dieser Wahrnehmung hin, sondern auf eure Sucht nach ihr. Ihr erhebt alles, was ihr mehrmals seht und hört, zu eurer Wahrheit und weil sich diese Wahrnehmung in euch bestätigt, bindet ihr euch zunehmend stärker an sie. Eure ultimative Sucht wird zu eurer ultimativen Wahrheit, und so beginnt der Anfang vom Ende eures Schöpferdaseins.
Nichts im Außen existiert. Es kann aber über die Zuhilfenahme eures schöpferischen Geistes seine eigene Existenz erfahren, und dadurch versucht das Außen

eure Aufmerksamkeit einzufangen, um sich selbst darüber zu verwirklichen. Fangt ihr dann an, mit einigen Dingen, die ihr wahrnehmt, zu liebäugeln, dann ziehen euch die Dinge, die ihr seht, weiter in die Wahrnehmungswelt hinein. Ihr werdet ganz wortwörtlich durch eure Wahrnehmungskanäle aus euch herausgesaugt, denn letztlich kann niemand, der etwas wahrnimmt, ganz bei sich sein.

Durch die Wahrnehmungskanäle zieht es den Schöpfer in seine Schöpfung und dieser Sog kann sich derart intensivieren, dass er euch bis in die Inkarnation hineinzieht.

Alles, was ihr wahrnehmt, kann nur durch euch existieren und würdet ihr euch von eurer Wahrnehmung abwenden, würde sich alles auflösen, und weil alles existieren will, ringt in eurem Erfahrungsraum alles nach eurer Aufmerksamkeit. Jedes Ding giert danach, sich durch euch bestätigt zu sehen und will all eure Aufmerksamkeit auf sich ziehen, um sich Kraft dessen zu verwirklichen. Ein Schöpfer schenkt Leben durch seine Aufmerksamkeit, die durch seine Wahrnehmungskanäle fließt. Formen, die dabei sind, sich aufzulösen, rufen immer lauter nach ihrer Selbstbestätigung und ihre Aufmerksamkeit heischenden Versuche werden immer drastischer. Je mehr etwas oder jemand in Energiemangel ist, desto mehr versucht er Aufmerksamkeit auf sich zu lenken oder Informationen in sich aufzunehmen, um sich, bzw. sein falsches Selbst darüber am Leben zu halten. Alles, was sich aus der Selbstgewissheit, Schöpfer zu sein, entfernt hat, braucht die Bestätigung anderer, um sich selbst zu erfahren und sich lebendig zu fühlen. Ihr holt durch euren Körper die Bestätigung eurer selbst, weil ihr euch über eure eigene Existenz im Unklaren seid. Ihr vertraut euch den Wahrnehmungen eures Körpers an und holt euch dessen Wahrnehmung als Rückbestätigung eurer selbst ein. Und da die Wahrnehmung eures Körpers begrenzt ist, begrenzt ihr euch selbst durch sie immer weiter. Eine wahre Wahrnehmungserweiterung ist eine Erweiterung eures Bewusstseins über den Erfahrungsraum der Wahrnehmung hinaus. Jede zusätzliche Wahrnehmung innerhalb eures Erfahrungsraums verstärkt hingegen euer Suchtmuster gegenüber dem, was euch real erscheint.

Euer Erfahrungsraum gibt euch ganz bestimmte Verarbeitungsstrategien dessen vor, was ihr wahrnehmt und diese Verarbeitung veräußerlicht euer Wesen. Ihr müsst auf eurer Erfahrungsebene nach den Spielregeln spielen, die das Spiel ganz grundsätzlich am Laufen halten und sobald ihr die Wahrnehmung wieder in einen schöpferischen Zusammenhang stellt, wird es euch auf ein anderes schöpferisches Spielfeld versetzen. Wir könnten dies auch so ausdrücken, dass nur diejenigen in eurem Erfahrungsraum zusammenkommen dürfen, die eine Außenwelt für-wahr-nehmen und in einem bestimmten Suchtverhältnis zu ihr stehen. Ist die Sucht nach Wahrnehmungsmaterial aufgelöst, werdet ihr nicht mehr an dem kollektiven Spiel eurer Welt teilnehmen können, weil euch der Irrsinn einer solchen Schöpfungsverdrehung aufgehen würde.

Zu erkennen, was Wahrnehmung als grundsätzliches Erfahrungsphänomen seinem Wesen nach ist, und wie man in der Wahrnehmung alles so einstellen kann, um aus ihr herauszutreten, ist einer der wesentlichsten euch bevorstehenden Wandlungsprozesse.
Verwendet ihr alles, was ihr wahrnehmt dazu, um euch herrauszuziehen, oder um über die Wahrnehmung hinaus bei euch anzukommen?
Haltet euch in jedem Moment präsent, wie ein Schöpfer seine Wahrnehmung einstellt und was er durch seine Wahrnehmung erschafft. Reduziert eure Wahrnehmung auf das Wesentliche und lasst euch durch das, was ihr noch wahrnehmt tiefer in das Wesen eurer selbst führen.
Es gibt nichts, was ihr verpasst, wenn ihr es nicht wahrnehmt, denn ohne eure Wahrnehmung wäre nichts. Bringt eure Schöpfung durch die Kanäle, über die ihr sie aus euch heraus geschaffen habt, wieder zu euch zurück und löst alle Wahrnehmungen in euch auf.
Mit jeder Auflösung eurer Wahrnehmungsverdrehung wird euch ein Teil eures Schöpferseins zurückerstattet und es wird euch zunehmend leichter fallen, euch in anderen Schöpfungsräumen zu erfahren, die weit jenseits der euch bekannten Wahrnehmungswelt liegen.

Raum der Transformation

Wir haben uns in den meisten unserer Durchgaben darauf fokussiert, dass wir gemeinsam Räume aufbauen, wobei wir das Abbauen und Auflösen von Räumen noch wenig zu unserem Fokuspunkt haben werden lassen. Eigentlich versetzt es euch von selbst in die für euch wesentlichen Räume, wenn ihr lernt, die Räume aufzulösen, die euch nicht mehr dienen. Ihr haltet euch viel in den Räumen kollektiver Gedankenströme auf, die eure Realität in Hülle und Fülle durchziehen. Sich hingegen aus den Feldern auszuklinken, in denen sich die meisten um euch herum lebenden Menschen erfahren, kostet Kraft. Und da ihr eine durch und durch soziale Spezies mit einer gutmütigen, warmherzigen und mitfühlenden Art seid, tut ihr fast alles dafür, um euch nicht ausgegrenzt zu fühlen. Die starke Polarisierung hin zur Selbstbestimmtheit zieht den Schatten eines naiven Rudelverhaltens nach sich.
Dazugehören wird auf einer basalen Ebene eures Nervensystems immer noch mit Überleben gleichgesetzt, wohingegen der Ausschluss aus einem kollektiven Raum oder andere Formen der sozialen Ächtung der Tod bedeutet. Das Ausklinken aus den kollektiv niedrig schwingenden Räumen triggert auch dann, wenn ihr bereits deutlich merkt, dass diese Räume euch in keiner Weise mehr dienen, Existenzängste an. Stoßt ihr auf den Glaubenssatz: „Wenn ich diesen mir bekannten Schwingungsraum verlasse, dann sterbe ich", seid ihr

an einem zentralen Punkt in der Auflösung kollektiver Räume angekommen. Die für euch wesentlichen Räume öffnen sich von selbst, wenn ihr eure gesamte Aufmerksamkeit aus allen Räumen abzieht, die Teile eures Wesens binden. Ihr lagert euer Bewusstsein in ganz vielen verschiedenen, voneinander abgetrennten Räumen und bindet darüber Teile eurer Energie an bestimmte Feldebenen. Je mehr sich ein Bewusstsein in unterschiedliche Räume zerstreut, desto weniger Energie steht ihm in seiner bewussten Entscheidung, Räume aufzulösen oder aufzubauen, zur Verfügung. Ihr glaubt vielleicht, dass ihr jetzt mit eurem ganzen Wesen hier in diesem Raum seid und diese Zeilen lest, doch viele Teile eures Bewusstseins erfahren sich in ganz anderen Räumen und sind dementsprechend mit völlig anderen Dingen beschäftigt.

Ihr spürt das manchmal in Ansätzen, wenn ihr nicht ganz bei einer Sache sein könnt, weil ihr im Hinterkopf noch an dieses oder jenes denken müsst, aber das, was wir euch hier vermitteln möchten, geht viel weiter als diese Erfahrung. Ohne euch würde es keine anderen Räume in der Schöpfung geben und ihr habt in jedem Raum in der Schöpfung Teile eurer Aufmerksamkeit gelagert, weil jeder Raum in der Schöpfung erst über euer Bewusstsein zustande gekommen ist. Das heißt, dass Teile eures Bewusstseins und damit eurer Aufmerksamkeit in allem stecken, was sich in einem Schöpfungsraum erfährt. Ihr habt euch in alle Dinge zerstreut, die existieren und würdet ihr euer eigenes Bewusstsein wieder in den Griff bekommen, dann würden

sich die Räume, aus denen ihr euch zurückzieht, wieder spurlos auflösen.
Stellt euch vor, euch würden 100 Prozent eurer Aufmerksamkeit zur Verfügung stehen. Dann beginnt ihr einen Teil eurer Aufmerksamkeit in eine bestimmte Richtung zu lenken. Dort entsteht dann ein Raum, in dem sich dieser Teil der Aufmerksamkeit einnistet. Vom ursprünglichen Fokuspunkt eurer Aufmerksamkeit lasst ihr einen weiteren Bewusstseinsstrom von euch gehen und dieser Teil eurer Aufmerksamkeit erschafft einen weiteren Raum. Und so habt ihr es mit allen Räumen in der Schöpfung getan. Eure Aufmerksamkeit ist, wenn ihr sie euch nicht wieder bewusst zurückholt, in alle kollektiven Strömungsfelder der Erde verstreut, und es gibt letztlich keinen sozialen Raum, in dem nicht auch ein Funke eurer Aufmerksamkeit ruht.
Ihr verfügt, wenn es hochkommt, über etwa drei bis fünf Prozent der Aufmerksamkeit eures All-Bewusstseins. Große Teile dessen liegen in sehr hochschwingenden Schöpfungsräumen und sind dort, wo sie sind, goldrichtig. Aber andere Teile eures sich in der Vielzahl aller Räume erfahrenden Bewusstseins sind euch dort, wo ihr sie hin verlagert habt, nicht mehr dienlich.
Ihr brecht aus dem gewohnten Schwingungsraum aus, indem ihr ihn zum Fokuspunkt eurer gesamten Aufmerksamkeit macht. Mit jedem Aufmerksamkeitsstrom, den ihr aus einem anderen Raum wieder zu euch herholt, steigt die euch zur Verfügung stehende Energie, die sich im Hier und Jetzt bündelt. Ihr transformiert die Räume, die euch nicht mehr entsprechen, und

schwingungsmäßig unten halten, indem ihr euer volles Bewusstsein auf sie lenkt. Ihr brennt euch quasi von innen heraus mit eurem Fokuspunkt durch die Realitätsfassaden der Räume, aus denen ihr ausbrechen wollt. Alle niedrig schwingenden Räume leben davon, dass ihr nur winzig kleine Bruchteile eurer Aufmerksamkeit dort lagert, und sobald ihr einen stärkeren Bewusstseinsstrom in diese Räume lenkt, lösen sie sich auf. Wenn ihr von einem Raum in einen anderen geht, bleibt meist ein Rest eurer Aufmerksamkeit in dem alten Raum hängen und dadurch, dass ihr schon durch unzählig verschiedene Räume gegangen seid, um euch überhaupt als Mensch auf Erden zu inkarnieren, sind euch große Teile eures Selbst auf dieser Reise abhandengekommen. Auch wenn ihr nur eine Staubspur eurer Aufmerksamkeit in einem Raum zurücklasst, reicht dies aus, um erneut in den Raum zurückzukehren. Das heißt, alle Räume, in denen Teile eurer Aufmerksamkeit lagern, sind prinzipiell für euch zugänglich. Was ihr aber nicht gut gelernt habt, ist, Räume wieder richtig zu schließen und so mit ihnen abzuschließen, dass wirklich jeder Rest eurer Aufmerksamkeit aus diesem Raum wieder zu euch zurückkommt. Die Kunst der Vergebung schließt die von euch geöffneten Räume, und allem, dem ihr vergebt, schließt sich ab und vergeht bzw. wird durch euch befreit. Folgende Affirmation kann euch dabei helfen, einen Fokuspunkt in eurer Realität zu setzen, um Räume wieder zu schließen:

Ich ziehe alle Aufmerksamkeit aus allen Räumen, die mir nicht mehr dienlich sind, ab.
Alle Teile meines Bewusstseins, die in anderen Räumen lagern, nehme ich hier und jetzt wieder zu mir zurück.
Schließt die Räume eurer Vergangenheit und holt euch eure darin verstreute Aufmerksamkeit zurück und bedenkt, dass Teile eurer Aufmerksamkeit mit jedem Raum, den ihr für euch noch offen lasst, verloren gehen. Die hohen Schöpfungsräume sind lebensnotwendig, denn eure Erdenerfahrungsräume bauen auf ihnen auf. Ihr braucht keine Sorge zu haben, dass ihr essenzielle Räume für euch auflöst, wenn ihr euer Bewusstsein wieder ganz bei euch sammelt, denn nichts Wesentliches wird sich auflösen, wenn sich ein Bewusstsein bündelt.
Scannt systematisch alle eure Lebensbereiche durch, und schließt die Räume, in die ihr keine Aufmerksamkeit mehr investieren wollt. In hohen Schöpfungsräumen ist euer Bewusstsein in wesentliche Schöpfungsprozesse eingebunden und dort wird es auch solange bleiben, bis sich die Schöpfung auflöst und neu formt. In niedriger schwingenden Räumen fliegt eure Aufmerksamkeit im Vergleich dazu viel freier umher, was bedeutet, dass ihr euer Bewusstsein leichter aus diesen Räumen wieder abziehen könnt.
Häufig habt ihr Bewusstseinsräume so gewechselt, dass immer noch Teile der Aufmerksamkeit in den vorherigen Räumen lagern, ihr seid quasi immer und immer wieder von einem Raum in einen anderen gegangen und habt aber nie alle eure Sachen mitgenommen.

Und jetzt liegt euer wesentlichstes Hab und Gut, euer Bewusstsein, in allen Räumen verstreut, mit denen ihr einmal in Kontakt wart.
Stellt euch vor, ihr würdet tausend Mal umziehen und bei jedem Umzug einer eurer persönlichen Gegenstände in der alten Wohnung lassen. Schon nach dem ersten Umzug würde eure Innenausstattung beginnen weniger zu werden, bis ihr irgendwann überhaupt nicht mehr dazu in der Lage seid, mit dem, was ihr noch habt, zu leben. So ähnlich verhält es sich mit euch, die ihr einen langen Umzugsweg von Raum zu Raum hinter euch bringen musstet, um in einem physischen Erfahrungsraum zu inkarnieren.
Gerade, weil ihr in allen Räumen verstreut seid, ist es euch mit der übriggebliebenen Aufmerksamkeit nicht mehr möglich, bewusst die Räume zu wechseln und das gibt euch das Gefühl, an die kollektive Schwingungsrealität gebunden zu sein. Nichts hält euch in dem Raum, in dem ihr gerade seid, außer ihr selbst. Allerdings könnt ihr aus dem Raum der kollektiven Schwingungsrealität auch nicht einfach so ausbrechen, wenn euch das Bewusstsein fehlt, mit dem dieser Ausbruch wie von selbst geschehen würde. Auf eurer materiellen Schwingungsebene besteht der Weg aus einem Raum darin, aus diesem in einen anderen zu gehen. In den Bewusstseinsräumen, von denen hier hauptsächlich die Rede ist, besteht der Weg aus einem Raum geradewegs darin, tiefer in ihn hineinzugehen. Immer, wenn ihr einen Bewusstseinsraum verlasst, wie ihr einen materiel-

len Raum verlassen würdet, bleibt ein Teil eurer Aufmerksamkeit in dem alten Raum hängen, wodurch sich eine Karmaspur bildet.
Um wahrhaftig und sauber die Räume zu wechseln, müssen diese aus sich heraus transformiert werden, und das geschieht nur darüber, dass man nicht aus einem Raum geht, sondern tiefer in ihn hinein. Dies meinten wir, als wir an vorangegangener Stelle vom Fokuspunkt gesprochen haben. Euer Bewusstsein fokussiert sich immer mehr in dem Raum, den ihr verlassen wollt und irgendwann bricht das Bewusstsein durch die Raumgrenzen und löst diese spurlos auf. Kein begrenzter Raum kann bestehen bleiben, wenn ihr euch mit eurer gesamten Aufmerksamkeit in ihm sammelt.
Es gibt also zwei diametral entgegengesetzte Wege, von einem Schwingungsraum in einen anderen zu wechseln: Den Weg aus dem Raum herauszugehen und einen Teil von sich dort stehenzulassen oder tiefer in den Raum hineinzugehen, um diesen von Grund auf aufzulösen.
An dieser Stelle überreichen wir euch einen wesentlichen Erkenntnisschlüssel:
Ihr habt euch in der Dualität von Raum und Zeit fast ausschließlich darüber bewegt, dass ihr von einem Bewusstseinsraum in einen anderen gegangen seid, ohne durch ihn hindurchzugehen.
Ihr seid nicht tiefer in die Räume eingedrungen und habt sie darüber gewandelt, sondern ihr habt die Räume einfach offen stehen lassen und seid aus ihnen heraus-

gegangen. Ihr habt quasi ganz viel aufgemacht, geöffnet und nie etwas abgeschlossen. Jeder Raum, durch den ihr gewandert seid und den ihr nicht für euch transformiert habt, ist ein unfertiges Projekt, eine offene Baustelle, in die Teile eurer Bewusstseinsenergie fließt. Der Weg vom Ursprung bis in eure materielle Dimension hat unzählbar viele Räume geöffnet, an deren Instandhaltung euer Bewusstsein die ganze Zeit arbeitet. Ab einer gewissen Schwingungsschicht holen euch die noch offenen Räume als Karma ein.
Ihr habt in eurem Weg durch Raum und Zeit unzählige Projekte begonnen und nie ganz vollendet und an all diesen Raumprojekten arbeitet euer Bewusstsein parallel weiter.
Wenn ihr den Weg zurück in das Einheitsbewusstsein gehen wollt, dann führt kein Weg daran vorbei, alle Räume, die ihr jemals für euch geöffnet aber nie transformiert habt, wieder abzuschließen und aufzulösen. Mit etwas abzuschießen, heißt, einen Raum für euch abzuschließen und weil ihr am liebsten überall gleichzeitig sein wollt, fällt euch dies so schwer. Dennoch müsst ihr auf eurem Weg ins Einheitsbewusstsein mit allem, was ist, abschießen und eure Aufmerksamkeit aus jedem noch offenen Raum zu euch zurückholen. Selbst wenn noch ein winzig kleiner Bruchteil, ein Funke eures Bewusstseins, in einem anderen Raum lagert als in dem, in dem ihr seid, könnt ihr nicht ins Einheitsbewusstsein eingehen. Ihr könnt in den alles umspannenden, grenzenlosen Bewusstseinsraum nur dann eintreten, wenn ihr vollständig seid und alle verstreuten

Bewusstseinsströme wieder zu euch gelenkt habt. Der Weg in das Einheitsbewusstsein kann nicht darüber geschehen, dass ihr einfach aus dem Raum, in dem ihr euch gerade jetzt erfahrt, in einen anderen geht. Im Gegenteil, ihr müsst tiefer in den Raum hinein, um diesen aufzulösen. Wer versucht, das Schöpferbewusstsein darüber zu erlangen, dass er seinen Raum verlässt und in andere Schwingungsräume wechselt, der verstreut sich nur noch mehr, anstatt dass er sein Bewusstsein an dem nächsten Schwellenpunkt seiner Realität bündelt. Geht tiefer in euren Körper hinein und die Erfahrung eures Körpers wird sich auflösen. Geht mehr auf eure Welt zu und die Erfahrung eurer Welt wird sich fundamental wandeln.

Räume zu öffnen, bringt Erfahrungsreichweite und Schöpferfreude, Räume zu schließen bringt Fokussiertheit und innere Aufgeräumtheit. Alle Erfahrungselemente sind relevant. Dadurch aber, dass ihr prinzipiell bereits viel mehr Räume geöffnet habt, als dass ihr durch die Räume tiefer in eure Wesensessenz vorgedrungen wäret, wird es wohl zu einer eurer wichtigsten Aufgaben auf dem Weg ins Einheitsbewusstsein werden, alle Räume, die ihr von Anbeginn der Zeit geöffnet habt, wieder zu schließen.

Ihr werdet an jedem Raum wieder vorbeikommen, den ihr einst geöffnet habt, als ihr die Reise aus dem Einheitsbewusstsein in das Irdisch-Menschliche angetreten habt. Alle Räume, aus denen ihr herausgegangen seid, anstatt tiefer in sie hinein, rufen euch, um euer Schöpfungswerk abzuschießen. Auch wenn ihr jetzt

das Gefühl haben mögt, dass es noch sehr viel aufzuräumen, einzusammeln und abzuschließen gibt, wollen wir euch daran erinnern, dass dies mit einer zunehmenden Bewusstseinskraft einhergeht.
Ihr transformiert einen Raum, bringt den Teil der dort eingelagerten Aufmerksamkeit zurück und habt damit mehr Energie, den nächsten Raum aufzulösen. Da ihr mit jedem Raum mehr von eurer in ihm gebundenen Energie zurückbekommt, wächst die Kraft eures Bewusstseins an. Und irgendwann ist der Strom eures Bewusstseins so kraftvoll gebündelt, dass sich jeder Raum sofort auflöst, in den ihr euer Bewusstsein versenkt. Über diesen Weg kommt ihr zu euch zurück und räumt gleichzeitig mit allen kollektiv niedrigschwingenden Räumen auf.
Wir schließen hiermit den Raum, in dem die Übertragung stattfinden konnte und danken jedem Wesen, das sich verantwortungsvoll um seine Schöpfung kümmert und die Räume wieder schließt, die es für sich geöffnet hat.

Raum der tausend Türen

Du stehst im Zentrum eines kreisrunden Saals und zu allen Seiten hin befinden sich Türen in jeder nur vorstellbaren Größe und Form. Es scheint so, als ob der ganze Saal nur aus Türen besteht und sogar die Kuppeldecke besteht aus einer Aneinanderreihung kleiner Fenster und Dachluken und auf dem Fußboden zeichnen sich die Umrisse von in den Boden eingelassenen Kellertüren ab. Die Vielzahl an Räumen, die von dem Saal abgehen, in dessen Zentrum du dich befindest, ist unbeschreiblich groß.

Fast ist es schwer, sich durch den Saal zu bewegen, ohne gleich in eine der Türen oder Luken zu fallen, doch so, wie du dich durch den Tempel der tausend Türen navigierst, fühlst du dich sicher und stabil.

Du lässt deinen Blick langsam von einer Tür zur nächsten schweifen und fragst dich, ob die Farbe und Form der Tür bereits etwas über den dahinterliegenden Raum aussagen könnte.

Ob wohl hinter den vereinzelten großen, prunkvollen Türen gleichsam große prunkvolle Räume warten? Oder was, wenn manche der Türen nur Attrappen sind, hinter denen sich überhaupt nichts befindet? Diese und weitere Fragen fliegen durch deinen Geist, während du weiter mit deinem Blick von Tür zu Tür schweifst. Der Platz im Zentrum des Saals, der eine kleine, kreisrunde Anhöhe bildet, scheint der einzige Ort zu sein, der nicht aus einer Tür besteht.

Ob es wohl eine ganz bestimmte Tür in dem Saal gibt, hinter der das wartet, was du dir wünscht? Oder führen

vielleicht doch letztlich alle Türen in ein und denselben Raum?
Du entscheidest dich dazu, mit Vorsicht auf die Tür zuzugehen, an der dein Blick bereits zweimal hängen geblieben ist. Was ist, wenn die Tür verschlossen ist oder gar alle Türen verschlossen sind und du in dem Raum gefangen wärst, der zu allen Seiten hin Ausgänge zeigt?
Du legst die Hand auf die Klinke und mit einem kleinen *Klick* schnappt die Tür auf. Das gedämpfte Licht verrät noch keine Konturen des dahinterliegenden Raumes, doch du nimmst deinen Mut zusammen und machst einen beherzten Schritt über die Schwelle der Tür. Und zu deiner Verwunderung trittst du in einen Raum ein, der genauso aussieht, wie der Saal, in dem du gerade noch standst, wobei du beobachtest, wie am anderen Ende des Saals sich gerade in dem Moment eine Tür langsam schließt, während die Tür hinter dir mit einem leisen Klick wieder ins Schloss fällt. Es scheint dir fast so, als seist du durch die Tür von einer anderen Seite wieder in denselben Raum getreten.
Etwas orientierungslos versuchst du, die Tür wieder zu öffnen, aus der du gerade getreten bist, doch von dieser Seite aus scheint sie verschlossen zu sein. Die Tür zu dem Saal, in dem du gerade gewesen bist, lässt sich, egal was du ausprobierst, nicht mehr öffnen. Du wendest dich von der Tür ab und in dir verblasst der Wunsch, wieder in den alten Raum hineinzugehen und stattdessen betrachtest du den Raum, in dem du stehst. Auch dieser Raum ist kreisrund und besteht nur aus Türen. Bist du gerade durch die Tür in denselben Raum getreten oder ist dies ein weiterer Raum, der aus weiteren Türen besteht?

Die Anordnung der Türen scheint in diesem Raum etwas anders zu sein, doch ansonsten sind die Raumgröße und der kreisrund-kuppelförmige Aufbau derselbe.
Du entscheidest dich, die Klinke der naheliegendsten Tür zu ergreifen und mit geschlossenen Augen fühlst du das kühle Metall der Klinke auf deiner Haut, das dir verrät, ob hinter dieser Tür das wartet, was du eigentlich willst. Aber halt! Was willst du eigentlich? Die Neugier packt dich und du trittst durch eine weitere Tür und wiederum ist der Raum erst einmal nur schwach erleuchtet und noch nicht ganz einsehbar. In weiser Voraussicht, damit die Tür, durch die du gekommen bist, sich nicht wieder hinter dir schließt, hältst du sie mit deinem Rücken einen Spalt weit offen. Doch der neue Raum offenbart sich dir nicht. Über deine Schulter hinweg blickst du zurück und auch der Raum, aus dem du gerade gekommen bist, scheint wie von einem Grauschleier bedeckt.
Du bist weder hier noch dort, stehst auf der Schwelle und erfährst weder den einen noch den anderen Raum ganz. Eine Entscheidung drängte sich auf. Noch ist die Tür zu dem Raum, in dem du gewesen bist, ein Stück offen und du könntest zurück, doch deine Neugier treibt dich weiter voran und du tust einen großen Schritt in den neuen Raum. Und im gleichen Augenblick lichten sich die unklaren Konturen und der Raum erschließt sich dir, auch wenn die hinter dir liegende Tür wieder ins Schloss fällt. Langsam verstehst du das Prinzip. Doch auch dieser Raum, in dem du stehst, scheint kaum anders zu sein als der vorherige. Dir ist nach wie vor nicht klar, ob es sich bei all den Räumen, in denen du

bisher warst, vielleicht um ein und denselben handelt. Du bewegst dich auf die Anhöhe im Zentrum des Raumes zu und auf einmal zieht es dir den Boden unter den Füßen weg und für einen Moment des Schocks befindest du dich im freien Fall.
Doch schnell merkst du wieder festen Boden unter den Füßen. Etwas desorientiert schaust du dich um und es scheint, als ob du in diesen Raum etwas unfreiwillig, durch eines der Dachlukenfenster gefallen bist. Aus Angst vor weiteren Falltüren bewegst du dich in dem Raum erst einmal keinen Zentimeter, bis du spürst, wie dein Pulsschlag sich langsam wieder beruhigt. Nach einer gewissen Zeit, die sich anfühlt wie eine Ewigkeit, wagst du deinen ersten Schritt und blickst dich in dem neuen Raum um. Kaum erinnerst du dich, durch wie viele, immer ähnlich aussehende Räume du bereits gegangen bist. Dadurch, dass alle Räume gleich auf dich wirken, umfängt dich ein leises Gefühl von Verlorenheit, auch weil du siehst, dass der Raum, in dem du bist, mindestens genauso viele Türen besitzt, wie der vorherige. Doch du entscheidest dich, der einen, nach wie vor ungeklärten Frage auf den Grund zu gehen und ein für alle Mal herauszufinden, ob es sich nicht doch ständig um ein und denselben Raum handelt. Dir ist schon aufgefallen, dass du die Räume immer auf eine andere Art, von einer anderen Seite aus, betrittst. Wenn es sich tatsächlich nur um einen Raum handeln sollte, dann bestimmt wohl der Ort der Eingangstür und die Art des Eintretens darüber, von wo aus du den Raum erneut betrittst und welche Perspektive sich dadurch auf den Raum ergibt.
Fällst du in eine Falltür, dann fliegst du durch eine

Dachluke wieder hinein und gehst du nach rechts, so betrittst du den Raum wieder von links, wobei dir die Richtungsangaben von links und rechts, oben und unten in einem kreisrunden Saal als wenig sinnhaft erscheinen.
Um deine These, dass alles nur ein Raum ist, zu prüfen, prägst du dir eine ganze Anzahl von aneinandergereihten Türen ganz genau ein. Immer wieder schaust du dir die Anordnung dieser Türen an. Dort eine kleine, schlichte neben einer etwas größeren, verzierten, gefolgt von einer Tür, von der ein matter Glanz ausgeht und über diesen Türen eine Art Eingang, der wie eine überdimensionale Schrankschublade aussieht und sich mit der Raumkrümmung über die Türen wölbt. Du gehst mit dem Gedanken in deinem Geist an die gegenüberliegende Seite des Raums, vielleicht um durch eine der Türen in diesen Raum wieder einzutreten, dessen Konstellation du dir gerade eingeprägt hast. Du trittst voll Neugier und Vorfreude, nun endlich eine Methode gefunden zu haben, wie du das große Geheimnis des Tausend-Türen-Tempels lüften kannst, durch eine der Türen auf der gegenüberliegenden Seite. Auf der Schwelle schaust du noch einmal zurück, um dir das letzte Mal die Konstellation der Türen auf der anderen Seite anzusehen. Selbstsicher tust du den Schritt in den Raum, wobei die Tür hinter dir zufällt.
Du schaust dich um und überlegst, was genau du eigentlich in diesem Raum wolltest. Ah, genau, du wolltest dich an etwas erinnern. Aber woran genau? Irgendetwas war gerade noch unglaublich wichtig gewesen, um etwas nachzuprüfen, aber dir fällt beim besten Willen nicht ein, was.

Du blickst dich in dem Raum um und erinnerst dich, dass du gerade schon einmal in einem Raum standest, der so wie hier ringsum nur aus Türen bestand. Du siehst am anderen Ende des Raumes eine matt glänzende Tür und neben ihr eine etwas größere verzierte, gefolgt von einer ganz unscheinbar kleinen, an die sich wiederum viele weitere Türen reihen. Was genau wollte ich denn noch einmal hier? Halt- und Orientierungslosigkeit überfallen dich.
Am liebsten würdest du wie wild durch den Raum toben, aber etwas warnt dich, dass es dann sein könnte, dass du durch eine, der in den Boden eingelassene Falltüren hindurchfallen könntest.
Aber was wäre schon so schlimm daran, durchzufallen, schien es doch keine richtigen und falschen Türen zu geben, da alle Räume eh gleich aufgebaut waren. Dein durch den Raum schweifender Blick bleibt nun zum zweiten Mal an der etwas matt glänzenden Tür hängen. Du spürst, wie etwas an ihr deine Aufmerksamkeit weckt und so näherst du dich ihr.
Weshalb dich gerade diese Tür von all den vielen ringsum liegenden anzieht, leuchtet dir noch nicht ganz ein, doch es fühlt sich richtig an, sie zu berühren und langsam zu öffnen.
Ohne große Überlegungen und Erwartungen trittst du durch die matt schimmernde Tür, die sich leise hinter dir schließt. Der Raum scheint etwas heller zu sein als der, in dem du gerade noch warst, ansonsten sieht auch dieser aus wie der vorangegangene.
Durch die vielen Wechsel der immer ähnlich aufgebauten Räume etwas erschöpft, schleppst du dich bis in die Mitte des Saals, die auch hier von einer kreisrunden

Anhöhe geziert wird. Du setzt dich hin, schließt deine Augen und sinkst sogleich in einen seelenruhigen, tiefen Frieden.

Innerlich versuchst du noch nachzuvollziehen, durch wie viele Türen du bereits gegangen bist und was du in den einzelnen Räumen alles erfahren hast, doch deine Erinnerungen verschwimmen.

Du gibst es auf, durch irgendeine Tür noch irgendwohin kommen zu wollen und durch die Erschöpfung in deinen Gliedern sinkst du noch tiefer in einen friedlichen Zustand.

Wo wollte ich denn überhaupt hin, als ich durch die erste Tür gegangen bin? Wie bin ich überhaupt hierhergekommen? Wo bin ich? Und vor allem: Wer bin ich? Alle Vorstellungen und Zuordnungen lösen sich in diesem Moment weiter auf und mit dem Frieden breitet sich das Gefühl aus, angekommen zu sein. Hier in der Mitte des Saals bin ich richtig, und ich brauche nirgendwo anders zu sein als dort, wo ich jetzt bin. Die Ruhe und die Gelassenheit, die sich durch diese Erkenntnis durch den ganzen Körper ausbreiten, ist wundervoll spürbar. Hinter keiner Tür war bisher die Empfindung da, die jetzt präsent ist, indem du tiefer in dich hineinsinkst.

Eine gefühlte Ewigkeit vergeht, in der bisher erfahrene Bilder wie zur endgültigen Verabschiedung noch einmal im Schnelldurchlauf durch das Bewusstsein fegen um nur die Stille der inneren Präsenz zu hinterlassen. Du spürst, wie dieser Zustand dich regeneriert und alle Zellen die stille Kraft tanken, die dich ringsum umgibt. Helligkeit steigt in dir auf und nachdem du ganz langsam deine Augen geöffnet hast, siehst du, dass der

ganze Raum mit Licht geflutet ist. Du befindest dich nach wie vor in einem kreisrunden Saal, allerdings ist dieser nun von allen Seiten hell erleuchtet und dir fällt auf, dass die Wände des Saals nun eine spiegelglatte, ja fast schon transparente Oberfläche bilden. Alles in dem Saal scheint aus weißem Kristall zu bestehen, durch welchen das Licht durchschimmert. Die Schönheit des Saals übertrifft alles jemals zuvor Gesehene und mit Staunen schauen sich deine Augen um, die sich langsam an die brillante Helligkeit gewöhnt haben. Der ganze Raum ist übersäht mit winzig kleinen Regenbogenstrukturen, die durch die kristalline Lichtbrechung entstehen. Nichts in diesem Raum erinnert dich an irgendetwas, was du jemals erfahren hast…die leise Erinnerung an die vielen Türen, die die Wände einst bedeckten, verblassen im Strahlen dieses Saals.
Ein einziges, sperrangelweit offenstehendes Tor, das aus reinem Kristall zu bestehen scheint, tut sich direkt vor dir auf. Licht dringt durch die weite Öffnung dieses Tores und alles Licht in diesem Raum scheint das hereinfallende Licht zu reflektieren. Etwas in dir weiß, dass dies das letzte Tor ist, das du jemals durchschreiten wirst. Du weißt, dass du, wenn du einmal diese Schwelle überschritten hast, nie mehr durch irgendeine Tür in irgendeinen Raum gehen wirst. Und mit Respekt und vollstem Vertrauen gehst du diesen letzten, noch ungegangenen Weg durch das Kristalltor ...

Über den Autor:

Robin Kaiser studierte Psychologie (M.Sc.) und Philosophie in Berlin und erfuhr in jungen Jahren durch Meditation tiefe Einblicke in das schöpferische Wesen des menschlichen Bewusstseins. Seither gibt er seine Erkenntnisse durch Bücher und Seminare weiter und inspiriert zu einem neuen Miteinander auf Erden.